Christian Hacke

Von Kennedy bis Reagan

Grundzüge der amerikanischen Außenpolitik 1960-1984

Klett-Cotta

CIP-Kurztitelaufnahme der Deutschen Bibliothek

Hacke, Christian:

Von Kennedy bis Reagan:
Grundzüge d. amerikan. Außenpolitik; 1960–1984 /
Christian Hacke. –
Stuttgart: Klett-Cotta, 1984.
ISBN 3-608-91276-2

Verlagsgemeinschaft Ernst Klett – J. G. Cotta'sche
Buchhandlung

Printed in Germany
Umschlag: M. Muraro
Satz: Alwin Maisch, Gerlingen
Druck: Verlagsdruck, Gerlingen

Inhalt

Vorwort

1964 erschien von Waldemar Besson das Buch „Von Roosevelt bis Kennedy, Grundzüge der amerikanischen Außenpolitik von 1933 bis 1936.“ Ich hatte es als Student mit solcher Freude gelesen, daß das Studium der amerikanischen Außenpolitik zu meinem Hauptarbeitsgebiet geworden ist.

Ein vergleichbares Buch für den Zeitraum 1963 bis 1984 liegt nicht vor. Im Andenken an Waldemar Besson und in der Hoffnung, daß ein solches Buch ein weites Interesse finden möge, habe ich diese Darstellung über die Grundzüge der amerikanischen Außenpolitik von 1960 bis 1984 geschrieben. Es bildet die Quersumme meiner Beschäftigung mit der Außenpolitik der USA, die mich seit der Präsidentschaft von John F. Kennedy in ihren Bann gezogen hat. Ich teile Barbara Tuchmanns Auffassung, daß man nicht durch den Zeitpunkt der Geburt, sondern durch das Jahrzehnt, in dem man die Volljährigkeit erreicht, geprägt wird. Das waren für mich die sechziger Jahre.

Forschung und Lehre in den siebziger Jahren brachten mich dann in direkten Kontakt mit den USA. Diese Darstellung ist deshalb auch das Ergebnis von Gesprächen mit Beamten und Politikern der Regierungen Nixon, Carter und Reagan, die ich in den vergangenen Jahren führen konnte. Meine früheren Arbeiten und meine Vorlesungen an der Universität Bonn und an der Hochschule der Bundeswehr Hamburg zum Thema ‚Amerikanische Außenpolitik‘ bilden den Kern, aus dem dieses Buch entstanden ist.

Eine deutsche Deutung der amerikanischen Außenpolitik bringt Probleme mit sich. Der Blick von Europa sowie unsere historische und geopolitische Position unterscheidet sich von der amerikanischen Sicht der Dinge. In der Einleitung habe ich diese Fragen kurz angesprochen. Eine Darstellung der amerikanischen Außenpolitik, die die Präsidenten ins Zentrum stellt, ist methodisch umstritten. Für mich hat sie einen einfachen Grund. Dies ist keine Arbeit für Wissenschaftskollegen und Spezialisten, sondern sie ist für den allgemeininteressierten Leser gedacht, der Einblick in die Grundzüge der amerikanischen Außenpolitik gewinnen möchte. Nach wie vor ist der Präsident der entscheidende Außenpolitiker seines Landes.

Meine Darstellung und Bewertung der Außenpolitik der einzelnen Präsidenten soll den Geist widerspiegeln, den Fritz Stern Waldemar Besson zugesprochen hat: einer Synthese von offenem liberalem Temperament und konservativen Prinzipien. Ich hoffe, daß der Leser auf den folgenden Seiten davon Spuren entdeckt.

Mein herzlicher Dank für Reinschrift und Durchsicht des Manuskripts geht an meine Mitarbeiterin, Frau Ingar Engelbrecht.

Einleitung

Mit der Außenpolitik zeigt jedes Land der Welt sein Gesicht. Für die USA läßt sich das Bemühen eines jeden Präsidenten ausmachen, dem außenpolitischen Antlitz seines Landes seit dem Zweiten Weltkrieg individuelle Charakterzüge zu vermitteln.

- Präsident Roosevelt zeigte die USA als eine aufstrebende Weltmacht im Kampf gegen die Achsenmächte Deutschland, Japan und Italien,
- Präsident Truman zeigte die Entschlossenheit und Macht der USA, dem neuen ideologischen und machtpolitischen Rivalen Sowjetunion die Stirn zu bieten,
- Präsident Eisenhower zeigte die USA im Zenit einer lässigen Führungsrolle in der Welt,
- Präsident Kennedy zeigte die USA als angespannte, aber auch als entspannungsbereite Großmacht,
- Präsident Johnson personifizierte den Umschlag in außenpolitische Ohnmacht und Verbitterung,
- Präsident Nixon zeigte den Weg aus der außenpolitischen Krise, versäumte es aber, sein Land in demokratischer Tradition zu regieren,
- Präsident Ford personifizierte das Bemühen, die außenpolitischen Schocks und die innenpolitischen Verwirrungen zu klären,
- Präsident Carter zeigte gute Absicht, aber Unvermögen, die außenpolitischen Krisen zu meistern,
- Präsident Reagan personifiziert amerikanischen Optimismus, Krisen durch eigene Anstrengungen und Stärke zu bewältigen.

Die Jahresringe demokratischer Gesellschaften treten in den USA bei den Präsidentenwahlen im Vergleich zu den westeuropäischen Demokratien deutlicher hervor, weil der Aufruf zu epochalem Neubeginn auch mit einem spezifisch amerikanischen Selbstverständnis erklärt werden kann: Die schwer regierbare amerikanische Republik, die ja vielfach einem Bund sehr selbstbewußter Staaten ähnelt, empfindet ihre Wahlen spektakulärer als Wahlen in Westeuropa; die amerikanische Nation wird sich bei Präsidentenwahlen stets aufs neue ihrer Identität bewußt. Mit der Präsidentenwahl gründet sie sich, überspitzt formuliert, immer wieder aufs neue. Die Beschwörung der Ideale der Gründungsväter und des amerikanischen Traumes von Freiheit, Wohlstand und Größe ist also Ausdruck des steten Willens zum Neubeginn und zugleich tief verwurzeltes Kontinuitätsmerkmal, das sich auch in der amerikanischen Außenpolitik niederschlägt.

So haben wir uns daran gewöhnt, die amerikanische Außenpolitik nach den Jahren der Präsidentenwechsel zu unterteilen. Ausdruck dieses außenpolitischen Anspruchs und der präsidentiellen Ambitionen bilden die außenpolitischen Doktrinen. Die Truman-Doktrin bildete 1947 die Grundlage für die amerikanische Eindämmungspolitik im Zeichen des Kalten Krieges. Sie wurde ersetzt durch die Doktrin des „Roll Back" und durch die der „Massiven Vergeltung" unter Präsident Eisenhower, gefolgt von John F. Kennedys Doktrin der „Neuen Grenze". Lyndon B. Johnson konnte vielleicht als einziger Präsident der Nachkriegszeit keine außenpolitische Doktrin entwickeln, obwohl seine Konzeption der „Great Society" auch außenpolitische Implikationen aufwies. Die Nixon-Doktrin und die von Präsident Carter stehen in der amerikanischen Tradition, umfassende außenpolitische Konzepte vorzulegen. Die Aufforderung an Präsident Reagan, endlich ein umfassendes außenpolitisches Konzept vorzulegen, entspricht diesem weit verbreiteten Denken.

Des weiteren sei daran erinnert, daß die politische Kultur der Vereinigten Staaten sich merklich von der europäischen und deutschen unterscheidet. Das hat auch Auswirkungen auf ein unterschiedliches Verständnis von Außenpolitik:

– In der europäischen Geschichte war der Primat der Außenpolitik, in den USA der Primat der Innenpolitik vorrangig. Während in der Außenpolitik der europäischen Staaten die Kunst des Überlebens demonstriert wurde, hielt man es bis zu Beginn des 20. Jahrhunderts in den USA fast für überflüssig, überhaupt Außenpolitik zu betreiben. Die Insellage erlaubte dies.

- In der modernen Geschichte war in Europa, besonders in Deutschland, der Staat der Hauptbezugspunkt der Politik, während in den USA der republikanische Gedanke der Volkssouveränität Vorrang hat.
- Während in Europa die Staatsräson als außenpolitische Handlungsmaxime gilt, sucht der Präsident der USA die außenpolitische Zustimmung eher durch Appell an die Emotionen seiner Landsleute zu gewinnen.
- Während in Europa die Neigung besteht, innenpolitische Probleme ideologisiert darzustellen, ist Amerikas Innenpolitik pragmatisch ausgerichtet.
- Europas Außenpolitik ist – historisch gesehen – durch ein pragmatisches Verständnis gekennzeichnet, Amerikas Außenpolitik trägt dagegen ideologische Züge.

  Amerikaner neigen dazu, außenpolitische Probleme zu polarisieren. Diesen Gegenüberstellungen von Freund–Feind, Krieg–Frieden widerspricht der europäische Sinn für Realpolitik, der interessenorientiert ist und wechselnde Machtkombinationen als selbstverständlich erachtet[1].
- Während sich für Europäer Außenpolitik durch Zweckmäßigkeit und Wirkung auszeichnen soll, muß sie für Amerikaner auch im moralischen Sinne gut sein. Weil aber Emotionen generell im menschlichen Leben schwanken, führt die Neigung amerikanischer Politiker, Außenpolitik der Bevölkerung moralisch zu begründen, zu erheblichen Kursschwankungen. Während in Europa ein dramatisches Hin und Her zwischen Begeisterung und Resignation die Ausnahme darstellt, ist in den USA eine gefühlsmäßige Betrachtung von Außenpolitik beständig. Sie wird außerdem verstärkt durch den schwierigen historischen Entwicklungsprozeß der außen-

politischen Rolle der USA, die zwischen brütendem Neo-Isolationismus und Kreuzzugsmentalität hin- und herzuschwanken droht.

- Außenpolitischer Isolationismus als Idealzustand für Frieden und Kreuzzugsidee als Begründung für Krieg stehen ebenfalls im Gegensatz zur politischen Tradition Europas, dessen politischer Relativismus dem manichäischen Verständnis von Außenpolitik der Amerikaner widerspricht.
- Die Außenwirtschaftspolitik der USA unterscheidet sich ebenfalls von europäischen Grundideen. Auf den ersten Blick scheint es Parallelen zu geben: Die gemeinsame Vorstellung vom „Freien Handel", des „Freien Marktes", in den USA historisch der „open-door"-Tradition verpflichtet, verdeckt jedoch gravierende Unterschiede: In den Ost-West-Beziehungen neigen die USA dazu, durch Sanktionen und Handelsembargo Druck auf die Sowjetunion auszuüben, während Westeuropäer Anreizen und wirtschaftspolitischer Kooperation mit der Sowjetunion prinzipiell den Vorzug geben.
- Für die USA scheint es in der Außenpolitik oft nur ein Entweder–Oder zu geben, eine außenpolitische Freund-Feind-Fixierung, aber nicht den Zustand lauwarmer Interessenbeziehungen, bei denen die außenpolitischen Interessen am vernünftigsten entwickelt und Veränderungen vorsichtig vorgenommen werden können.
- Auch die Einstellung zum Krieg ist, historisch gesehen, unterschiedlich: Während aus europäischer Sicht der begrenzte Krieg als ein Mittel der Politik galt, verstößt Krieg für die Amerikaner gegen alle Gesetze der Vernunft. Der Aggressor ist demnach „böse", seine Vernichtung ist, so gesehen, moralisch legitim. Nicht eine Doktrin des „begrenzten Krieges", nicht Waffenstillstand, sondern bedingungslose Kapitulation entspricht deshalb der Logik der amerikanischen Kriegsphilosophie. Diese und andere Differenzen zwischen Westeuropa und den USA schienen zunächst in der Nachkriegszeit im antikommunistischen Konsens eingeschmolzen zu sein. Sie blieben zunächst verdeckt, traten dann aber im Zuge der wie-

dererlangten Stärke Westeuropas und der Entideologisierung des Ost-West-Konfliktes zunehmend zutage.

Es war deshalb nicht ohne Tragik für die Weltmacht USA, daß unter den Bedingungen des Nuklearzeitalters ihre außenpolitische Philosophie anachronistische Züge annahm.

Es war aber von nicht minderer Tragik, daß Europa zwar historisch besser, aber machtpolitisch völlig unzureichend gerüstet in das Nuklearzeitalter eintrat. So sind die außenpolitischen Kontroversen im Atlantischen Bündnis letztlich Auseinandersetzungen über die angemessene außenpolitische Philosophie demokratischer Staaten angesichts einer sich global-totalitär gebärdenden europäischen Weltmacht, deren wirkliche Schwäche von den Europäern in Ost und West oft besser durchschaut wird als von den USA. Während die USA die Sowjetunion als globale und militärische Macht verstehen, sehen die Europäer sie primär als regionale und politische Bedrohung.

Diese unterschiedliche Einschätzung der sowjetischen Bedrohung wurde in dem Maße zu einem zentralen Thema westlicher Außenpolitik, in dem Westeuropas Macht stärker wurde. Wir können feststellen, daß seit Beginn der Regierung Kennedy dieses Problem an Dringlichkeit und an Umfang zugenommen und heute zu offenem Anti-Amerikanismus in Westeuropa und zu größerer Distanz der USA zu Westeuropa geführt hat. Dadurch ist zum Beispiel auch Amerikas Interesse an einem vereinten Europa merklich abgekühlt.

Der Hauptbezugspunkt der Außenpolitik der Vereinigten Staaten ist das nationale Interesse: Das Überleben, die Aufrechterhaltung des nordamerikanischen Kontinents und des American Way of Life als unzerstörbare Grundlage aller politischen Überlegungen hat dabei Vorrang. Alle Präsidenten gehen seit dem Zweiten Weltkrieg von der Annahme aus, daß die Hauptbedrohung für Amerikas weltweite Interessen in der Expansion der sowjetischen Macht, ihrer Ideologie und in der Gefahr eines Weltkriegs liegt. Seit den siebziger Jahren ist eine weitere Bedrohung hinzugekommen: die Möglichkeit, daß den

USA einmal der Zugang zu fremden Öl- und Energie- bzw. Rohstoffquellen verweigert werden könnte.

Für das Verständnis des nationalen Interesses der USA seit dem Zweiten Weltkrieg ist diese Dreifaltigkeit der Bedrohung – sowjetische Macht, Krieg und Energieabhängigkeit – zentral. Auf diesem unverrückbaren Sockel des nationalen Interesses ist die amerikanische Geschichte als ein erfolgreiches, ja revolutionäres Beispiel moderner Staatengründung entstanden, das durch demokratische Struktur und ein kontinuierliches Interesse am Wohlergehen anderer Völker gekennzeichnet ist. Die Gründungsväter der Republik hatten allerdings zunächst starke Zweifel, ob Außenpolitik überhaupt sinnvoll sein könne, weil man dann gezwungenermaßen in die Intrigen und die diplomatischen Verwicklungen und Konflikte des alten Europas, von dem man sich revolutionär gelöst hatte, wieder hineingezogen würde. Es war deshalb eine bis zum Beginn des 20. Jahrhunderts überwiegend neo-isolationistische Auffassung von Außenpolitik, die bürgerliche Freiheitsrechte, ökonomischen und materiellen Reichtum und eine politische Insellage der Republik bewahrte. Bis 1914 waren die USA durch ihren geographischen Vorteil, durch die britische Seemacht und durch das europäische Machtgleichgewicht geschützt. Isolation war kein Nachteil, sondern selbstgewählte Entscheidung, die gleichzeitig das moralische Sendungsbewußtsein zügelte und nüchternes Eigeninteresse ausdrückte.

Bis zum Ersten Weltkrieg schien es möglich, die wesentlichen nationalen Interessen aus der Distanz und aus einer positiv verstandenen Isolation, aber mit diplomatischem Geschick und Gefühl für ein Machtgleichgewicht in Europa bewahren zu können. Erst die sich verändernde Machtlage während des Ersten Weltkriegs verlangte statt Abwarten aktives außenpolitisches Handeln. Die Pax Britannica neigte sich dem Ende zu, und die USA wurden zur stärksten Wirtschaftsmacht und einzigen Demokratie mit weltpolitischer Wirkung. Die Wiederherstellung des Mächtegleichgewichts in Europa war Ausdruck des amerikanischen Interesses, aber der moralische Neo-Isolationismus, der bis zur Jahrhundertwende vorherrschte, konnte nur überwunden werden, wenn es den Präsidenten gelang, Amerikas Engagement in Europa und der Welt mit einer höheren Form von Moral zu begründen: „To make the world safe for democracy" – die Welt sollte nach Maßgabe von Demokratie und Freiheit ausgerichtet werden, wurde zur außenpolitischen Aufgabe Nr. 1. Intervention wurde getreu der calvinistischen Tradition, sich selbst gern als selbstlos handelnd darstellend, vorwiegend moralisch begründet. Dieser für viele etwas doppelbödig wirkende Grundzug in der Außenpolitik der USA verwirrt bis heute. Für Amerikaner ist jedoch der moralische und befreiende Grundzug in der Außenpolitik Selbstverständlichkeit, wird doch der American Way of Life als einzigartig und gleichzeitig als nachahmenswertes Beispiel empfunden.

Auf diesem Hintergrund wirkten die 14 Punkte von Woodrow Wilson, J. F. Dulles' Politik der Befreiung und Reagans Politik der Stärke im Kampf mit dem Teufelsreich Sowjetunion erlösend. Moralischer Appell dient weniger der außenpolitischen Gestaltung, sondern vielmehr der innenpolitischen Begründung für Rechtschaffenheit und Überlegenheit des eigenen Handelns.

Ein anderer Akzent des nationalen Interesses wird bei John Quincy Adams deutlich, der erklärte, wenn die USA die Welt erlösen oder befreien, dann nur durch das vorbildliche Funktionieren seiner demokratischen Institutionen und seiner Gesellschaft. Amerika soll nicht in andere Länder einmarschieren, um Ungeheuer zu beseitigen, denn sonst würde es zum Diktator der Welt werden[2]. Dieser neo-isolationistisch-moralische Grundzug ließ sich nicht mehr aufrechterhalten, weil im 20. Jahrhundert drei Ungeheuer auftauchten, die es zu erlegen galt: Faschismus, Kommunismus und Nuklearkrieg. Der Faschismus der Achsenmächte und Japans konnte mit Hilfe des zweiten Ungeheuers, der kommunistischen Sowjetunion, erlegt werden. Der Zweite Weltkrieg zeigte aber auch, daß die USA eine gewisse machtpolitische Naivität beibehielten und folglich die subtile und brutale Herausforderung durch die Sowjetunion zu spät erkannten. Im Unterschied zu den Europäern, die seit Jahrhunderten mit dem Wechselspiel von Krieg und Diplomatie vertraut waren, hatten die USA kein Gefühl für Landkrieg als Mittel der Politik. Besonders die Sowjets zeigten bald, daß sie Clausewitz' Lehre schon mit der revolutionären Muttermilch aufgesogen hatten, wie Lenins Notizen in Bern beweisen[3]. Die Folgen wurden während des Zweiten Weltkriegs sichtbar: Die USA konnten ihre militärische Übermacht nicht angemessen in politische Überlegenheit umsetzen. Die Sowjetunion, 1941 durch amerikanische Hilfe vor der militärischen Niederlage bewahrt, siegte auf politischen Konferenzen.

Die USA hatten Krieg und Frieden als unabhängige Elemente verstanden, während die Sowjetunion Krieg als die Fortsetzung der Politik mit anderen Mitteln betrachtete.

Die USA hegten die Illusion, man führe Krieg, besiege den Feind, schließe Frieden, ziehe die Truppen ab und regle dann die Nachkriegsordnung in gemeinschaftlichem Geist. Die Sowjetunion allerdings wußte, daß die Position und Stärke der Roten Armee zum beherrschenden Faktor der europäischen Politik und über die Festlegung der Demarkationslinien sowie über die politische Macht in Europa entscheiden würde. Aus Amerikas Neigung, seine Verbündeten zu idealisieren, wurde Stalin zum Uncle Joe. Aus Amerikas Enttäuschung über Stalins Politik wurde die Sowjetunion dann zum dämonisierten Gegner: Eine vielköpfige Hydra, die bis 1949 aufgrund moralischer Skrupel, aber seit 1949 aufgrund des Verlustes des atomaren Monopols nicht mehr erlegt werden konnte.

Die These von Amerika als „Weltmacht wider Willen" hat einige triftige Gründe, auch wenn der Aufstieg nicht nur widerwillig, sondern fast natürlich stattfand: Weit an Raum, geschützt durch zwei warme Ozeane, ohne Druck rivalisierender Mächte an den Grenzen, als einzige Großmacht der westlichen demokratischen Hemisphäre, konnten die Menschen den unermeßlich reichen nordamerikanischen Halbkontinent von Meer zu Meer durchdringen und erobern. Mit dem Erwerb Alaskas, der Philippinen, der Besitznahme Hawaiis, dem Bau des Panamakanals und der Durchdringung der Karibik hatten die Vereinigten Staaten die Peripherie ihres Machtbereiches bis in den Pazifik erweitert. Im Verlauf von 170 Jahren wurde so der atemberaubende Aufstieg der USA zur Weltmacht vollzogen. Im Unterschied zur europäischen Tradition der territorialen Eroberung entwickelten die USA, begünstigt durch die Sicherheit einer unangreifbaren Insellage, dem Reichtum und dem Vorrang merkantilen Denkens, eine Strategie der subtilen nichtkriegerischen Beeinflussung ihrer Umwelt. Man kann diese amerikanischen Interessen als Milieuziele, die sowjetischen als Besitzziele umschreiben und gegenüberstellen. Während die USA Ziele anstreben, um ein für amerikanische Interessen günstiges Milieu zu erhalten, strebt die Sowjetunion territoriale Kontrolle an, die faktisch dem Besitzziel nahekommt[4].

Im Prozeß der industriellen Revolution und auf der Grundlage angelsächsischer Tradition entstand eine dynamische Demokratie ohne Vorbild. Die USA wurden zum Experiment einer optimistischen Geisteshaltung und zum Bahnbrecher neuer technologischer Entwicklungen. Im Verlauf zweier Weltkriege warfen die USA wider Willen ihre Macht in die Waagschalen der weltpolitischen Auseinandersetzungen. Zwar hatte auch die Sowjetunion nach dem Zweiten Weltkrieg ihren territorialen Besitz mächtig vergrößern können, gemäß ihrer demokratischen und aufklärerischen Tradition beschränkten die USA sich jedoch auf eine subtile Ausweitung ihres Einflusses auf das gesamte internationale Milieu, ein Unternehmen, das dank der Attraktion von Wirtschaft und Demokratie weitgehend auf Zustimmung stieß. 1949 hatten die USA den Zenit ihrer weltpolitischen Einflußnahme erreicht, der fast alle anderen Teilnehmer zur Anpassung zwang. Japan und Deutschland waren besiegt und unter Kontrolle. Die USA verfügten über das Monopol an nuklearen Waffen, deren ungeheure Wirkung einen revolutionären Wandel des außenpolitischen und strategischen Denkens und Handelns vorausahnen ließ. Auch waren die USA 1949 als führende Macht und nicht ohne Widerwillen an die Spitze des Atlantischen Bündnisses getreten, hatten im Rahmen des Marshallplans Möglichkeiten zum wirtschaftlichen Wiederaufbau Europas geschaffen und als einzige im Krieg unversehrt gebliebene Großmacht die eigene Bevölkerung vor Kriegsleiden bewahren können.

Aber John Quincy Adams' Warnung vor der Vernichtung von Ungeheuern in der Welt wurde problematisch, weil ab 1945 die Konturen eines neuen Kalten Krieges am Horizont sichtbar wurden: Die Sowjetunion, ab 1917 zum weltanschaulichen Gegner avanciert, wurde ab 1945 zur europäischen Vormacht. Sie hatte das klassische europäische Gleichgewicht völlig zu ihren Gunsten aufgehoben und setzte an zum Sprung zur Weltmacht. Die kommunistische Hydra forderte die USA machtpolitisch und weltanschaulich heraus, gleichzeitig verhinderte aber das dritte Ungeheuer des 20. Jahrhunderts, die Atomkraft, eine klare militärische Entscheidung. Sie zwang zur Koexistenz. Es gab keine Lösungen mehr für außenpolitische Probleme, wie sie Amerikaner bevorzugen: kurzfristige Entscheidungen durch moralisch-politische Kreuzzüge waren unmöglich, der Alptraum der Bedrohung hingegen war zur beständigen Realität geworden, mit der man sich arrangieren mußte.

Schnelle Lösung oder langfristige Anpassung? Das wurde die zentrale Frage der Außenpolitik der USA seit dem Zweiten Weltkrieg. Bis 1949, solange die USA im Besitz des Nuklearmonopols waren, hätte theoretisch eine schnelle Lösung des Kalten Krieges im Bereich des Möglichen gelegen. Tatsächlich paßten sich jedoch die USA den von der Sowjetunion territorial gesetzten Besitzzielen an.

Ab 1949, als Anpassung zur Koexistenz überlebensnotwendig wurde, propagierten jedoch amerikanische Regierungen irreale Kreuzzüge zur Befreiung vom Kommunismus.

Es ist nicht ohne Ironie, daß die USA zu Beginn der fünfziger Jahre sich noch als aufsteigende Macht verstanden und Lösungen dort vermuteten, wo die realen Grenzen der Macht jedoch schon Anpassung notwendig gemacht hätten:

- Das Nuklearmonopol war gebrochen, und der Kampf um die strategische Überlegenheit begann,
- durch die chinesische Revolution und die Gründung der VR China 1949 geriet nahezu ein Viertel der Weltbevölkerung unter ein kommunistisches Regime, das mit dem Erzfeind Sowjetunion verbündet war,
- im Korea-Krieg machten die USA zum ersten Mal die schmerzliche Erfahrung, daß Kreuzzugsidee und militärischer Sieg über den Kommunismus nicht möglich sind, sondern begrenzte Kriegführung und Waffenstillstand auf der Grundlage und Wiederherstellung des Status quo notwendig werden,
- in der SBZ 1953, in Ungarn und Polen 1956 wurde deutlich, daß Rhetorik der Befreiung vom Kommunismus nicht mehr in die Tat umgesetzt werden konnte, ja übertriebene Hoffnungen schließlich in Resignation und Verzweiflung umschlugen,
- mit der Revolution in Kuba 1958/59 durchbrach Fidel Castro die Monroe-Doktrin und den amerikanischen Führungsanspruch in der Karibik,
- die sprunghaft ansteigende Zahl neuer Mitgliedstaaten in der UNO als Folge der Dekolonisationsprozesse hatte die ehemals klar pro-amerikanischen Mehrheitsverhältnisse in der UNO erheblich erschwert,
- die technische Entwicklung der Massenvernichtungsmittel hatte die USA ihrer knapp 180 Jahre währenden Sicherheit beraubt. Seit Mitte der fünfziger Jahre waren sie auch wie jedes andere Land schutzlos gegenüber einem Nuklearangriff geworden. Die USA sind zwar stark genug, jeden Gegner zu vernichten, aber die eigene Bevölkerung kann nicht mehr vor Angriff geschützt werden. Während alle Staaten der Welt historisch mit der Verwobenheit von Krieg und Frieden gewachsen sind, ist dies für die Amerikaner eine neue Erfahrung, die erst seit drei Jahrzehnten Gültigkeit hat. Amerika hätte nichts tun können, um dies abzuwenden, um den Auf-

stieg der Sowjetunion und der kommunistischen Welt zu verhindern.

Die USA wurden in den fünfziger Jahren zum Opfer ihres eigenen Erfolges: Marshallplan, NATO und andere Hilfsmaßnahmen der USA hatten den Wiederaufbau in Westeuropa und in Japan beschleunigt, aber die wirtschaftspolitische Rivalität im Dreieck USA–Westeuropa–Japan verschärft. Die USA waren zwar nicht schwächer, aber die Verbündeten und Gegner waren insgesamt stärker geworden. Die starre bipolare Konfrontation im Kalten Krieg, die alle Ebenen durchzog, wurde brüchig. Sie blieb im Kern militärisch bipolar, aber ökonomisch, politisch und ideologisch gab es erste Anzeichen für Pluralismus.

Eine Pax Americana war nur unter den rigiden konfrontativen Bedingungen des Kalten Krieges möglich. Bei Auflockerung der amerikanisch-sowjetischen Konfrontation strebten die Staaten und Regionen nach Distanz und Unabhängigkeit. Das Gefühl der Grenzenlosigkeit amerikanischer Macht in den fünfziger Jahren, das auch moralisches Sendungsbewußtsein förderte, wich am Ende des Jahrzehnts einem Gefühl neuer bedrängender Rivalität. Der Sputnik-Schock von 1957, machtpolitische Aggressivität der Sowjetunion und außenpolitische Schwäche von Präsident Eisenhower verstärkten das Gefühl amerikanischer Ohnmacht. Auch wenn in der historischen Distanz deutlich wird, daß Eisenhower mehr instinktive Zurückhaltung und Klugheit zeigte, als damals angenommen, so konnte John F. Kennedy nicht zuletzt die Präsidentschaft deshalb knapp gewinnen, weil er den Eindruck einer neuen außenpolitischen Beweglichkeit und den Willen zur Wiederherstellung der Überlegenheit der USA vermitteln konnte. Kennedy mobilisierte die Nation zu neuen Anstrengungen.

I
Die Außenpolitik der Regierung Kennedy

1. Die Außenpolitik der 'Neuen Grenze'

Ein zeitweiliger und wenig erfolgreicher außenpolitischer Berater der Regierung Kennedy, Henry Kissinger, erklärte 1974 retrospektiv: „Die Kennedy-Zeit ist wohl eher das Ende einer Ära als der Beginn einer neuen: das letzte große Aufblühen der naiven Version vom amerikanischen Idealismus – und das will ich nicht als Kritik verstanden wissen."

Die Präsidentschaft von John F. Kennedy, die aus heutiger Sicht den machtpolitischen Schrumpfungsprozeß der amerikanischen Außenpolitik einleitete, signalisierte 1960 Erneuerung amerikanischer Größe. Kennedy forderte Initiativen: „Der nächste Präsident wird eine Politik erben, die zum großen Teil nur als Reaktion auf die Aktionen der Sowjetunion konzipiert worden ist ... Er wird einer Welt der Revolution gegenüberstehen, ausgerüstet mit einer Politik, die lediglich den Status quo zu konservieren sucht ... Wir sind gezwungen, uns auf zusammengestoppelte Pläne und bedeutungslose Schlagworte zu verlassen ... Unsere große Strategie besteht allein im Rüstungswettlauf und im Kalten Krieg."

Der Sputnik-Schock, die Furcht vor einer vermeintlichen Raketenlücke, die seit 1948 ansteigende Berlin-Krise, Chruschtschows brüske Abreise vom Pariser Gipfeltreffen, der Abschuß des amerikanischen U-2-Spionageflugzeugs über der Sowjetunion, die wachsenden Probleme mit Fidel Castro in Kuba, das Schwelen der Kongo-Krise und Nassers neue politische Orientierung nach Moskau bewirkten Unbehagen und verlangten nach Wiederherstellung von Amerikas Prestige in der Welt.

Selten hat in der Geschichte der USA ein Präsident zu Amtsbeginn die Notwendigkeit des politischen Wandels so glorifiziert wie John F. Kennedy: „Die Fackel ist an eine neue Generation von Amerikanern übergeben worden – geboren in diesem Jahrhundert, geläutert durch den Krieg, geformt durch einen kalten und bitteren Frieden, stolz auf unser überkommenes Erbe und nicht gewillt, die langsame Auflösung jener Menschenrechte zu dulden, denen sich diese Nation verschrieben hat ... In der Geschichte der Welt ist es nur wenigen Generationen vergönnt gewesen, die Rolle der Verteidigung der Freiheit in der Stunde ihrer höchsten Gefahr zu spielen. Ich schrecke vor dieser Aufgabe nicht zurück, ja, ich begrüße sie."

Kennedy paßte sich der Bewußtseinslage der jungen Generation von 1960 an: „Wir stehen heute am Rande einer ‚Neuen Grenze' ... der sechziger Jahre. Die ‚Neue Grenze' ... ist keine Kette von Versprechungen, sondern eine Kette von Herausforderungen ... Wir müssen von neuem beweisen, daß diese Nation lange durchhalten kann, daß unsere Gesellschaft mit ihrer Freiheit der Wahl, der Weite der Möglichkeiten, ihrer Vielfalt der Alternativen gegen den ganz auf einen Gedanken konzentrierten Fortschritt des kommunistischen Systems auftreten kann." Diesem Programm lag die Annahme zugrunde, daß die bipolare Auseinandersetzung sich verschärft und die Konflikte sich verlagert hatten. Sie äußerten sich nicht mehr allein militärisch. Die USA sollten sozialen Wandel fördern, um kommunistischen Umstürzen vorzubeugen. Die ‚Neue Grenze' war eine globale Interpretation der nationalen Interessen der USA, die den Anspruch der Überlegenheit der westlichen Zivilisation im allgemeinen und die der politischen Überlegenheit der USA im besonderen bekräftigen sollte. Kennedy berief sich auf sozial-liberale Traditionen und kritisierte die satte Wohlstandsmentalität der westlichen Industrieländer: „Wenn die freie Gesellschaft nicht den vielen helfen kann, die arm sind ... dann kann sie niemals jene wenigen retten, die frei sind ... Wir haben es zugelassen, daß die Kommunisten uns von dem zu Recht gebührenden Platz an der Spitze dieser weltumfassenden Bewegung vertrieben haben. Es ist dazu gekommen, daß wir als die Verteidiger des Status quo erscheinen, während die Kommunisten sich als die Vorhut hingestellt haben, die den Weg zu einer besseren Lebensordnung weisen." Kennedy hatte dabei die südliche Hälfte des Globus im Auge, Asien, Lateinamerika und Afrika. Die USA sollten sich nicht mehr hinter einem Limes von Sicherheitspakten, wie er von Außenminister Dulles in den fünfziger Jahren weltweit aufgebaut worden war, verschanzen, sondern das neue junge Amerika sollte sich aktiv, uneigennützig für die Armenhäuser des Globus einsetzen. Zum sichtbaren Ausdruck dieser Bestrebungen wurden Kennedys „Allianz für den Fortschritt" und das „Friedenskorps", in dem junge Amerikaner in der Dritten Welt Entwicklungshilfe leisten sollten.

Diese Mobilisierung der Außenpolitik war für Kennedy nur im Zusammenhang mit einer Revolutionierung der Innenpolitik möglich. Durch liberale und soziale Reformen sollte Amerika seine Verpflichtung glaubhaft machen, „an der Spitze der weltweiten Revolution zu stehen: ‚Wir wollen und dürfen heute nicht vergessen, daß wir die Erben dieser ersten Revolution sind.'" Kennedys Appell an die Bürger der Vereinigten Staaten gipfelte in seinem Aufruf: „Fragt nicht, was Euer Land für Euch tut, fragt, was Ihr für Euer Land tun könnt!"

Als Kennedy am 4. Juli 1962 seine Erklärung gegenseitiger Abhängigkeit zwischen den Vereinigten Staaten und einem geeinten Europa verkündete, hoffte er auf wirtschaftliche Entlastung des globalen Führungsanspruchs der USA und auf weltweite Mitverantwortung der Westeuropäer für eine Politik, die Westeuropa fest an die USA binden und diese weltweit unterstützen würde. Nur unter Aufbietung der wirtschaftspolitischen Stärke beider Kontinente konnte – so Kennedy – die globale Herausforderung der ‚Neuen Grenze' angesichts der kommunistischen Bedrohung und der sozialen Probleme bewältigt werden. Hinter diesem revolutionär erscheinenden Globalkonzept kam jedoch ganz deutlich die klassische amerikanische Auffassung zum Vorschein, daß Zugang und Offenhaltung von ausländischen Märkten zur Lebensfähigkeit der amerikanischen

Wirtschafts- und Gesellschaftsordnung notwendig sei. Profitinteresse wurde mit politischem Sendungsbewußtsein vermischt: „Free Enterprise“ sollte die Grundlage für Demokratie und Freiheit bilden. Angesichts des wachsenden Zahlungsbilanzdefizits und der Handelsbilanzprobleme der USA lag Kennedys Konzept im ökonomischen Eigeninteresse: Anders als bei Roosevelts „New Deal“ bestand aber zur Zeit Kennedys ein enger Zusammenhang zwischen den binnenwirtschaftlichen Problemen wie verminderter Produktivität, Absatzschwierigkeiten, wachsender Arbeitslosigkeit und außenwirtschaftlichen Problemen im Außenhandel und der Währungspolitik, die die Schwierigkeiten im magischen Dreieck Vollbeschäftigung–Wachstum–Zahlungsbilanz verstärkten. Bei Kennedys wirtschaftspolitischen Vorstellungen hob sich der idealistische Schleier der neuen Rhetorik: Das polit-ökonomische Wachstum der USA sollte durch die Westeuropäer gestützt werden. Steigende Militärausgaben in Übersee, Auslandshilfe sowie direkte Auslandsinvestitionen und steigender Abfluß des Dollars verstärkten das Zahlungsbilanzdefizit.

Kennedys Konzeption einer atlantischen Partnerschaft vermittelte auch idealistische Impulse: „Die Nationen Westeuropas – lange durch bittere Fehden gespalten – schließen sich zusammen und suchen, wie dies unsere Vorväter taten, Freiheit in der Vielfalt und Stärke in der Einheit zu finden ... je weiter Europa auf dem Weg zur Einheit voranschreitet, desto größer wird seine Rolle und Verantwortung werden.“ Während Kennedy mit Blick auf Europa den Nationalstaatsgedanken als rückständig und überholt ansah, wurde nationale Souveränität in der Dritten Welt als erstrebenswert betrachtet.

Neben der politischen Einigung Westeuropas galt Kennedys Hauptaugenmerk der Verbesserung der Beziehungen zu Lateinamerika. Im März 1961 erläuterte er das ambitiöse Projekt der Allianz für den Fortschritt: 20 Milliarden Dollar waren als eine Art Marshallplan für wirtschaftliche Maßnahmen vorgesehen, um Lateinamerika zu sozialer Revolution von oben zu ermutigen.

Aber Fidel Castro hatte 1959 durch Sturz des korrupten Regimes Batista in Kuba den revolutionären Weg von unten aufgezeigt. Kennedys Hoffnung, daß Castro den lateinamerikanischen Oligarchien einen heilsamen Schock versetzen könnte und damit vielleicht die Chancen für soziale und politische Reformen ansteigen würden, verwirklichten sich ebensowenig wie sein Wunsch, daß Castro die Beziehungen Kubas mit den USA konstruktiv entwickeln würde. Der Abbruch der diplomatischen Beziehungen am 4. 1. 1961 signalisierte Konfrontation. Unter der Anleitung der CIA hatten Exilkubaner in den Sümpfen von Florida seit Monaten die Rückeroberung Kubas geplant. Kennedy, unerfahren und drei Monate im Amt, billigte die Invasionspläne. Der Landungsversuch von 1500 Exilkubanern im April 1961 in der Schweinebucht von Kuba scheiterte jedoch völlig. Die indirekte Beteiligung der USA an der Niederlage erschütterte das Vertrauen in Kennedys Politik erheblich: Nicht Allianz, sondern militärische Intervention für den Fortschritt wurde erkennbar. Obwohl Kennedy die Verantwortung seinem Vorgänger hätte anlasten können, übernahm er sie voll und zog entscheidende Konsequenzen: Er reorganisierte das außenpolitische Entscheidungssystem der USA und trug Sorge dafür, daß in Zukunft bei außenpolitischen Krisen nicht mehr die Militärs und die CIA, sondern der Präsident selbst über die Ereignisse Kontrolle behalten würde: Der Nationale Sicherheitsrat (NSC) unter der Leitung von George McBundy wurde zum außen- und sicherheitspolitischen Kugellager der Regierung Kennedy. Die Tätigkeit der Geheimdienste wurde streng kontrolliert und die Befugnisse der vereinigten Stabschefs wurden Kennedys persönlichem Militärberater Maxwell Taylor unterstellt.

Es besteht kein Zweifel, daß die demütigende Niederlage der Exilkubaner in der Schweinebucht entscheidend dazu beitrug, daß die Regierung Kennedy im Oktober 1962 organisatorisch und entscheidungsmäßig auf die Raketenkrise mit der Sowjetunion gut vorbereitet war. Das Desaster vom April 1961 war Anlaß, um aus Fehlern zu lernen. Andererseits führte das Debakel zu drei schwerwiegenden Konsequenzen: Am 2. September 1961 erklärte Fidel Castro Kuba zur Sozialistischen Republik. Kuba nahm zu den sozialistischen Ländern diplomatische Beziehungen auf, akzeptierte Wirtschaftshilfe der Sowjetunion und bekämpfte den Dollar-Imperialismus. Mit seinem offenen Bekenntnis zum Marxismus-Leninismus und zur Sowjetunion als Schutzmacht schuf Castro ein Konfliktpotential für die Außenpolitik der USA, das in den kommenden Jahrzehnten Probleme und Krisen schaffen sollte.

Die zweite Folge von Kennedys dilettantischer Kuba-Politik war ebenso schwerwiegend: Nikita Chruschtschow zog den Schluß, der amerikanische Präsident sei unentschlossen und nachgiebig. Dieser Eindruck verstärkte sich auf dem Gipfeltreffen der beiden Regierungschefs in Wien im April 1961. Der amerikanische Präsident schien unsicher, Chruschtschow dagegen selbstbewußt und bereit, seine Ziele mit Nachdruck und Risikobereitschaft durchzusetzen. Auch hier bemühte sich Kennedy, Fehler und Versäumnisse zu korrigieren: Nachdem Chruschtschow in Berlin und in der Deutschland-Politik weiter mit einem separaten Friedensvertrag mit der DDR und mit einer freien, neutralisierten Stadt West-Berlin drohte, antwortete Kennedy im Juli 1961 mit der Teilmobilisierung der amerikanischen Streitkräfte, mit einer Verstärkung der amerikanischen Truppen in der Bundesrepublik. Gleichzeitig wurde der Militäretat um 3,2 Milliarden Dollar erhöht, um die nuklearen und konventionellen Streitkräfte zu verbessern und zu vergrößern. Außerdem kündigte Kennedy den Aufbau der Zivilverteidigung an. Die Sowjetunion kündigte ebenso wie die USA eine Teilmobilisierung an: Die beiden Großmächte schienen im Sommer 1961 wegen Berlin an den Rand eines Krieges zu geraten. Die Massenflucht aus der SBZ nach Westen war zudem seit Chruschtschows Berlin-Ultimatum 1958 enorm angestiegen, das System und das Regime Ulbricht standen vor dem Zusammenbruch.

Der Bau der Mauer am 13. August 1961 beendete diese Krise, erschütterte aber Kennedys Ansehen in Deutschland. Sein neues sicherheitspolitisches Konzept der flexiblen Antwort hatte nicht verhindern können, daß sich der Status quo in Berlin de facto zuungunsten des Westens und der Bevölkerung im Osten verschlechtert hatte. Ob es eine Alternative hätte geben können, bleibt Spekulation. Kennedy konnte die westlichen Rechtspositionen wahren. Es wurde aber erkennbar, daß von nun an eine europäische Friedensordnung auf der Grundlage einer freiheitlichen Wiedervereinigung beider Teile Deutschlands der Vergangenheit angehörte. Das war die bittere Erkenntnis des Mauerbaus von 1961.

Kennedy war nicht geneigt, kommunistischen Umsturz und Landgewinn in den Entwicklungsländern hinzunehmen. Dies führte zu einer dritten Konsequenz des Debakels der Schweinebucht: Kennedy war nicht nur fasziniert von den idealistischen Entwicklungshelfern des Friedenskorps, sondern ebenso von den revolutionären Guerilla-Führern der Dritten Welt, deren Kampftechnik von den amerikanischen Spezialeinheiten der „Green Berets" übernommen wurde. Kennedy schuf diese neue Eliteeinheit des Guerilla-Kampfes, um auch auf der untersten Ebene im Kampf gegen den Kommunismus gewappnet zu sein. Dieser Aspekt seiner neuen Militärstrategie der flexiblen Antwort war langfristig ebenso von Bedeutung wie seine Anstrengungen, das nukleare Potential und die konventionelle Kampfkraft der Streitkräfte zu verbessern, um Überlegenheit auf allen Konfliktebenen zu erreichen.

Unter den Bedingungen des nuklearen Patts und des subversiven Grundcharakters der kommunistischen Herausforderung in der Dritten Welt schien die erfolgreiche Anwendung der Guerilla-Taktik das angemessene militärische Instrument. Kennedy wurde durch das amerikanische Scheitern in der Schweinebucht hierin bestärkt: „Wir sehen uns einem unnachgiebigen Kampf in allen Teilen der Welt gegenüber, der weit über den bloßen Zusammenprall von Armeen oder selbst atomaren Waffen hinausgeht ... Wir dürfen den heimtückischen Charakter dieser neuen und tiefgehenden Auseinandersetzung nicht übersehen ... ob nun in Kuba oder Südvietnam ... Was uns

Kuba, Laos anzeigt – all diese Zeichen bedeuten dasselbe. Die selbstgefälligen, die genußsüchtigen, die weichen Gesellschaften sind im Begriff, mit dem Treibholz der Geschichte hinweggeschwemmt zu werden. Nur der Starke, der Arbeitsame, der Entschlossene, der Mutige, der Weitblickende kann überhaupt überleben ... Zu lange schon haben wir unsere Augen auf die traditionellen militärischen Erfordernisse gerichtet, auf Armeen, die zum Überschreiten der Grenzen bereit sind, auf Raketen, die klar zum Abschuß stehen. Es sollte jetzt klar sein, daß dies nicht mehr genug ist – daß unsere Sicherheit verlorengehen kann, Stück um Stück und Land um Land, ohne daß eine einzige Rakete abgeschossen oder eine einzige Grenze überschritten wird. Wir gedenken aus dieser Lehre Nutzen zu ziehen[1]." Kennedys Faszination für soziale Reformen und für Taktiken des Guerilla-Kampfes wurde durch Chruschtschows neue Konzeption sowjetischer Unterstützung für sogenannte Befreiungskriege verstärkt. Kennedy wollte amerikanische Macht auch auf dieser Ebene demonstrieren, und erklärte: „In Vietnam werden wir dies unter Beweis stellen."

Hier beginnt die Tragik des amerikanischen Engagements in Vietnam: Kennedy hatte als Senator die historisch komplizierte Entwicklung von Indochina seit dem Zweiten Weltkrieg als Ausgangspunkt des Problems erkannt, als Präsident jedoch übertrug er die Ereignisse in Kuba und anderswo auf ein pauschal anti-kommunistisches Schema. Dies stand im Widerspruch zu den Tatsachen und zu seinem erklärten Willen, die revolutionären und anti-kolonialen Bewegungen in der Dritten Welt zu unterstützen. Gegen einen nationalen vietnamesischen Kommunismus wären die Vereinigten Staaten vermutlich nicht eingeschritten, hätten sie beizeiten erkannt, daß Ho-Chi-Minh ursprünglich nicht Nähe, sondern Distanz zur Sowjetunion und zur Volksrepublik China gesucht hatte. Aber die Regierung Kennedy glaubte an eine zentral gelenkte kommunistische Verschwörung. So entstand das Bild von der kommunistischen Hydra, die in Vietnam besiegt werden sollte.

Der herausragende Krisenpunkt war zu Kennedys Zeiten jedoch nicht Vietnam, sondern Laos. Kennedy suchte einen Mittelweg, jenseits von Intervention und Beschwichtigung. Er erreichte die Neutralisierung von Laos. Der erste Test gemeinsamer amerikanisch-sowjetischer Entspannungsbemühungen in der Dritten Welt schien erfolgversprechend. Kennedy hatte unter Androhung von militärischer Stärke erreichen können, daß die kommunistische Pathet-Lao den neutralen Kurs des laotischen Premiers Prinz Souvanna Phouma vorerst respektierte. Weil die neutrale Zukunft von Laos unsicher war, wollte Kennedy Südvietnam vor einer Machtübernahme der Vietcong bewahren: „Ich kann nur eine begrenzte Anzahl von Niederlagen in den ersten 5 Monaten verkraften. Ich hatte das Debakel in der Schweinebucht und den amerikanischen Rückzug aus Laos zu verantworten. Ich kann keine dritte Niederlage hinnehmen."

Von 1954 bis 1960 hatten die USA der Regierung Diem fast 4 Milliarden Dollar an Wirtschafts- und Militärhilfe zukommen lassen, gleichwohl hatte sich die Lage nicht stabilisiert. Nach anfänglichem Reformeifer entpuppte sich Diem als ein gnadenloser, autoritärer Herrscher, der amerikanischem Drängen nach Reformen widerstand. Der wachsende Druck des Vietcong in Südvietnam, verständlich nach der Verweigerung der freien Wahlen, stellte die Regierung Kennedy vor die entscheidende Frage, ob Südvietnam sich selbst überlassen werden sollte oder ob die USA die Wirtschafts- und Militärhilfe verstärken sollten. Kennedy glaubte wie seine Vorgänger an die Dominotheorie, daß bei kommunistischem Umsturz in einem Land kommunistische Aufstände in anderen Ländern folgen würden und damit die Bewegung des weltweiten Kommunismus im Kalten Krieg Siege auf Kosten westlicher, insbesondere amerikanischer Interessen davontragen würde. Dabei übersah Kennedy vermutlich die sich andeutende Krise im sino-sowjetischen Verhältnis wie auch die Tatsache, daß national-kommunistische Erfolge in Befreiungs- und Unabhängigkeitskriegen nicht zwangsläufig den Interessen der Sowjetunion oder denen Chinas entsprechen mußten.

Die Geschichte des amerikanischen Engagements in Vietnam vom Aufbau der Militärmission 1954, als Oberst Landsdale mit einer geborgten Schreibmaschine in Saigon ankam, bis zur Stationierung von 543 000 amerikanischen Soldaten 15 Jahre später ist tragisch. Für die einen gerieten die USA aus Unwissenheit und Vorurteilen in einen politischen Morast, für andere war Amerikas Intervention in Vietnam logische Konsequenz einer Expansionspolitik, bei der der globale Anspruch zur Verteidigung der Freiheit gegen den Kommunismus seinen Höhepunkt und sein Scheitern dokumentierte. Der Krieg in Vietnam war von Anfang an ein Guerilla-Krieg und ein kolonialer Befreiungskrieg, in den die verschiedenen Gruppen sofort nach Unterzeichnung des Genfer Abkommens 1954 wieder eintraten. Die wachsende Unzufriedenheit in Südvietnam stärkte die Position der Vietminh, die ab 1959 über den neu entstandenen Ho-Chi-Minh-Pfad aktiv aus dem Norden unterstützt wurden. So begann der Vietnam-Krieg als Rebellion im Süden gegen die Unterdrückung und Korruption der Regierung Diem. Der Rest von ca. 5–10 000 Mann starken nordvietnamesischen Widerstandskämpfern, die im Süden nach dem Genfer Abkommen zurückblieben, hatte offensichtlich den Auftrag, mit Blick auf die für 1956 angesetzten Wahlen den Kampf politisch zu führen. Als diese Perspektive illusorisch wurde, begann die Phase des militärischen Kampfes des Vietcong gegen Diem. Präsident Kennedy erkannte das Problem und versuchte, Diems Wunsch nach Wirtschafts- und Militärhilfe mit der Forderung nach politischen und sozialen Reformen zu verknüpfen. Aber in Südvietnam, wie auch später gegenüber dem Schah von Iran, wurden die Grenzen amerikanischen Druckes deutlich. Anti-kommunistische und autoritäre Verbündete der USA erkannten, daß sie gegenüber der Großmacht USA eine unverhältnismäßig starke eigennützige Haltung bewahren konnten, weil die Abhängigkeit der USA unter der Perspektive der gemeinsamen kommunistischen Gefahr fast ebenso groß wurde. Der Schwanz wackelte mit dem Hund.

Seit 1960 stieg die Bürgerkriegstätigkeit in Südvietnam rapide an. Angesichts der Erfolge des Vietcong mußten die USA ihre militärische Hilfe erheblich steigern. Bei Regierungsantritt von Präsident Kennedy standen nur einige hundert Militärberater aus den USA in Südvietnam. Im November 1963 waren es bereits 16 000 Mann. Kennedys politische Zweifel an dem Sinn des steigenden militärischen Engagements der USA stiegen an. Seine Faszination für die Guerilla-Kampftaktik war geschwunden. Das Übel sollte nun an der Wurzel selbst gepackt werden: Im September 1963 erklärte Kennedy öffentlich, daß durch Wechsel der Regierung Südvietnams Moral und Unterstützung wiederhergestellt werden könnten. Mit Wissen und Billigung der Regierung Kennedy wurde im November 1963 die Regierung Diem von oppositionellen südvietnamesischen Militärs gestürzt. Diese amerikanische Intervention für den Fortschritt markierte eine Zäsur.

Jedoch Kennedy nutzte den Sturz und die Ermordung von Präsident Diem nicht für eine selbstkritische Überprüfung der amerikanischen Interessen. Es gibt keine Anhaltspunkte dafür, daß Kennedy Amerikas Verpflichtungen für die Unabhängigkeit Südvietnams aufgegeben hätte. Er glaubte, daß der wirkliche Gegner in Vietnam die VR China sei, die heimlich die Fäden des Vietcong in der Hand hielt. Auch gab Kennedy Anweisungen, den verdeckten Krieg nach Nordvietnam hineinzutragen. Sabotage, Infiltration und Propaganda waren die bevorzugten, aber wirkungslosen Mittel.

Auch hier wirkte die Erfahrung des Korea-Krieges: Nur bei begrenzter Kriegführung würde die VR China nicht direkt in das Kriegsgeschehen eingreifen. Das Bild eines aggressiven China war widersprüchlich. Einerseits war es Verursacher für die Dominotheorie, andererseits zwang es zur Vorsicht. Die Vietnam-Politik der USA rückte deshalb schon unter Kennedy in ein Dilemma. Nur mit begrenzten militärischen Mitteln sollte ein politischer Kampf ausgefochten werden. Dieser zwang jedoch die USA von Anfang an in die Defensive. Eine militärische Strategie mit dem Ziel des Sieges wurde nicht angestrebt. Lediglich ein Sieg der anderen Seite durfte nicht zugelassen werden.

Auch fürchtete Kennedy innenpolitische Konsequenzen bei einem Rückzug aus Südvietnam. Seine Kritik an der französischen Kolonialpolitik hatte ihm schon als Senator bei konservativen Kollegen im Kongreß den Ruf eines Weichlings eingetragen. Wenn Kennedy als Präsident Südvietnam aufgegeben hätte, so hätte er riskieren müssen, bei den Präsidentschaftswahlen 1964 nicht wiedergewählt zu werden. Für die Demokraten war die traumatische Erfahrung und der innenpolitische Vorwurf, China verloren zu haben, so niederschmetternd, daß eine Niederlage in Vietnam außer Frage stand. Hier werden die engen innenpolitischen Grenzen für demokratische Präsidenten der Nachkriegszeit deutlich, die sich um Ausgleich mit der Sowjetunion und um Abbau der ideologischen Kanten des Kalten Krieges bemühten. Deshalb ist es fraglich, ob Kennedy nach einer erfolgreichen Wiederwahl 1964 das Engagement in Südvietnam radikal überprüft und amerikanische Truppen abgezogen hätte, obwohl er, wie sein Vorgänger Truman, der grundsätzlichen Auffassung war, daß ein Landkrieg in Asien nicht im amerikanischen Interesse liege. Kennedy vermutete, daß die Öffentlichkeit einen langwierigen und begrenzten Krieg dort nicht unterstützen würde. Kennedy verkannte wie sein Nachfolger Johnson, daß der Krieg in Südvietnam vor allem ein Bürgerkrieg in einem geteilten Land war, für den es keine zutreffende geschichtliche Vergleichsmöglichkeit gab. Es war tragisch, daß globale Konfrontation eine regionale Kompromißlösung in Vietnam verhinderte. Statt problematischer Dominospiele hätte Kennedy eine selbstkritische Analyse der historischen und politischen Lage in Vietnam vornehmen müssen. Es erscheint zweifelhaft, ob Kennedy eine radikale Alternative der amerikanischen Vietnam-Politik hätte durchsetzen können, selbst wenn er dies gewollt hätte.

Wenige Wochen vor seinem Tode erklärte er unmißverständlich in aller Öffentlichkeit: „Wir sind nicht hier in Vietnam, um einen Krieg verlieren zu sehen." Zwar konnte Präsident Kennedy insofern den Primat politischer Überlegungen durchsetzen, daß er die Wünsche seiner militärischen Ratgeber nach verstärkter amerikanischer Präsenz für Südvietnam zurückstufte, aber um den Preis eines nur zeitlich versetzten militärischen Aufbauprogramms. Zudem blieben die Meinungen in der Regierung Kennedy über die weitere Politik geteilt. Nur wenige stellten die Möglichkeit eines militärischen Sieges oder gar den politischen Sinn der amerikanischen Präsenz in Südvietnam infrage.

Kennedy überließ seinem Nachfolger Johnson eine politische Zeitbombe: In Südvietnam wuchs die Unsicherheit, die militärische Lage verschlechterte sich, und in Washington gab es kein politisches Konzept für die Lösung der Probleme. Kennedys Überzeugung, die kommunistische Herausforderung in Südvietnam anzunehmen, überwog. Seine Zweifel blieben instinktiv und sporadisch. Die Frage, ob Kennedy aufgrund von Erfahrung und Lernfähigkeit den Weg beschritten hätte, der von Präsident Johnson schließlich begangen wurde, muß unbeantwortet bleiben.

In der Retrospektive wird deutlich, daß die Außenpolitik der Regierung Kennedy in zwei Hälften auseinanderfällt: Die erste Hälfte bis zum Oktober 1962 ist durch ansprechende Rhetorik gekennzeichnet. Im krassen Gegensatz dazu steht jedoch die dürftige Bilanz. Der Anspruch auf Reform, Bewegung und Veränderung, die dem globalen Entwurf der ‚Neuen Grenze' zugrundelag, konnte nicht eingelöst werden. Die selbstbewußten Entwürfe scheiterten an den realpolitischen Widrigkeiten. Auch wurde deutlich, daß Erneuerung weniger die Substanz betraf, sondern sich überwiegend in einem neuen Kennedy-Stil zeigte – für viele glich seine Außenpolitik altem Wein in neuen Schläuchen.

Die neue Militärstrategie der flexiblen Antwort wirkte aber weit über die sechziger Jahre hinaus. Unter der Federführung von Verteidigungsminister McNamara, der das Pentagon nach neuen rationalen Maßstäben zu reorganisieren suchte, hatte Kennedy zusammen mit General Taylor die Strategie der flexiblen Antwort entwickelt. Kennedys weit ausgreifende globale Interpretation amerikanischer Interessen bedurfte eines breit gefächerten Instrumentariums politischer und militärischer Mittel.

Auf der nuklearstrategischen Ebene hatte sich die im Wahlkampf erhobene Kritik an der sogenannten „Raketenlücke" als irrig herausgestellt. Trotzdem wurden die Rüstungsprogramme beschleunigt, so daß 1964 die Anzahl der Raketen um 150 % und die Mega-Tonnage um 200 % gesteigert werden konnten. 10 weitere Polaris-U-Boote wurden in Dienst gestellt. Damit standen insgesamt 29 Boote dieser Klasse 1964 zur Verfügung. Die Anzahl der Minuteman-Raketen wurde von 400 auf insgesamt 800 erhöht[2].

Diese bipolare Nukleararistokratie der beiden Supermächte umfaßte auch das Interesse an Nichtverbreitung von Nuklearwaffen an Drittstaaten.

Auf dem Hintergrund der amerikanischen Forderung nach einem größeren Beitrag der Westeuropäer beim Ausbau der konventionellen Streitkräfte der NATO stiegen besonders in Frankreich und in der Bundesrepublik die Zweifel an der Glaubwürdigkeit der amerikanischen Nukleargarantie für die Verteidigung Europas. Das Engagement des damaligen Verteidigungsministers McNamara zu Beginn der achtziger Jahre für eine Strategie der NATO, bei der auf den Ersteinsatz von Nuklearwaffen nach einem sowjetischen Angriff verzichtet werden soll, erstaunt denjenigen wenig, der sich in Erinnerung ruft, daß es in der Regierung Kennedy anfänglich ähnliche Überlegungen gab. Kennedys Forderung an die Westeuropäer nach mehr konventioneller Rüstung verstärkte deren Befürchtung, daß die Regierung Kennedy in der Tradition von F. D. Roosevelt den Ausgleich mit der Sowjetunion auf Kosten europäischer und deutscher Interessen suchen könnte. Ähnliche Bedenken tauchten auf, als Kennedy sich gegen eine Verbreitung von Nuklearwaffen einsetzte. Amerikanische Nukleardominanz im westlichen Bündnis sollte für Sicherheit nach amerikanischen Maßstäben sorgen. Nuklearmächte in der Größenordnung Englands oder Frankreichs würden die Sowjetunion höchstens zu Präventivschlägen einladen, die Kommandostruktur der NATO und vor allem amerikanische Kontrolle erschweren. Durch Fehlkalkulationen oder aus Versehen könnten – so die amerikanische Sicht – vielleicht die USA gegen ihren Willen in einen Nuklearkrieg in Europa hineingezogen werden. Aber während der Bundesrepublik keine Alternative blieb, als sich wiederholt der amerikanischen Garantien zu versichern, zog Frankreich unter General de Gaulle eine andere Konsequenz: Er suchte für Frankreich politische Gleichberechtigung neben den großen Zwei durch nationale Unabhängigkeit. Diese ließ sich mit einer eigenen nationalen Nuklearstreitmacht verwirklichen. Nachdem de Gaulles Vorschlag für ein Dreier-Direktorium in der NATO 1958 von den USA und England abgelehnt worden war, begann de Gaulle zu Beginn der sechziger Jahre mit dem Aufbau der Force de Frappe. Ende 1965 hatte Frankreich 50 Atombomber Mirage IV einsatzbereit. 1967 erfolgte der Stapellauf des ersten französischen Atom-U-Bootes, das 1971 mit Mittelstreckenraketen einsatzbereit war. Auch wenn die Force de Frappe von 1960 bis 1970 nur auf dem Papier bestand, so erfüllte sich de Gaulles politischer Zweck: Demonstration von nationaler Unabhängigkeit und Stärke mit Distanz zu den USA.

Der Bundesrepublik war eine gaullistische Entwicklung von Anfang an verschlossen. Eine nukleare Bundesrepublik war im Ausland und bei der eigenen Bevölkerung unerwünscht. Deshalb versuchte die Bundesregierung, nukleare Mitbestimmung im Bündnis über die MLF zu erreichen, während England aufgrund seiner traditionell engen Bindung und durch technologische Hilfestellung der USA den Status einer Nuklearmacht zu bewahren suchte.

Nukleare Überlegenheit gegenüber der Sowjetunion, nukleare Kontrolle des Bündnisses, Nichtweiterverbreitung von Nuklearstreitkräften, ein Ausbau der konventionellen Streitkräfte insbesondere in Westeuropa und eine neue Faszination für die Guerilla-Führung in der Dritten Welt kennzeichneten die Kernelemente der Strategie der flexiblen Reaktion unter Kennedy. Im Unterschied zur Strategie der massiven Vergeltung der Eisenhower-Jahre, die darauf verzichtet hatte, auf allen Ebenen der Sowjetunion ebenbürtig oder gar überlegen reagieren zu können, und die nur auf nukleare Überlegenheit und auf Androhung massiver, d. h. nuklearer Vergeltung angewiesen war, suchte Kennedy die ständige Überlegenheit auf allen Ebenen: Versuchten die USA unter Eisenhower, durch nukleare Überlegenheit allein asymmetrisch abzuschrecken, so legte Kennedy nun Wert darauf, daß jeder Bedrohung symmetrisch, d. h. gleichgewichtig und angemessen entgegnet werden konnte. Auf jeder Ebene sollte Überlegenheit erreicht werden. Das war revolutionär, aber im Unterschied zu heute durchführbar. Kennedy fürchtete nichts so sehr, als daß er bei einer Krise in ein Dilemma geraten könnte, zwischen nuklearer Apokalypse oder Nachgeben wählen zu müssen, weil die entsprechenden Mittel für eine angemessene Reaktion nicht vorhanden sein würden.

Furcht vor politischer Demütigung, angemessene Reaktion und die Fähigkeit zur bedachten Eskalation waren für Kennedy entscheidend. Der Strategie der flexiblen Antwort war ein hohes Maß an Optimismus zu eigen, Konflikte durchstehen und gewinnen zu können. Sie war durchdrungen von dem Glauben, daß Kriege begrenzt kontrolliert gehalten und aufgrund amerikanischer Überlegenheit in Kapazitäten und Strategien gewonnen werden können. Begrenzte Kriegführung sollte die Strategie der Abschreckung glaubwürdig machen.

Das Element der militärischen Überlegenheit war nicht Selbstzweck, sondern Grundlage, um die Sowjetunion zur Kooperation zu zwingen. Angesichts der idealistisch-pazifistischen Tendenzen in den westlichen Demokratien verdient kein Satz von John F. Kennedy so in Erinnerung gerufen zu werden wie dieser: „Wir werden nie aus Furcht verhandeln, aber wir wollen uns auch niemals vor Verhandlungen fürchten." Freilich gestalten sich die Verhandlungen heute im Zeitalter der amerikanisch-sowjetischen Parität ungleich schwieriger.

Es war verständlich, daß Kennedy als Kind seiner Zeit amerikanische Überlegenheit ausbauen wollte. Sein Globalkonzept forderte amerikanische Überlegenheit. Aus sowjetischer Sicht hingegen waren Kennedys Angebote für Entspannung unannehmbar, denn seine „Détente Americana“ sollte nicht auf Gleichberechtigung, sondern unter Anerkennung amerikanischer Überlegenheit auf der Grundlage des Status quo durchgesetzt werden. Chruschtschow hingegen suchte Machtausdehnung und Gleichberechtigung für die Sowjetunion neben den USA. Die Kuba-Krise sollte dann zeigen, daß Chruschtschows frühreifer Globalismus zunächst noch auf tönernen Füßen stand.

Die Bilanz der Außenpolitik der Kennedy-Regierung am Vorabend der Kuba-Krise war nicht sonderlich beeindruckend: Die neue Militärdoktrin der flexiblen Antwort war zwar vernünftig, stieß aber bei den Bündnispartnern auf heftige Kritik und konnte erst 1967 zur offiziellen NATO-Strategie werden. Sie führte dazu, daß Frankreich unter Präsident de Gaulle zum schärfsten Widersacher von Kennedys Europa-Politik wurde. De Gaulle nahm sie zum Anlaß, mehr Distanz für Frankreich und für Europa zu suchen. Die Bundesregierung in Bonn stand den amerikanischen Entspannungsansätzen kritisch gegenüber. Der Mauerbau von 1961 und dilettantische Vorschläge der USA zum Berlin- und Deutschlandproblem, die die Übertragung sowjetischer Rechte auf das Regime in Ost-Berlin nicht ausgeschlossen hätten, führten zu heftigen Mißstimmungen. Nach dem Debakel der Schweinebucht vom April 1961 und der wenig überzeugenden Vorstellung Kennedys auf dem Gipfeltreffen in Wien erschien er für viele als ein Mann, der zwar wie Churchill sprach, aber wie Chamberlain handelte.

2. Die Kuba-Krise vom Oktober 1962

Die Raketenkrise vom Oktober 1962 bildete den herausragenden außenpolitischen Erfolg der Regierung Kennedy. Ohne diese Leistung ist man verführt, die Außenpolitik von Kennedy fast zu vergessen.

Nachdem die USA entdeckten, daß die Sowjetunion auf der Insel Kuba, 90 Meilen vor der amerikanischen Küste, Mittel- und Langstreckenraketen sowie Langstreckenbomber installierte, kam es vom 14.–28. Oktober 1962 in der Karibik zu einer großen politischen und militärischen Konfrontation zwischen den USA und der Sowjetunion, die als Kuba-Krise oder als Raketenkrise in die Geschichte eingegangen ist[3]. Durch eine Seeblockade der Insel Kuba und durch ein militärisch-politisch abgestuftes Krisenmanagement erreichte Kennedy, daß nach 13 Tagen höchster Kriegsgefahr zwischen den beiden Supermächten die fast vollendeten Raketenbasen wieder abgebaut und mit den Raketen zurück in die Sowjetunion geschifft wurden.

Kein anderes Ereignis der 1000 Tage währenden Präsidentschaft von John F. Kennedy hat den Kennedy-Mythos so geprägt wie dieses. Kein anderes Ereignis symbolisiert in der Retrospektive so deutlich den Rubikon zwischen der Ära des Kalten Krieges und der Ost-West-Entspannung. Kennedy handelte entschlossen und doch flexibel. Er gab damit der Sowjetunion die Möglichkeit zum ehrenvollen Rückzug, ohne daß sie außenpolitisch gedemütigt oder zu Gesichtsverlust gezwungen worden wäre. Wie war es zu dieser Krise gekommen?

Die Entscheidung der sowjetischen Regierung, auf Kuba Mittel- und Langstreckenraketen zu stationieren, innerhalb deren Aktionsradius der nordamerikanische und ein großer Teil des südamerikanischen Kontinents gelegen hätte, bestand aus einer Mischung von innen- und außenpolitischen sowie strategischen Überlegungen. Eine Raketenbasis der Sowjetunion vor der amerikanischen Küste hätte den Ländern Lateinamerikas deutlich gemacht, daß ein kleines Land sich sogar direkt vor den Küsten der USA unbesorgt der Sowjetunion anschließen könnte. Diese Basen hätten das Prestige der Sowjetunion und Kubas in Lateinamerika enorm vergrößert und ihre machtpolitische Wirkung auch auf Asien und Europa nicht verfehlt. Die Stagnation bei der Verfolgung sowjetischer Ziele z. B. in Berlin hätte unter Umständen überwunden werden können. Kurz:

Die Sowjetunion hätte verdeutlicht, daß sie nicht nur gewillt, sondern auch in der Lage ist, den Status quo zu ihren Gunsten zu verändern. Auch im sino-sowjetischen Konflikt, dem ideologischen und machtpolitischen Disput der beiden kommunistischen Hegemonialmächte, hätte die Sowjetunion bewiesen, daß sie noch immer die führende revolutionäre Macht ist und die Zielsetzung des marxistisch-leninistischen Gedankengutes noch lange nicht auf den ideologischen Kehrichthaufen der Geschichte geworfen hat. Zum militärischen Motiv: Im Dezember 1961 hatten die USA gegenüber der Sowjetunion eine Raketenüberlegenheit im Verhältnis von 3:1, die durch die enormen Rüstungsanstrengungen der Kennedy-Administration bis Oktober 1962 auf 4:1 erhöht werden konnte. In dieser strategisch ungünstigen Situation hätte die Sowjetunion durch die Stationierung von 48 Mittelstreckenraketen und 24 Langstreckenraketen sowie 42 Atombombern vom Typ IL 28 auf Kuba das strategische Ungleichgewicht auf 1:2 verkürzen können. Dadurch wäre das Problem auch ökonomisch günstig gelöst worden, weil die geplanten Mittelstreckenraketen in Kuba die Funktion von Langstreckenraketen übernommen und damit vorerst den Haushalt der Sowjetunion entlastet hätten. Diese Aussicht mag die Kompromißbereitschaft der sowjetischen Militärs, die dem Experiment auf Kuba zunächst mit großer Skepsis entgegensahen, erleichtert haben. Auch war die Sowjetunion durch Kennedys dilettantisches Verhalten während der Schweinebucht-Aktion im April 1961 in ihrem Glauben bestärkt worden, der amerikanische Präsident könnte durch eine Strategie der Überraschung und der vollendeten Tatsachen in Kuba überrumpelt werden.

Diese Strategie der Täuschung war der Grund, warum die Vereinigten Staaten erst 5 Minuten vor 12 die noch im Bau befindlichen Raketenbasen entdecken konnten. Auch wurde ein Grundmuster im angelsächsischen Denken, eine Art „politisches Fair play", auf die Denk- und Aktionskategorien der sowjetischen Führung übertragen. Dies wird in Kennedys erbitterter Reaktion bei der Entdeckung der Basen deutlich.

Zusammenfassend kann man zu dem Ergebnis kommen, daß die Krise ausbrach, weil jede der beiden Seiten ihre eigenen Klischeevorstellungen über den anderen auf das zu erwartende Verhalten des Kontrahenten übertrug: Beide Regierungen konnten oder wollten nicht glauben, daß die Gegenseite das tun würde, was sie dann tatsächlich tat.

Vor allem hoffte die Sowjetunion auf ein Tauschgeschäft: Sie würde vielleicht ihre Raketenbasen auf Kuba abbauen, wenn sich in der Folge die amerikanische Regierung in der Frage West-Berlins verständig zeigen würde. Aus einer Bemerkung Präsident Kennedys ging ebenfalls hervor, daß auch er die eigentliche Konfliktgefahr zunächst in Europa vermutete und folglich in der Raketenstationierung auf Kuba einen Hebel für sowjetische Pressionen in Europa und insbesondere in Berlin sah. Auch hätte Chruschtschow einen Tausch mit den amerikanischen Mittelstreckenraketen in der Türkei versuchen können. Eine neue Berlin-Blockade wie auch die Idee einer gegenseitigen Aufgabe der Raketenbasen in Kuba und in der Türkei schienen denkbar. Die Krise hätte sich auf das westliche Bündnis ausdehnen können. Damit wäre die NATO unmittelbar in die Konfrontation hineingezogen worden. Die Festigkeit der amerikanischen Haltung in dieser Frage und gleichzeitig die inoffizielle Zusicherung, die Raketenbasen in der Türkei später abzubauen, veranlaßten Chruschtschow schließlich zum Einlenken. Er erklärte sich am Ende bereit, die Raketenbasen auf Kuba abzubauen. Damit war die Gefahr einer Eskalation der Krise gebannt.

Vor der Kuba-Krise war das bipolare Verhältnis primär durch Prestige und Machtstreben auf dem Hintergrund nuklearer Bedrohung gekennzeichnet. Die Kuba-Krise leitete nicht gerade eine intime Phase zwischen den beiden Supermächten ein, aber als Folge der gemeinsam überstandenen Gefahr eines Nuklearkrieges wurden in begrenztem Umfang bipolare Sicherheitsmechanismen wie der heiße Draht am 20. Juni 1963 eingebaut. Rüstungskontrolle wurde dringlich, und der Abschluß des Atomteststoppabkommens vom 5. August 1963 signalisierte

Fortschritt, um den man sich seit Jahren vergeblich bemüht hatte. Nach der Krise schien eine Beruhigung der Weltlage einzutreten. Man glaubte an den Beginn einer neuen Ära der amerikanisch-sowjetischen Beziehungen. Dabei wurde jedoch vergessen, daß nicht die vorangegangene Annäherungspolitik Kennedys, sondern im Gegenteil erst sein entschlossenes Auftreten während der Krise eine gewisse Entspannung herbeigeführt hatte. Kennedy hatte der sowjetischen Regierung nur durch Stärke verdeutlicht, daß die bisherige Abgrenzung der Interessensphären durch die Großmächte selbst eingehalten werden muß. Dies hatte zur Folge, daß die russische Strategie des Drucks und der Drohung mit militärischer Gewalt, die durchaus in militärische Aktionen eskalieren konnte, an Wirkung verloren hatte. Auf der Grundlage des wiedergewonnenen Selbstvertrauens und Prestige der USA und auf dem festen Fundament nuklear-strategischer Überlegenheit fiel es Kennedy deshalb leicht, der Sowjetunion Verhandlungsbereitschaft anzubieten. Für die Sowjetunion hingegen stellte sich die Lage nach der Kuba-Krise problematischer dar: Die Strategie der Täuschung und der Überraschung war gescheitert, das Prestige als sozialistische Führungsmacht schwer angeschlagen. Weder Chruschtschow, der 1964 gestürzt wurde, noch seine Nachfolger kehrten zu einer Politik des politischen Drucks gegenüber Berlin, Deutschland und Europa zurück. Die VR China intensivierte ihre anti-sowjetischen Kampagnen und stellte den revolutionär-ideologischen Führungsanspruch der Sowjetunion zunehmend infrage. Der sino-sowjetische Konflikt verschärfte sich[4].

Wenn auch die kurzfristigen Folgen der Kuba-Krise für die amerikanische Interessenlage günstig waren, so boten doch die langfristigen wenig Anlaß zu Optimismus. Die Sowjetunion rüstete massiv auf, um bei einer zukünftigen Krise wegen militärischer Unterlegenheit nicht in ein ähnliches Dilemma zu geraten. Die Kuba-Krise war die letzte direkte Konfrontation der beiden Supermächte und signalisierte den Anfang einer gewissen Entspannungsbereitschaft. Gleichzeitig verstärkte der amerikanische Erfolg bei der Kuba-Krise das westeuropäische Vertrauen in die Führungsrolle der Vereinigten Staaten. Nur de Gaulle blieb mißtrauisch.

3. Die Beziehungen zu den europäischen Verbündeten

Der hohe Kredit, den die Regierung Kennedy in Europa bei der Bewältigung der Kuba-Krise erreichen konnte, wurde jedoch mit atemberaubender Geschwindigkeit verspielt.

Kennedys Europa-Politik blieb widersprüchlich: Einerseits sprach er sich gegen nationale Atomstreitkräfte aus, andererseits unterstützte er die Bemühungen der Regierung Macmillan um englische Nuklearstreitkräfte durch die gemeinsame Entwicklung der Skybolt-Rakete. Die britische Atomstreitmacht war Ende der fünfziger Jahre aufgebaut worden. Weil jedoch die Produktion und Entwicklung eigener Nuklearraketen zu kostspielig war, hatte der englische Premier Macmillan von Präsident Eisenhower 1960 die Zusage erhalten, in amerikanisch-englischer Koproduktion die sogenannte Skybolt-Rakete zu entwickeln. Die verwundbare und veraltete englische Luftwaffe sollte durch diese neue Rakete modernisiert werden. Als die Regierung Kennedy aus technischen Gründen diese Kooperation einstellen wollte, erklärte Macmillan auf einem Treffen mit Kennedy in Nassau im Dezember 1962, daß dann England von den USA Polaris-Raketen benötige. Kennedys Einwand, bei einer solchen Entscheidung könne der Eintritt Großbritanniens in die EWG, das Hauptziel der angelsächsischen Regierungen, durch Frankreich verhindert werden, beantwortete Macmillan damit, daß die Beitrittsprobleme rein agrarpolitischer Natur seien. Die politische Problematik wurde völlig verkannt[5].

Für Kennedy waren die Probleme vielschichtiger: Hätte er die nukleare Rüstung Englands gegenüber Frankreich bevorzugt und eine britische unabhängige Atomstreitmacht zugelassen, ja erst durch amerikanische Polaris-Lieferungen gesichert, wäre höchstwahrscheinlich die amerikanische Zielsetzung einer multi*lateralen* Atomstreitmacht im Rahmen der NATO gescheitert. Auch das zweite Konzept der amerikanischen Nuklearstrategie, die multi*nationale* Atomstreitmacht, hätte nur dann eine Realisierungschance gehabt, wenn die geplante englische nukleare Abschreckung vollständig unter das Oberkommando im NATO-Rahmen gefallen wäre. Hatten Präsident Kennedy, Verteidigungsminister McNamara und andere Persönlichkeiten der Regierung nicht immer wieder darauf hingewiesen, daß eine autarke nationale Atomstreitmacht innerhalb des atlantischen Bündnisses nur negative Folgen haben würde? Falls man jedoch das englische Anliegen nicht unterstützt hätte, wäre damit zu rechnen gewesen, daß England seine traditionell enge Bindung an die USA aufgegeben hätte, ja, daß sich sogar ein gewisser Anti-Amerikanismus breit gemacht hätte. Die englische Regierung hätte sich enger an die europäischen Staaten angelehnt. Bei einer gemeinsamen französisch-englischen Front wäre vielleicht die amerikanische Europa-Politik blockiert worden.

Auf diesem Hintergrund stellte das Abkommen von Nassau zwischen den USA und Großbritannien den Versuch dar, einen Kompromiß zwischen diesen beiden Positionen zu schließen: Einerseits sollte das amerikanische Bemühen nach Integration der westlichen Nuklearmächte und andererseits das englische Verlangen nach einem Mindestmaß an nationaler Unabhängigkeit erfüllt werden. Nach Auffassung der USA wurde ein Kompromiß geschlossen, der für eine weitere Entwicklung in der atlantischen Militärstrategie alle Möglichkeiten offenließ: Die geplanten englischen Polaris-U-Boote mit amerikanischen Raketen und englischen Sprengköpfen wurden als erster Ansatz sowohl für eine multilaterale als auch für eine multinationale Atomstreitmacht angesehen. Die Meinungen in der amerikanischen Regierung gingen jedoch auseinander: Anstatt die englische Regierung zu einer Zusage für eine ausschließlich multilaterale europäische Atomstreitmacht zu zwingen, hatte man dem englischen Anspruch auf nationale Unabhängigkeit nachgegeben. Die Entwicklung zu einer politischen Integration Westeuropas hatte in dieser Auffassung einen großen Rückschlag erlitten, weil der amerikanische Präsident seine Maxime aufgegeben hatte, jedes Angebot zur Weitergabe von Polaris-Raketen abzulehnen und statt dessen Großbritannien eine nukleare Sonderrolle erlaubte.

Das Abkommen von Nassau bedeutete in Wirklichkeit auch eine Diskriminierung Frankreichs. Zwar sandten Präsident Kennedy und Premierminister Macmillan sofort nach Unterzeichnung eine Botschaft an Präsident de Gaulle, in der das amerikanische Angebot auch für Frankreich gelten sollte, jedoch wurde die nationale „Notstandsklausel" des Nassauer Abkommens, das England Spielraum für eine nationale Nuklearstrategie gab, der französischen Regierung vorenthalten.

Als Präsident Kennedy am 14. Januar 1963 die Perspektive einer atlantischen Partnerschaft hoffnungsvoll umriß, erklärte Präsident de Gaulle am gleichen Tag, daß Frankreich der Aufnahme Englands in den Gemeinsamen Markt nicht zustimmen werde. Damit war Kennedys Europakonzeption an de Gaulle gescheitert. Der französische Präsident strebte keine Integration der westeuropäischen Staaten in enger Verbindung mit den Vereinigten Staaten an, sondern suchte eine führende Rolle Frankreichs für Europa und in Distanz zu den USA. Damit zog Präsident de Gaulle völlig umgekehrte Schlußfolgerungen aus der internationalen Entwicklung nach der Kuba-Krise. Die amerikanische Garantie für die Sicherheit Europas schien für de Gaulle nicht mehr gewährleistet, weil unter dem Druck der Verwundbarkeit durch die Sowjetunion die USA sich bei einem Nuklearangriff auf Europa nicht selbst gefährden würden. Da im Falle der Verteidigung Europas durch die USA die Amerikaner mit einem direkten russischen Vergeltungsschlag auf ihrem Kontinent rechnen müßten, sei dies ein Risiko – so de Gaulle –, was keine Nation, auch die USA nicht, auf sich nehmen könne. De Gaulle wollte dementsprechend als Schrittmacher für eine europäische Sicherheitskonzeption wirken. Für de Gaulle bewies die Kuba-Krise zwar amerikanische Überlegenheit, zugleich aber europäische Abhängigkeit, die nur überwunden werden könnte, wenn die Westeuropäer sich sicherheitspolitisch von den USA abkoppeln oder emanzipieren würden[6].

Hinter diesem Gaullismus der sechziger Jahre, der in den achtziger Jahren als Neo-Gaullismus, als offener Anti-Amerikanismus und im Gewand von Pazifismus und Neutralismus in Westeuropa wieder auftreten sollte, stand 1962/63 folgendes machtpolitisches Kalkül: De Gaulle fürchtete, daß der Beitritt Englands zum Gemeinsamen Markt die Struktur Europas und Frankreichs Stellung verändern würde. England würde als „Trojanisches Pferd" der USA in Europa – durch die Bundesrepublik unterstützt – Frankreich auf die zweite Bank verweisen. De Gaulles Vorwurf, Europa könnte in amerikanische Abhängigkeit geraten und die europäische Identität aufsaugen, bezog sich vor allem auf Frankreichs mindere Rolle im Europakonzept der Regierung Kennedy.

Auch Englands Politik glich einer Quadratur des Kreises: England versuchte, den Beitritt zur EWG zu erreichen, die privilegierte Atombeziehung mit den USA aufrechtzuerhalten und in diesem Rahmen den Status einer unabhängigen Nuklearmacht zu bewahren. „Großbritannien hat ein Weltreich verloren und noch keine Rolle gefunden!" erklärte der ehemalige amerikanische Außenminister Acheson. Dies traf in der Tat zu. Die Kuba-Krise, das Abkommen von Nassau und de Gaulles Nein zum Beitritt Englands zur EWG standen in einem engen Zusammenhang, der sich negativ auf Kennedys Europa-Politik auswirkte.

Die Bedeutung der Kuba-Krise für den Zusammenhang zwischen ökonomischer und strategisch-politischer Argumentation der französischen Regierung war eine besondere: Die Kuba-Krise bestätigte de Gaulles bisherige politische Haltung. Sie bewies ihm, daß Westeuropa vor einem russischen Angriff weitgehend sicher sei, ja, erst diese Sicherheit Europas gab ihm den nötigen Spielraum, den Konflikt innerhalb des Bündnisses so weit zu treiben, daß er es auf eine Krise oder sogar auf einen Bruch innerhalb des Bündnisses und mit den USA ankommen lassen konnte. De Gaulles Schritt, der die weitere Integration sowohl im europäischen als auch im atlantischen Rahmen verhindern sollte, kann als eine Art Verzögerung des Unvermeidlichen interpretiert werden. Die Europa-Konzeption Kennedys war vorerst verzögert worden, de Gaulles Konzeption war jedoch endgültig gescheitert, denn die Größe seines Konzepts übertraf die tatsächliche Gestaltungskraft Frankreichs. Aus der Sicht der achtziger Jahre hat sich jedoch diese Bewertung verschoben: Scheint es heute nicht so, als ob de Gaulles Konzeption lediglich verzögert wurde? Ist nicht allen europäischen Nationen seit den siebziger Jahren ein erheblicher Schuß Gaullismus in die Politik gefahren? Scheint es nicht heute eher so, als ob die Größe von Kennedys Konzept die tatsächliche Gestaltungskraft der Vereinigten Staaten übertroffen hat?

Kennedy scheiterte an der Idee des souveränen Nationalstaates, die in Europa lebendig geblieben ist. Die nationalstaatliche Konzeption Präsident de Gaulles, die in den sechziger Jahren anachronistisch schien, hat heute in den achtziger Jahren wieder an Kraft gewonnen. Hinter heroischer Integrationsrhetorik dominiert der eigennützige Nationalstaatsgedanken in Westeuropa. Hans-Peter Schwarz hat auf die schwer einzuordnende staatenbundähnliche Qualität Westeuropas hingewiesen, die aus den Visionen und Energien, wie sie Kennedy und de Gaulle repräsentierten, mittlerweile entstanden ist[7].

In der historischen Distanz wird deutlich, daß mit dem Scheitern von Kennedys Europa-Politik die Rolle der USA als westeuropäische Führungsmacht de facto schrumpfte.

Der Prozeß der europäischen Integration wurde ein autonomer europäischer Vorgang und weniger ein Reflex auf amerikanische Impulse oder als Antwort auf Westeuropas Unsicherheit im Ost-West-Verhältnis.

Auch im Scheitern des Projekts der multilateralen Atomstreitmacht wurden die Grenzen amerikanischer Europa-Politik deutlich. Zur Integration Europas an der Seite der USA war die Koordination der drei großen Staaten England, Frankreich und der Bundesrepublik notwendig. Dies übertraf die Gestaltungskraft der Regierung Kennedy. Auch die westeuropäische Bereitschaft, die konventionellen Streitkräfte in Europa zu verstärken, ließ angesichts der sinkenden Ost-West-Spannungen nach. Kennedys Europa-Konzept war im Januar 1963 gescheitert. Macmillan und Adenauer traten im Oktober des gleichen Jahres zurück, de Gaulles Vision schien anachronistisch. Was blieb, war Uneinigkeit. Darüber konnten auch Kennedys triumphale Europareise im Sommer 1963 und besonders der stürmische Empfang für ihn in der Bundesrepublik nicht hinwegtäuschen. Er hatte die Herzen der Europäer gewonnen, die europäischen Kabinette hingegen blieben dem diplomatischen Grabenkampf der nationalen Eifersüchteleien treu.

4. Die Entwicklung der Beziehungen zur Sowjetunion

Bis zur Kuba-Krise hatte Kennedys Politik gegenüber der Sowjetunion einen angespannten Eindruck gemacht. Der erfolgreich bestandene Test in der Kuba-Krise hatte ihn verändert. Entspannter und selbstbewußter räumte Kennedy ein, daß es bei der Kuba-Krise weniger um die Veränderung des wirklichen politischen Kräfteverhältnisses gegangen sei, sondern vielmehr um Amerikas Prestige: „Die Sowjets (hatten) nicht etwa die Absicht, die Raketen abzufeuern, aber politisch hätte dies das Gleichgewicht der Kräfte verändert. Es würde so geschienen haben, und der Anschein steht neben der Wirklichkeit. Das wirkliche Problem liegt in dem Wunsch der Sowjets, ihre Macht und ihren Einfluß zu erweitern ..." [8].

Kennedys Wille zur Entspannung mit der Sowjetunion wurde in seiner Friedensrede in Washington am 10. Juni 1963 besonders deutlich. Er plädierte für Rüstungskontrolle sowie für eine Überprüfung der eigenen Haltung gegenüber der Sowjetunion: „Jeder denkende Bürger, der den Krieg verabscheut und mithelfen will, Frieden zu schaffen, sollte damit beginnen, in sich zu gehen und seine eigene Einstellung zu den Möglichkeiten des Friedens, zur Sowjetunion, zum Verlauf des

Kalten Krieges, zur Freiheit sowie zum Frieden hier im eigenen Lande zu überprüfen." Kennedys Vorstellungen waren durch Nüchternheit und durch eine bewußte Politik der Stärke gekennzeichnet. Er hatte erkannt, daß sich Entspannungspolitik nicht an den harten Strukturen der Macht vorbei konstruieren läßt, und daß das zerbrechliche Gehäuse der atlantischen Welt des Schutzes bedurfte.

Präsident Kennedy bot noch kein Entspannungskonzept an, aber instinktiv spürte er, daß Amerika eine Politik betreiben muß, die nicht nur militärische Stärke, sondern auch politische Kooperation umfaßt. Kennedy suchte nicht schnelle Lösungen, sondern personifizierte die langfristige Anpassung an die neuen Realitäten des Nuklearzeitalters. Er war der erste amerikanische Nachkriegspräsident, der erkannte, daß Sicherheit nicht mehr ausschließlich militärisch gegenüber der Sowjetunion, sondern politisch auch mit der Sowjetunion erreicht werden soll. Erst an der Jahresschwelle 1968 sollte das Konzept der Dualität von militärischer Sicherheit und politischer Entspannung zur Grundlage der NATO-Strategie werden. Kennedy hat den Weg zu dieser Entwicklung bereitet. Es ist verständlich, daß Kennedy als Kind seiner Zeit dieses Konzept auf der Grundlage von amerikanischer Überlegenheit entwickeln wollte. Das war für die Sowjetunion unannehmbar. Erst knapp ein Jahrzehnt später sollte sie sich auf der Grundlage von militärischer Parität bereit erklären, begrenzt dem Entspannungsprimat zu folgen. So gesehen war Kennedy der letzte amerikanische Präsident, der amerikanische Überlegenheit durchsetzen konnte, gleichzeitig war er der erste, der – wenn auch auf der Grundlage von Ungleichheit – den Weg freimachte für die neue Dualität im Ost-West-Verhältnis, das Streben nach politischer Entspannung auf der Grundlage militärischer Sicherheit.

So weitsichtig Kennedys Überlegungen mit Blick auf die Sowjetunion waren, so kurzsichtig blieb sein Blick für die chinesische Politik. Statt den sino-sowjetischen Konflikt für amerikanische Interessen nutzbar zu machen, blieb Kennedy bei der

Vorstellung einer geschlossenen kommunistischen Weltbedrohung, die von der aggressiven VR China ausging. Es ist nicht ohne Ironie, daß die Kuba-Krise den sino-sowjetischen Konflikt entscheidend vertiefte, Kennedy aber zu einer unbefangenen Sicht der chinesischen Politik nicht bereit war. Allerdings muß hinzugefügt werden, daß es 1962 zweifelhaft war, ob Mao an einer Verbesserung der Beziehungen zu den USA, selbst wenn es Kennedy gewollt hätte, interessiert gewesen wäre. Zudem machte die militante Rhetorik der Außenpolitik der VR China in den sechziger Jahren einen wenig einladenden Eindruck für Entspannungsangebote.

Die Kuba-Krise hatte eine weitere Auswirkung: Sie hatte die Selbstsicherheit der Kennedy-Administration noch verstärkt. Die politische, strategische und moralische Überlegenheit der USA schien nach der Kuba-Krise ihre Rechtfertigung und Bestätigung erlebt zu haben. Vom Oktober 1962 bis zum November 1963 erreichten die USA ihren machtpolitischen Scheitelpunkt, einen Hauch von Überlegenheit und nationaler Geschlossenheit, der nie wiederkehren sollte. Aber das brillante und mutige Verhalten von Kennedy während der Kuba-Krise, das nur als Ausnahme hätte gewürdigt werden dürfen, weil es auf so anziehende Weise dem romantischen Ideal einer starken Präsidentschaft entsprach, wurde unzulässig verallgemeinert. Die Brillanz von Kennedys Leistung in der Kuba-Krise schien die Idee zu rechtfertigen, daß der Präsident allein nur das letzte Urteil über Krieg und Frieden abgeben kann. „Die Raketenkrise wurde vorzüglich gehandhabt, aber ihr Vermächtnis wurde die imperiale Konzeption des Präsidentenamtes, das die Vereinigten Staaten in Vietnam schließlich erniedrigte[9].“ Der Idealisierung der präsidentiellen Macht von John F. Kennedy folgte der Umschlag in Mißtrauen, als die Präsidenten Johnson und Nixon den Vertrauensvorschuß der Öffentlichkeit und des Kongresses mißbrauchten, die öffentliche Meinung und den Kongreß irreführten.

Eine abgewogene Beurteilung der Außenpolitik von John F. Kennedy fällt schwer. Auch wenn die Rhetorik der Erwartung einen Wandel in der amerikanischen Außenpolitik signalisierte, bleibt der Eindruck, daß substantiell in der Außenpolitik von Kennedy Kontinuität überwog. Wandel blieb auf die stilistischen und methodischen Elemente der Außenpolitik beschränkt.

Kritiklose Übernahme der Politik von Eisenhower wurde von Kennedy dort vorgenommen, wo kritische Überprüfung notwendig gewesen wäre, wie in Kuba und Südostasien. Umgekehrt hätte Kennedys voreilige Kritik an seinem Vorgänger, wie zum Beispiel in der Frage der Raketenlücke, selbstkritischer überprüft werden müssen. Diese Vorwürfe waren nachher nicht mehr haltbar. Wenn noch heute die Reden von Präsident Truman oder von Außenminister Marshall, die zum Marshall-Plan und zur Truman-Doktrin führten, bewegen, so liegt dies weniger an der rhetorischen Brillanz, sondern an der Verbindung zwischen Wort und Tat: Truman-Doktrin und Marshall-Plan stehen für politische Aktionen. Ganz im Gegensatz dazu war Kennedys Rhetorik oft nur Ersatz für Aktion. So zeigt in der Erinnerung Kennedys Wirken vor allem ästhetische Züge. Er repräsentierte mit seinem nüchternen Idealismus und mit seinem gezügelten Pathos weniger außenpolitische Leistungen als vielmehr die Hoffnung auf einen neuen Typus von Politiker. Kennedys einprägsame Leitsätze wirkten in der politischen Landschaft wie Orientierungslichter, wie klingende Münzen, die sich allerdings nicht in politische Realität einlösen ließen.

Nichts wäre schlimmer, als wenn der schmale, aber bedeutende politische Nachlaß von John F. Kennedy durch Idealisierung und Mythologisierung Museumscharakter annehmen würde. Kennedys tragischer und abrupter Tod hat natürlich die Legendenbildung und Mythologisierung beschleunigt. Gerade bei ihm stellt sich die Frage, inwieweit ein einzelner dem Rad der Geschichte in die Speichen greifen kann, vor allem dann, wenn der außenpolitische Pfad der USA nach Kennedy morastig und abschüssig wurde. Auch kommt der unvollendete Charakter seiner Politik der amerikanischen Erwartungsmentalität entgegen, die sich mit dem tief verwurzelten amerikanischen Sendungsbewußtsein vermischt hat: Das amerikanische Sendungsbewußtsein schaffte den Boden für den Kennedy-Mythos, umgekehrt hat der Kennedy-Mythos das amerikanische Sendungsbewußtsein romantisiert und jung gehalten. Trotzdem zwingen seine Analysen und seine Entcheidungen zum Nachdenken, weil er die Grundfragen des Nuklearzeitalters in aller Schärfe ausgeleuchtet hat. Er hat zum Teil dilettantisch gehandelt, aber es steht außer Frage, daß er auf unnachahmliche Weise zum glaubwürdigen Politiker der bürgerlichen Gesellschaften seit dem Zweiten Weltkrieg geworden ist. Ihm gelang es, das Ideal der Freiheit als Ziel, nicht als eine dogmatische Forderung darzustellen. Kennedy wurde zum ansprechenden Repräsentanten der bürgerlichen Demokratie, weil er gleichzeitig ihr härtester Kritiker war, ihre soziale und moralisch-politische Erneuerung eindringlich forderte und auch selbst vorantrieb. Vor allem war er ein Mann, der politische Niederlagen einstecken konnte, der aus Fehlern lernte und auch in Krisen die Verantwortung übernahm. Dabei zeigte er eine allerdings typisch amerikanische Haltung, die man bei uns Deutschen oft vermißt: „grace under pressure", er zeigte Haltung unter Druck. Die Lücke zwischen Anspruch und Wirklichkeit seiner Außenpolitik wird naturgemäß wegen der Kürze seiner Regierungszeit auch weiterhin Hauptkritikpunkt bleiben. Aber gerade diese Lücke wird den Kennedy-Mythos stets erneuern.

Seine Wirkung ist auch in der atlantischen Welt und in den Armenhäusern in Asien, Afrika und Lateinamerika ungebrochen.

Vielleicht ist Kennedys Mythos in der einfachen Tatsache begründet, daß wir das Leben eines Menschen nicht nur nach seinen Taten messen, sondern daran, wofür er steht, was er verkörpert. Stil und Anspruch sind es, die uns immer wieder faszinieren. Ich verhehle nicht, daß Kennedys politischer Stil auf meine Generation der Vierzig- bis Fünfzigjährigen eine enorme Wirkung ausgeübt hat. Schlagfertigkeit, Ironie, kühler Idealismus, Charme, Verantwortungsbewußtsein und Sprachgefühl scheinen bei der Generation der heutigen Politiker ausgestorben zu sein, oder war Kennedy nur der Politiker meiner Jugendzeit? Fest steht, daß keiner so gegen den übermächtigen Kennedy-Mythos ankämpfen mußte wie sein Nachfolger, Lyndon B. Johnson.

II
Die Außenpolitik der Regierung Johnson

Der Umstand, der zu Johnsons Präsidentschaft führte, war tragisch. Nach Kennedy schien Amerika nicht zu leben, es funktionierte lediglich. Das Land aus dem Schock herausgeführt zu haben, gehört zu Johnsons Verdiensten. Aber in einer Zeit voller Probleme wurden die USA nun von einem außenpolitisch unsicheren Präsidenten regiert. Mit Johnson begann eine neue Phase amerikanischer Außenpolitik: Außenpolitisch unerfahrene Präsidenten führten das Land für die nächsten zwei Jahrzehnte, Nixon ausgenommen. Der Texaner Johnson besaß eine ruppig-joviale Art, eine aufgesetzte Selbstsicherheit und Kameraderie, die den Stil des Weißen Hauses völlig anders prägte, als das zu John F. Kennedys Zeiten der Fall gewesen war. Dahinter verbarg sich Unsicherheit. In der Innenpolitik erreichte Johnson zunächst Erstaunliches. Nüchtern erkannte er die Chance, die durch den Tod Kennedys aufgekommene Leere zu nutzen. Mit Druck und Manipulation und vor allem mit seiner intimen Kenntnis als ehemaliger Vorsitzender der Demokraten im Senat peitschte er die innenpolitischen Reformvorhaben seines Vorgängers durch die Gesetzesinstanzen. Seiner Außenpolitik aber haftete Dilettantismus an.

Die wichtigen außenpolitischen Berater der Regierung Kennedy blieben unter Johnson weiterhin tätig, wurden aber nicht mehr durch Kennedys Autorität gezügelt, sondern verselbständigten sich. Johnson, unfähig, das außenpolitische Programm weiter zu entwickeln, konnte die widersprüchlichen Ratschläge kompetenter Ratgeber kaum mehr koordinieren. So setzte nach Johnsons Regierungsübernahme ein außenpolitischer Verfallprozeß ein. Unter Johnson zerfiel Kennedys ambitiöse Außenpolitik zwar weiter, aber der außenpolitisch zögerliche Johnson sah sich gezwungen, die Vietnam-Politik seines Vorgängers zu intensivieren. Am Ende der Präsidentschaft Johnson bestand amerikanische Außenpolitik nur noch aus Vietnam-Politik. Das außenpolitische Antlitz der USA veränderte sich. Das ist nicht ohne Tragik, denn Johnsons Domäne war die Innenpolitik. Sein Herz und seine Ambitionen hingen an dem großen Reformkonzept der ‚Großen Gesellschaft': „Ich mußte die Frau, die ich liebte" – die Große Gesellschaft –, wie Johnson drastisch das Dilemma umschrieb, „verlassen und statt ihrer mich mit dieser Kriegsnutte an der anderen Seite der Welt" – Vietnam – „einlassen" [1]. Johnson, der soziale Reformen zum Zentralpunkt seiner Politik machen wollte, mußte einen Krieg führen, der Hunger, Krankheit und Tod für die Menschen in Vietnam brachte. Johnson, Schüler und Bewunderer von F. D. Roosevelt, stand in der außenpolitischen Tradition, die komplizierten außenpolitischen Verpflichtungen abhold war, die aber – wenn außenpolitisches Handeln unumgänglich wurde – mit moralischem Engagement voll intervenierte. Unwissenheit und Selbstgerechtigkeit gingen dabei eine unglückliche Symbiose ein. Nicht langfristiges und ausgewogenes internationales Engagement, sondern unruhige, mißtrauische Zurückgezogenheit schlug dann in Überengagement um, wenn es galt, ein kommunistisches Ungeheuer zu erlegen. Während J. F. Kennedy ein maßvoller und selbstbewußter Präsident war, war Johnson außenpolitisch unsicher. Weil er die Probleme nicht differenziert, sondern in Schwarz-Weiß-Kategorien wahrnahm, neigte er zu völliger Vernachlässigung oder zu unangemessenem Eingreifen.

Johnson besaß weder eine außenpolitische Konzeption noch einen festen Grund, auf dem er sich bewegen konnte. Ihm fehlte außenpolitischer Instinkt. Statt dessen neigte er zu Polarisierung und Dramatisierung. Seine moralisierende Auffassung von Außenpolitik bildete die Kehrseite des alten Isolationismus der dreißiger Jahre: Beide ruhten auf einem selbstgerechten Podest moralischer Überlegenheit, die sich vom Stolz auf den materiellen Erfolg des amerikanischen Wirtschaftssystems und auf die amerikanische Demokratie leiten ließ. Johnson kannte zunächst keine Grenzen für amerikanische Macht, über die sich Kennedy viel eher bewußt war. So baute Johnson seine außenpolitischen Entscheidungen mangels Wissen und Erfahrung primär auf Wert- bzw. Vorurteilen auf.

1. Vietnam

Diese moralisierende Sicht ermöglichte Johnson das Kunststück, den Bürgerkrieg in Vietnam nahtlos in den internationalen Zusammenhang der ideologischen und machtpolitischen Auseinandersetzung einzufügen. Zunächst schien die Entwicklung in Vietnam Johnsons Zurückhaltung Recht zu geben: Er glaubte zwar an die gerechte Sache im Kampf gegen den Kommunismus in Indochina, warnte jedoch vor der intelligenten Hybris mancher Kennedy-Berater, vor allem vor einem direkten Eingreifen amerikanischer Truppen auf dem asiatischen Festland. Er erklärte, daß die Gefahr weniger vom Kommunismus als vielmehr von Hunger, Krankheit, Unwissenheit und Korruption ausgehe. Johnson glaubte an Kompromiß, ohne diesen jedoch jemals zu definieren. Die Souveränität Südvietnams war für Johnson nicht verhandelbar, für die Kommunisten aber nicht akzeptabel. Johnsons Friedensangebote, in denen großzügige Wirtschaftshilfe einen zentralen Anreiz spielen sollte, blieben deshalb ohne Erfolg. Je unnachgiebiger die nordvietnamesische Führung reagierte, je deutlicher sie ihren politischen Willen auch militärisch untermauerte, um so feindseliger wurde Johnson. Wegen seines pragmatischen Verständnisses fand er keinen Zugang zur kompromißlosen Interessenlage der Kommunisten in Vietnam.

Auch die Kriegführungsstrategie war diffus: Zwar sollte der Gegner militärisch zur Aufgabe gezwungen werden, um danach aus einer Position der Stärke und Überlegenheit verhandlungspolitisch entscheiden zu können, aber gleichzeitig wurde die

Kriegführungsstrategie begrenzt. Der Gegner wurde militärisch geschont und nicht an die Grenze seiner militärischen, territorialen und ökonomischen Belastbarkeit gebracht. Auch sollte der Einsatz von amerikanischen Bodentruppen verhindert werden. Statt dessen sollte durch intensiven See- und Luftkrieg und unter Einsatz der vollen materiellen und technologischen Überlegenheit der Erfolg erzwungen werden. Da im Verlaufe des Jahres 1964 keine Verbesserung der politischen und militärischen Lage eintrat, mußte Johnson die Entscheidung treffen, ob er den Krieg wie in Korea militärisch und geographisch auf den Norden Vietnams ausdehnen sollte oder ob er Amerikas Truppen statt dessen abziehen, das heißt, Vietnam aufgeben, oder ob er den beschrittenen Weg fortsetzen sollte: Südvietnam verstärkt unterstützen, aber die Hauptverteidigungslast bei den Südvietnamesen selbst zu belassen. Eine anti-amerikanische, kommunistische Souveränität Südvietnams war für Johnson nicht vorstellbar. Der Verlust Südvietnams für die amerikanischen Interessen würde die globale Rolle der USA beeinträchtigen. Die Verbündeten würden besonders in der Dritten Welt die Verläßlichkeit amerikanischer Garantien für Beistand und Hilfe infrage stellen. Deshalb basierte Johnsons Strategie in Vietnam anfänglich auf folgenden Überlegungen: Der politische und militärische Wille Hanois sollte durch Amerikas Entschlossenheit, seine militärische und ökonomische Übermacht voll zur Anwendung zu bringen, gebrochen werden, falls sich der Vietcong und Hanoi zu Verhandlungen nicht bereit zeigen sollten. Ein militärisches Patt wurde angestrebt. Johnson war anfangs optimistisch, daß die Überlegenheit der USA den Vietcong und die Nord-Vietnamesen zum Halten bringen und durch die Luftbombardements schließlich Nordvietnam zum politischen Einlenken gezwungen werden könnte.

Johnsons Militärstrategie war zunächst restriktiv im Vergleich zu weiterreichenden Möglichkeiten: Er befürwortete nur eine begrenzte Eskalation der Luftbombardements auf Nordvietnam, verbot eine Verminung der Häfen, Bombardierung der Städte oder Dämme. Er machte von Anfang an klar, daß die territoriale und politische Integrität Nordvietnams ebensowenig zur Debatte stehe wie die Südvietnams. Johnsons Kriegführungsstrategie war im Kern auf Südvietnam begrenzt. Durch die Bombardierung Nordvietnams sollte lediglich eine verhandlungspolitische Lösung erzwungen werden. Wie alle Präsidenten vor ihm verfocht Johnson eine Strategie des begrenzten Krieges. Aber Johnson wollte ebensowenig als der Präsident in die Geschichte eingehen, der Vietnam verlor. Das Bild eines kriegstreiberischen Johnson wäre aber einseitig, würde man nicht ebenso darauf verweisen, daß Johnson die weiterreichenden Vorschläge seiner Mitarbeiter zur militärischen Eskalation zurückhaltend aufnahm. Aber Johnson beruhigte seine Zweifel am Sinn der militärischen Eskalation damit, diese als Mittel anzusehen, mit dem der Vietcong und Nordvietnam an den Verhandlungstisch gezwungen werden könnten.

Jedoch brachten weder die schrittweise und begrenzte Eskalation der Bombardierung Nordvietnams, genannt „Rollender Donner" (von 1965 bis 1968) noch die massive Verstärkung der amerikanischen Bodentruppen Verbesserung. Zusätzlich erhielt die Forderung nach mehr Bodentruppen eine eigene Eskalationslogik durch die Begründung, diese müßten die amerikanischen Luftstreitkräfte vor territorialen Übergriffen schützen. Nachdem am 8. März 1965 die ersten 3500 US-Marine-Infanteristen in Da Nang an Land gingen und der Grundstein für den Einsatz amerikanischer Bodentruppen gelegt war, landeten schon im April zwei weitere Bataillone. Dann wurde beschlossen, daß die amerikanische Truppenstärke auf 82 000 Mann ansteigen sollte. Im Sommer 1965 war der Rubikon überschritten. In nur drei Monaten, von März bis Juli 1965, wurde die Steigerung amerikanischer Truppen von 33 000 auf 180 000 Mann beschlossen! Eine ständige Eskalation der militärischen Präsenz der USA wurde zum Ersatz von militärstrategischen und politischen Überlegungen. Gleichzeitig tat Johnson alles, um den Krieg vor dem Kongreß und vor der Bevölkerung geheimzuhalten. Dadurch untergrub Johnson zunehmend das Vertrauen der Bevölkerung in seine Vietnam-Politik. Niemals hat er sie der Bevölkerung auf angemessene und realistische Weise dargelegt. Im Gegenteil, Johnson tat alles, um das wirkliche politische Dilemma, das sich zunehmend zeigte, zu verschweigen, und um die militärische Eskalationsstrategie geheimzuhalten. Am 2. und 4. August 1964 wurde der amerikanische Zerstörer „Maddox", der sich auf einer Routinepatrouille im Golf von Tonkin befand, von nordvietnamesischen Torpedobooten angegriffen, ohne daß es zu amerikanischen Verlusten gekommen war. Dieser Zwischenfall schien an sich zunächst bedeutungslos, führte aber zu weiterreichenden Konsequenzen[2]. Der Kongreß stellte auf Antrag dem Präsidenten die Vollmacht aus, „alle notwendigen Maßnahmen zu ergreifen, um jedweden Angriff gegen die Streitkräfte der Vereinigten Staaten zurückzuschlagen und um weiteren Aggressionen vorzubeugen". Der Präsident erhielt somit vom Kongreß eine Blanko-Vollmacht, amerikanische Truppen nach Südvietnam zu entsenden. Diese sogenannte Tonking-Resolution kam deshalb dem Wert einer Kriegserklärung nahe. Erst diese Resolution gab Präsident Johnson freie Hand für die Bombardierung Nordvietnams, für die Entsendung von über einer halben Million Soldaten nach Südvietnam, und für eine gewaltige Eskalation des Krieges, ohne daß der Kongreß diesen Schritten zustimmen mußte. Deshalb symbolisierte diese Resolution den Höhepunkt des Vertrauens und der überparteilichen Zustimmung des Kongresses ganz in der Tradition der fünfziger Jahre, dem Präsidenten in einer außenpolitischen Krise Unterstützung zu gewähren.

Erst die Veröffentlichung der Pentagon-Papiere 1971 erbrachte den Nachweis, daß Präsident Johnson den Wortlaut dieser Resolution schon Monate vor dem Tonkin-Zwischenfall hatte ausarbeiten lassen. Ahnungslos verabschiedeten Senat und Repräsentantenhaus am 7. August 1964 die Tonkin-Resolution mit nur 2 bzw. ohne jede Gegenstimme(n). Im Vertrauen auf Präsident Johnson hatte der Kongreß seine außenpolitische Kontrollfunktion aufgegeben. Als 1971 Johnsons geheime Eskalationsstrategie und die dubiose Bedeutung des

Tonkin-Zwischenfalls bekannt wurden, erfaßte den Kongreß nachträglich tiefes Mißtrauen in die demokratischen Praktiken von Präsident Johnson. Mit Hilfe der Tonkin-Resolution im August 1964 hatte Johnson den falschen Eindruck vermittelt, daß zwingende Gründe für eine maßvolle Intervention der USA in Vietnam gegeben seien. Diese Taktik paßte ganz zum Bild eines außenpolitisch maßvollen Präsidenten, um das sich Johnson im Wahlkampf 1964 bemühte. Sein Herausforderer Goldwater wurde zum Kriegstreiber abgestempelt, während Johnson für Zurückhaltung in Vietnam öffentlich plädierte: „Ich werde sehr sorgfältig und zurückhaltend handeln. Ich glaube nicht, daß wir uns bereiterklären sollten, daß amerikanische Jungs den Kampf für Asiaten führen in einem Krieg, der 700 Millionen Chinesen miteinbeziehen könnte. Wir schicken nicht amerikanische Soldaten auf einen Kriegsschauplatz 10 000 Meilen entfernt, wo die Asiaten selbst kämpfen sollen[3].“ Nach gewonnener Wahl im November 1964 tat Johnson genau das, wogegen er noch im Wahlkampf vehement plädiert hatte: Eskalation des Krieges, Verstärkung der amerikanischen Bodentruppen in Südvietnam und vor allem Verstärkung des Luftbombardements in Nordvietnam. Letzteres konnte den Widerstand Nordvietnams und des Vietcong jedoch nicht brechen. Im Gegenteil, er wurde gestärkt. Das Bombardement verringerte sogar nordvietnamesische Verhandlungsbereitschaft. Die 72 Friedensinitiativen, die Johnson in seinen Memoiren auflistet, waren allesamt Variationen seiner Grundposition vom April 1965, ein freies unabhängiges Südvietnam ohne Militärstützpunkte für auswärtige Mächte[4]. Sie blieben ohne Antwort.

Hanoi hingegen forderte Frieden, Souveränität und territoriale Integrität für ein vereintes Vietnam unter Berufung auf das Genfer Abkommen von 1954 sowie den Rückzug aller amerikanischen Truppen aus Südvietnam. Die friedliche Wiedervereinigung Vietnams sollte ohne Einmischung von außen und in Übereinstimmung mit dem Programm der Nationalen Befreiungsfront von den Vietnamesen allein geregelt werden. Das bedeutete nichts anderes als Sturz der Regierung in Südvietnam und die Machtübernahme durch die Kommunisten. Aber während Amerikas Militärstrategie und politische Zielsetzung in Vietnam scheinbar beziehungslos war, bestand zwischen Hanois politischer Zielsetzung und Militärstrategie ein innerer Zusammenhang. Selbst Johnson soll die Bemerkung gemacht haben, „wenn ich Ho-Chi-Minh wäre, würde ich niemals verhandeln".

Die jahrelange Eskalation von Zerstörung und Grausamkeit hatte die Kompromißbereitschaft beider Seiten vermindert. Die Pausen zwischen den Luftangriffen dienten Nordvietnam lediglich zum Atemholen, konnten aber die anwachsende Kritik in den USA selbst nicht dämpfen. Johnson hoffte vergeblich auf Nordvietnams Verhandlungsbereitschaft und auf innenpolitische Zustimmung. Die vorsichtige Eskalation wirkte Johnsons Zielen entgegen. Nur durch eine gewaltige, ja schockartige Eskalation der Luftbombardements hätte er vielleicht nordvietnamesische Verhandlungsbereitschaft erzwingen können. Ein militärischer Sieg wäre nur möglich gewesen, wenn man über 1 Million amerikanische Soldaten nach Südvietnam geschickt, die Bombardierung Nordvietnams aller Restriktionen enthoben, den Landkrieg nach Nordvietnam ausgedehnt und Atomwaffen eingesetzt hätte. Eine solche Ausdehnung stand für Präsident Johnson nicht zur Debatte. Statt dessen entschied er sich für eine Kompromißstrategie, die lediglich den militärischen Sieg der anderen Seite verhindern sollte, die aber angesichts der wachsenden Erfolge des Vietcong zur schrittweisen Eskalation zwang. Es liegt im Wesen der militärischen Eskalation, daß bei jedem weiteren Schritt der anderen Seite nicht nur Möglichkeiten zur Reaktion, sondern auch zur Anpassung gegeben werden, und damit eine weitere Steigerung in der Anwendung militärischer Gewalt zwangsweise eintreten muß, der sich die andere Seite wiederum anpassen wird. Diese Eskalationsspirale war wirkungslos, weil die Bombardements auf die Kommunikationsverbindungen wie Straßen und Eisenbahnen und auf Wirtschaftszentren keinen Erfolg brachten. Weder wurde die wirtschaftliche Leistungsfähigkeit entscheidend beeinträchtigt noch der politische Wille Nordvietnams gebrochen. Die ländliche Struktur Nordvietnams stellte ein ungeeignetes Ziel für die amerikanischen B-52-Bomber dar, die ursprünglich für strategisch-nukleare Missionen geplant waren. Nach Schätzungen soll Nordvietnam zwischen 1965 und 1968 Schäden in Höhe von 600 Millionen Dollar erlitten haben. Die Luftangriffe kosteten aber die USA allein 6 Mrd. Dollar an verlorenen Flugzeugen sowie 2 Mrd. Dollar an Bomben und Munition. Aus ca. 27 000 Tonnen amerikanischen Blindgängern verstärkten die Nordvietnamesen ihr eigenes Munitionsarsenal[5]. Johnsons Optimismus, daß die ökonomischen und militärischen Mittel für Vietnam in unbeschränkter Höhe zur Verfügung stünden (er spiegelte einen tiefen Glauben an technologische und ökonomische Allmacht wider), sowie seine Auffassung, daß die USA sich Butter *und* Kanonen würden leisten können, also einen kostenreichen Krieg in Vietnam *und* teure innenpolitische Reformen, zerbrach ebenfalls an den Realitäten. Schließlich mußte Johnson den Krieg auf Kosten seines Reformprogramms der ‚Großen Gesellschaft' finanzieren. Vor allem wurden die moralischen Kosten unerträglich.

Bis zur Tet-Offensive zu Beginn 1968 hielten sich Befürworter und Gegner des Krieges in etwa die Waage, danach brach in der öffentlichen Meinung die Unterstützung für Johnsons Vietnam-Politik zusammen. Tet brachte zwar für den Vietcong eine militärische Niederlage, schockierte aber den amerikanischen Fernsehzuschauer zutiefst, der noch wenige Wochen zuvor von Präsident Johnson gehört hatte, daß der Krieg bald siegreich beendet werden könnte. Die Fernsehbilder der Tet-Offensive zeigten ein anderes Bild[6]. Dabei wurde deutlich, daß die Nordvietnamesen und der Vietcong eine erfolgreiche Dominotheorie entwickelt hatten. Sie basierte auf folgender kühnen und langfristigen Kalkulation: Die USA waren militärisch in Südvietnam nicht zu besiegen. Der Krieg konnte deshalb für den Vietcong nur politisch gewonnen werden. Als die amerikanische Bevölkerung der Vietnam-Politik ihres Präsidenten nicht mehr folgte, war dieses Ziel erreicht. So wurden die öffentliche Meinung und die Bevölkerung in den USA zum ersten Dominostein der nordvietnamesischen Strategie.

Der nächste Dominostein betraf das politische Regierungssystem der USA. Nachdem der Kongreß schon tief in der Vietnam-Frage gespalten war, mußten die Gegensätze in die Regierung Johnson direkt hineingetragen werden. Der Zustimmungsschwund für das Bombardement auf Nordvietnam war ein Indikator für die anwachsende Opposition innerhalb der Regierung, wie auch 1968 der Rücktritt von Verteidigungsminister McNamara und die sehr schnell einsetzende Kritik seines Nachfolgers Clark Clifford an der Militärstrategie. Als General Westmoreland, der amerikanische Kommandeur in Südvietnam, 200 000 weitere Soldaten anforderte, und unter Einfluß von Clifford sich niemand für eine solche Verstärkung aussprach, mußte Präsident Johnson schließlich selbst davon Abstand nehmen. Damit war aus nordvietnamesischer Sicht der letzte Dominostein gefallen: Der amerikanische Präsident selbst wurde zu dem Eingeständnis gezwungen, daß der Krieg in Vietnam militärisch nicht zu gewinnen war. Außerdem war Johnsons innenpolitisches Reformprogramm zusammengebrochen. Im Sommer 1967 war es in den schwarzen Ghettos der Städte zu schweren Gewalttätigkeiten gekommen. Die Präsidentschaftskandidatur von Robert Kennedy, Johnsons Erzrivalen, brachte neue machtpolitische Bedrängnis. Der Präsident zog schließlich im März 1968 die Konsequenzen: Er erklärte, daß er eine erneute Kandidatur für die Präsidentschaft nicht suchen werde.

Die Geschichte des amerikanischen Engagements in Vietnam zeigt, daß kein Präsident „bei Null“ anfangen konnte, sondern mit dem Erbe der Entscheidungen und Unterlassungen seiner Vorgänger handeln mußte. Dabei gingen Hybris, Hoffnung und eine Klischeevorstellung von Kommunismus eine Symbiose ein, die die USA schrittweise in den Morast von Vietnam führte. Nur wenige Jahre nach dem grandiosen Erfolg in der Kuba-Krise von 1962 war das internationale Ansehen der USA nur noch ein Schatten seiner selbst. Aus dem Vietnam-Krieg wurden in den USA zwei unterschiedliche Schlußfolgerungen gezogen: Die eine besagt, daß der Krieg und das amerikanische Eingreifen auf einem tragischen Irrtum beruhe, daß aber im Prinzip die USA weiter den globalen Kampf im Zusammenprall von Kolonialismus, Nationalismus, Kommunismus und Demokratie fortsetzen müssen. Die Geschichte scheint dieser Haltung Recht zu geben. Schließlich fiel Südvietnam im April 1975 erst, als auch das letzte Politbüromitglied in Hanoi, Peking und Moskau überzeugt war, daß der amerikanische Kongreß dem Präsidenten die ökonomische und militärische Unterstützung für Südvietnam versagte. Struktur und Praxis des kommunistischen Systems von Vietnam haben nach 1975 die Lebensqualität im Vergleich zur Zeit davor verschlechtert. Zur ideologischen Dogmatisierung und Unterdrückung im Innern kam Expansionismus, wie die Invasion der Vietnamesen in Kambodscha und Laos belegt hat. Der alte ideologische Verbündete im Kampf gegen die USA, die VR China, früher mit „Nordvietnam wie Zähne und Lippen miteinander verbunden[7]", machte Nordvietnam 1979 zum Ziel einer militärischen Strafexpedition. So gesehen war es tragisch, daß die USA den Kitt der kommunistischen Ideologie als unzerbrechlich ansahen, die historischen Gegensätze zwischen China und Vietnam aber unterschätzten.

Die entgegengesetzte Schlußfolgerung, die aus dem Vietnam-Debakel gezogen wurde, besagte, daß Amerikas Eingreifen in Vietnam ein grundsätzlicher Fehler war. Nichtintervention lautete die entsprechende Schlußfolgerung. Eine ganze Generation von Politikern wurde von diesem Vietnam-Syndrom befallen. Abneigung gegenüber dem Instrument militärischer Macht wurde deutlich. Statt dessen sollte Wirtschaftshilfe vergeben werden. In der Folge wurde das Selbstbewußtsein der amerikanischen Streitkräfte nach dem sieglosen Abzug aus Südvietnam erheblich beeinträchtigt. Es ist nicht ohne Ironie, daß Johnsons späterer demokratischer Nachfolger Carter, der die Folgen des Vietnam-Krieges überwinden wollte, zum wirklichen Opfer dieses Vietnam-Syndroms werden sollte. Das moralische Element in der amerikanischen Außenpolitik, das knapp zwei Jahrzehnte ein globales Engagement begründet hatte, wurde binnen weniger Jahre zum Hauptargument für amerikanischen Rückzug. Diese Abkoppelung des Moralismus vom Internationalismus und seine neue Ankoppelung an Neo-Isolationismus stellte vielleicht die wichtigste Veränderung im politischen Klima der Vereinigten Staaten am Ende der sechziger Jahre dar. Dabei zerbrach der breite innenpolitische Konsens, der die Außenpolitik der USA seit 1947 in den wesentlichen Fragen gekennzeichnet hatte. Der Zweifel an der Richtigkeit der Eindämmungspolitik, der seit 1947 zur Richtschnur aller Präsidenten wurde, verstärkte sich. Das Ende des Vietnam-Krieges markierte auch das Ende eines breiten innenpolitischen Konsenses über die Richtigkeit der Eindämmungsdoktrin. Aber nicht nur in den USA, sondern auch bei den westeuropäischen Verbündeten setzte eine nicht zu unterschätzende Entwicklung ein. Wie die positive Amerikanisierung der Gesellschaft nach dem Zweiten Weltkrieg, so entstand nun eine negative Anti-Amerikanisierung als Reflex auf amerikanische Politik und Kritik. Bald stellte sich heraus, daß es den Kritikern in Westeuropa eigentlich nicht um die Rolle der USA in Vietnam ging, sondern daß der Anti-Amerikanismus für sich genommen eine neue Dimension erhielt.

Die moralisierende Schnitzeljagd westeuropäischer Linker, die mit Vietnam begann und mit Blick auf die Dritte und Vierte Welt auch heute noch geführt wird, hat ihre ursprünglich aufrüttelnde Funktion längst verloren, denn sie wurde einseitig geführt. Als die Kommunisten in Vietnam, Kambodscha und anderswo die Bevölkerungen brutal unter Kontrolle brachten, Gegner und Unschuldige bestenfalls in Arbeitslagern verhungern ließen, wenn sie nicht sofort abgeschlachtet wurden, da war von Protesten der alten Vietnam-Gegner nichts mehr zu hören. Es war ein Fehler, daß Pädagogen an Schulen, Hochschulen und Universitäten in Westeuropa in den siebziger Jahren einen Anti-Amerikanismus begünstigten, dessen Früchte dann in den achtziger Jahren voll zur Reife kamen.

Aber beide Schlußfolgerungen, sowohl die in Richtung Dolchstoßlegende – als ob Sieg in Vietnam möglich und sinnvoll gewesen wäre – als auch die, daß Neo-Isolationismus die richtige Antwort wäre, verkennen eines: Vietnam war für die USA eine einzigartige Erfahrung, die nur lehrt, daß keine allgemeingültigen Schlußfolgerungen erlaubt sind. Rückschlüsse auf die Eindämmungsstrategie sind nur sinnvoll, wenn Klarheit über Mittel, Gegebenheiten und Zielsetzung besteht. Dies war jedoch unter der Regierung Johnson nicht der Fall, statt dessen suchte man die Chimäre einer globalen kommunistischen Hydra am Schwanz zu packen. Man vernachlässigte die machtpolitischen und historischen Faktoren, die die Politik in Indochina prägen. Amerikas militärische und ökonomische Unterstützung für die anti-kommunistischen Regierungen in Südvietnam glich deshalb endlosen Bluttransfusionen, die das Leben des Patienten nicht retteten, sondern nur quälend verlängerten, weil die Krankheit selbst – Armut, Unterdrückung und politische Instabilität – nicht an der Wurzel gepackt werden und vor allem vom Patienten selbst nicht überwunden werden konnte. Muß ein Patient nach langanhaltenden Bemühungen aufgegeben werden, ist das nicht unbedingt Anlaß, daß der Arzt seinen Beruf verliert. Kein Gegner der USA hätte die Tatsache widerlegen können, daß die Amerikaner seit Mitte der fünfziger Jahre Südvietnam in beispiellos großzügiger Weise Hilfe zukommen ließen. Im Gegenteil: Der Arzt verlor seinen Ruf, weil er das Leben unmenschlich künstlich verlängerte. Rechtzeitiger Rückzug der USA hätte das Prestige nie so beeinträchtigen können, wie es in Wirklichkeit durch Amerikas militärische Eskalation geschah. Der Zusammenbruch der korrupten und ineffektiven Regierung in Südvietnam hätte früher und unter geringeren ökonomischen, moralischen, politischen und militärischen Kosten erreicht werden können. Aber das Dilemma hatte sich für Johnson von 1963 bis 1968 verschoben: 1963 wäre ein Abzug amerikanischer Truppen aus Südvietnam möglich gewesen, allerdings auf Kosten des außenpolitischen Prestige der USA. Mit Blick auf die innenpolitische Stimmung in den USA wäre ein Rückzug aus Südvietnam allerdings fast unmöglich gewesen, weil der größte Teil der Bevölkerung glaubte, in Südvietnam sei die Freiheit der Welt bedroht. Nach wie vor glaubten die Mehrheit der Bevölkerung und die amerikanischen Politiker an die Dominotheorie. Demnach wären nach dem kommunistischen Sieg in Südvietnam weitere kommunistische Offensiven in Kambodscha, Laos und anderswo zu erwarten gewesen. Präsident Johnson fürchtete, daß im Falle einer Aufgabe von Südvietnam der Kongreß sein ambitiöses innenpolitisches Reformprogramm der ‚Großen Gesellschaft' nicht unterstützen würde. Die konservativen Stimmen im Kongreß würde er für sein liberales innenpolitisches Programm nur erhalten, wenn er in Vietnam ‚hart' bleiben würde. Der Verlust von Südvietnam hätte darüber hinaus sogar seine Präsidentschaft gefährden können. Eine neue anti-kommunistische Hysterie wäre nach Aufgabe von Südvietnam nicht auszuschließen gewesen.

1968 jedoch stellte sich das Problem seitenverkehrt: Nun hätte aus innenpolitischen Gründen Johnson jederzeit einen sofortigen Abzug der amerikanischen Truppen und eine Verminderung des amerikanischen Engagements insgesamt erreichen können, ohne vermutlich seine Wahl zu gefährden. Unter strikt außenpolitischen Gesichtspunkten hatten die USA jedoch ihr gesamtes politisches und militärisches Prestige im Verlaufe der Jahre derart abgebaut, daß ein Rückzug aus Südvietnam den Glauben an amerikanische Bündnistreue bei allen Verbündeten, besonders in der Dritten und Vierten Welt, erschüttert hätte. Die Regierung Johnson hatte sich selbst in ein Dilemma verwickelt, als sie immer wieder betonte, in Südvietnam werde die Freiheit der westlichen Welt verteidigt. Aber das Problem der Eindämmung stellt sich in Asien ganz anders als z. B. in Europa dar. In Europa ist der Konflikt – bei klarer Frontstellung an der Elbe zwischen Industriestaaten mit gemeinsamer Geschichte und Kultur und ohne Chance auf sinnvollen Kriegsgewinn – vorrangig ideologisch und politisch, aber wegen der Anhäufung von Nuklearwaffen nur potentiell militärisch. Die Konflikte in

Asien werden bei völlig verwischter Frontstellung und ohne klare Grenzen als Bürgerkrieg, kolonialer Befreiungskrieg und als konventionelle Auseinandersetzung geführt. Hier trifft die ideologische Kanonade zwischen Kommunismus und Demokratie nirgendwo ins Schwarze, weil diese Alternative real nicht besteht. Demokratie gleicht in Asien einem fernen Traum, während die Idee des Kommunismus nicht unbedingt dem Machtzuwachs der Sowjetunion oder der VR China dient, sondern die nationalen Sehnsüchte nach Souveränität und Überwindung des Kolonialismus widerspiegelt. Anders ausgedrückt: Eine Politik des Status quo ist nur dann sinnvoll, wenn ein Status quo verteidigt wird, der lebensfähig ist und für den es sich lohnt. Das traf auf Südvietnam und unter der besonderen Lage des geteilten Landes nicht zu.

Moralische Absichten sind alleine keine Garantie für Erfolg. Amerikas Bereitschaft und Großzügigkeit zu helfen war ein ehrenwertes Motiv, von dem wir Europäer besonders profitiert haben. Aber mit Blick auf Asien und andere Kontinente der Dritten Welt besteht die Gefahr der Hybris, die Amerika, aber auch uns Europäer, bisweilen verführt hat, unsere Vorstellungen von Staat und Gesellschaft als allein richtungweisend anzugeben. Das Gut der Freiheit, der Demokratie, des Wohlstands, bleibt ein unangemessener Luxus und bleibt unverdaulich für diejenigen, denen nicht einmal das existentielle Recht auf Leben und Frieden gewährt wird. Indem die USA den Vietnam-Krieg in einen moralischen Kreuzzug für Freiheit und Demokratie gegen den Kommunismus verwandelten, verkannten sie die realen Bedingungen und zerstörten noch diese kläglichen Grundbedingungen, das Recht auf Leben und Frieden. Darin liegt die Absurdität des Vietnam-Krieges, die in den Worten eines amerikanischen Majors zum Ausdruck kommen: „Wir müssen das Dorf zerstören, damit wir es retten können."

Selbst wenn Marx und Lenin als junge Männer an Masern gestorben wären, hätten wir Revolutionen in der Dritten Welt. Aber ohne den Großmachtgegensatz USA – Sowjetunion und ohne ideologische Konfrontation wären kommunistische Führer nicht zwingend anti-amerikanisch geworden: Ho-Chi-Minh verstand die amerikanische Revolution als Vorbild für Befreiung von Kolonialismus und übernahm die indochinesische Unabhängigkeitserklärung von 1945 fast wörtlich von der amerikanischen Unabhängigkeitserklärung. Es stimmt schmerzlich, daß durch die vermeintliche Totalität einer globalen ideologischen Konfrontation kein Raum für regionale oder nationale Eigenständigkeit und vor allem nicht für Verständigung bestand. Saigon war eben nicht Westberlin, denn in der Zeit des Kalten Krieges zerfiel die Welt in eine ungerechte, übersichtliche, aber stabile Teilordnung in Europa und in eine revolutionäre und unübersichtliche Teilordnung in der Dritten Welt. Daß dieser Unterschied weder in den USA noch in der Sowjetunion akzeptiert wurde, gehört zum Unglück der Nachkriegsordnung. Aber machen wir uns nichts vor: Wir alle haben mit überwältigender Mehrheit auch in Südvietnam Kommunismus als Teil einer weltrevolutionären Hydra verstanden. Die Politik in den USA und in Westeuropa reflektierte lediglich den Grundkonsens, den man gerade auf dem Hintergrund der sowjetischen Erfahrung in Deutschland und in Osteuropa bestätigt sah. Die Regierungen Kennedy und Johnson hatten die Vietnam-Politik immer wieder mit den europäischen Erfahrungen der dreißiger und vierziger Jahre verglichen. Aber das Asien der sechziger Jahre ließ sich nicht mit dem Europa der vierziger Jahre vergleichen. Die Probleme der Dritten Welt, wie auch das Verhältnis zu den USA, sind radikal anders. Dementsprechend mußten auch die Methoden und Ziele der Eindämmungspolitik mit Blick auf Asien völlig anders sein. Die USA haben die Realität in Vietnam auch deshalb mißverstanden, weil sie aus unangemessenen historischen Analogien problematische Schlüsse zogen. Im Prinzip ist es richtig, daß Anpassung an die expansionistischen Ziele einer Diktatur falsch ist. Aber München 1938, als Europa Hitler nachgab – von Außenminister Rusk und Präsident Johnson ständig zitiert –, war als Analogie für Vietnam absurd. Ho, Mao und Breschnew waren nicht mit

Hitler zu vergleichen. Nicht historische Lernfähigkeit, sondern anti-kommunistische Mythen, Angst und Unkenntnis prägten die amerikanische Vietnam-Politik. So wurde der Vietnam-Krieg zum Prototyp eines ungerechten Krieges, der zudem eine gewisse surreale Qualität annahm, wenn erklärt wurde, daß Amerikas Interessen am anderen Ende der Welt unmittelbar bedroht wären. Die Ungerechtigkeit lag darin, daß nicht die Vietnamesen, sondern die USA über Mittel und Ziele bestimmten. Der Widerspruch zwischen den erklärten Zielen und den angewandten Methoden verweist auf die Selbstüberschätzung der amerikanischen Macht: Aus der vermeintlichen moralischen Verpflichtung, überall kommunistische Aggressionen zu verhindern, wuchs der Glaube, dies tatsächlich leisten zu müssen. Johnson versuchte in Vietnam eine Korea-Lösung, aber die Bedingungen ließen sich nicht vergleichen: 1950 lag ein offener militärischer Angriff Nordkoreas vor, Amerikas Reaktion auf dem Höhepunkt des Kalten Krieges wurde von der überwältigenden Mehrheit der eigenen Bevölkerung und der Verbündeten geteilt und von der UNO-Vollversammlung bestätigt. In Südvietnam hingegen gab es anfangs keine offene Aggression des Nordens, sondern einen nationalen Befreiungs- und Bürgerkrieg, um das koloniale Erbe abzuschütteln. Im Unterschied zu Korea kämpften in Südvietnam die amerikanischen Truppen einen Krieg mit unzulänglichen Mitteln ohne politischen oder moralischen Sinn und ohne Siegstrategie.

2. Das Verhältnis zur Sowjetunion und zu Westeuropa

Der Krieg in Vietnam belastete die Beziehungen zwischen den beiden Weltmächten. Eine direkte Konfrontation war nicht auszuschließen, weil die Sowjetunion durch ihre materielle Hilfe und durch ihre politische Unterstützung zum Hauptverbündeten des Kriegsgegners der USA geworden war. So blokkierte der Vietnam-Konflikt den Entspannungsansatz, der von

Kennedy nach der Kuba-Krise eingeleitet wurde. Präsident Johnsons Aufruf für eine Politik des Brückenschlags vom Oktober 1966 sowie seine Einladung an Ministerpräsident Kossygin und an Generalsekretär Breschnew, die Ankündigung von Erleichterungen der Handelsbeziehungen und der Reisemöglichkeiten waren Ausdruck des Bemühens um Entspannung. Aber die sowjetische Führung reagierte ablehnend. Zuerst müßten die USA den Aggressionskrieg in Vietnam beenden, lautete die Forderung des Kreml. Zwar suchte auch die Sowjetunion nach neuen Wegen in den Beziehungen zu den USA, sie befand sich aber ebenfalls in einem Dilemma. Angesichts der wachsenden Kluft gegenüber der VR China, welche den ideologischen und machtpolitischen Führungsanspruch der Sowjetunion im kommunistischen Lager, insbesondere mit Blick auf kommunistische Unterstützung der sogenannten Nationalen Befreiungskriege infrage stellte, wäre ein sowjetisches Eingehen auf die amerikanischen Vorschläge in Peking als Verrat diskreditiert worden. Andererseits suchte die Sowjetunion wegen ihres Konflikts mit der VR China Entspannung an der westlichen Grenze ihres Imperiums, in Europa, und vor allem mit den USA. So kam es trotz Vietnam im Januar 1967 zur Unterzeichnung des „Vertrages über die Grundsätze zur Regelung der Fähigkeit der Staaten bei der Erforschung und Nutzung des Weltraums", der die Stationierung von Kern- und Massenvernichtungswaffen und militärischen Einrichtungen auf Himmelskörpern wie auch auf Umlaufbahnen verbot. Die gute Absicht, eine militärische Nutzung des Weltraums zu verhindern, wurde erkennbar. Aber auf der Erde blieben die amerikanisch-sowjetischen Gegensätze bestehen.

Nur die Aufrechterhaltung einer bipolaren Nukleararistokratie und das Interesse an Nichtverbreitung von Atomwaffen waren Ausdruck von Gemeinsamkeit. Deshalb gab Präsident Johnson das MLF-Projekt auf. Er konnte jedoch nicht verhindern, daß Frankreich sein nationales Nuklearprogramm weiter verfolgte. Nachdem de Gaulle im Mai 1962 erklärt hatte, daß sich die nukleare Abschreckungsstreitmacht ‚Force de Frappe' in der Aufbauphase befinde, kündigte de Gaulle im März 1966 Frankreichs Austritt aus der integrierten Militärstruktur der NATO an. Im August 1967 wurde die erste französische H-Bombe gezündet. Parallel dazu nutzte de Gaulle seit Mitte der sechziger Jahre die amerikanische Schwäche im Bündnis und in Sachen europäischer Entspannung dazu, im nationalen Alleingang neue Wege der Aussöhnung zwischen West und Ost zu suchen.

Spiegelbildartig traten für die Sowjetunion Probleme auf: Die VR China stellte den sowjetischen Führungsanspruch infrage, zündete im Juni 1967 ihre erste H-Bombe. Sie suchte aber, im Gegensatz zu Frankreich, nicht Entspannung, sondern Konfrontation mit dem ideologischen Gegner. Auf diesem Hintergrund bemühten sich die beiden Supermächte um Nichtverbreitung von Atomwaffen. Der entsprechende Vertrag wurde am 1. Juli 1968 unterzeichnet und im März 1970 in Kraft gesetzt. Parallel dazu bemühte sich die Regierung Johnson um Rüstungskontrolle. Seit der Kuba-Krise hatte die Sowjetunion erhebliche Anstrengungen unternommen, um ihr strategisches Nuklearpotential aufzustocken. Im Sommer 1968 schienen beide Seiten bereit, in Rüstungskontrollverhandlungen einzutreten. Die Sowjetunion hatte ihre nukleare Unterlegenheit verringern können. Eine vertragliche Begrenzung auf paritätischer Grundlage schien möglich. Es war eindrucksvoll, wie die Regierung Johnson – gefangen in Vietnam – Entspannung mit der Sowjetunion suchte.

Am 19. August 1968 einigten sich die USA und die Sowjetunion darauf, die SALT-Verhandlungen am 15. Oktober zu beginnen. Durch eine Reise nach Moskau, die für Oktober geplant war, sollte Präsident Johnson die Bedeutung der SALT-Gespräche unterstreichen[8]. Der Einmarsch der sowjetischen Truppen an der Spitze des Warschauer Paktes in die CSSR am 20. August 1968 bereitete dieser Initiative ein jähes Ende. Nichtverbreitungsvertrag und SALT-Verhandlungen wurden auf Eis gelegt. Auch die Ansätze für eine europäische Entspannungsstruktur waren vorerst gescheitert. Da Johnson die Vorbereitungen für Rüstungskontrolle mit der Sowjetunion über die Köpfe der europäischen Verbündeten hinweg begonnen hatte, war die Allianz bei amerikanisch-sowjetischen Alleingängen mißtrauisch geworden. Die Entspannungshektik von Präsident Johnson und die sowjetische Reaktion in der CSSR ließ erkennen, daß der Entspannungsansatz diffus war. Beide Supermächte waren in Vietnam bzw. in der CSSR verstrickt. Die USA hatten das westliche Bündnis nicht angemessen konsultiert. Die sowjetische Invasion war auch das Ergebnis eines ungeklärten Entspannungsverständnisses.

Beide Ereignisse hatten innerhalb der Bündnisse unterschiedliche Wirkung. Während die Sowjetunion unter Einsatz aller militärischen und politischen Machtmittel innerhalb ihres Imperiums intervenierte und mit der Breschnew-Doktrin ein für allemal deutlich machte, daß in der Zukunft die Verbesserung der Ost-West-Beziehungen nur auf der Grundlage der bestehenden Grenzen und nur unter strikter Einhaltung des Führungsanspruchs der Sowjetunion möglich sein würde, verringerte der Vietnam-Konflikt die Wirkung der amerikanischen Macht im Bündnis. Die sowjetische Intervention in der CSSR bedeutete das Ende der Entspannungsillusionen. Sie zeigte auch, daß die Sowjetunion im Unterschied zur atlantischen Allianz eine Erosion ihres Bündnisses auf keinen Fall tolerieren konnte. Eine Anerkennung des Reformkommunismus hätte den Anfang vom Ende sowjetischer Hegemonie in Ost-Europa bedeuten können.

Die amerikanische Vietnam-Politik bedeutete Schrecken ohne Ende, die sowjetische Invasion in der CSSR hingegen ein Ende mit Schrecken, das Ungerechtigkeit, aber Ordnung und Klarheit über die Möglichkeiten für einen neuen Entspannungsansatz in Europa auf der Grundlage des Status quo schaffte.

Die USA blieben zunächst von Vietnam absorbiert. Außenpolitik war zur Vietnam-Politik abgeschmolzen. Für die Westeuropäer bot dies Chancen und Risiken. Sie konnten Westeuropas Interessen stärker in die Ost-West-Beziehungen einbringen, mußten aber gleichzeitig darauf achten, nicht in einen Entspannungssog zu geraten, der Amerikas grundsätzliche Interessen in Europa und gegenüber der Sowjetunion unterspülte. Für Westeuropa, aber auch für die Sowjetunion war es nur schwer zu verstehen, warum die USA einen sowjetischen Satellitenstaat 150 km vor der Küste Floridas tolerierten, gleichzeitig aber am anderen Ende der Welt sich in einen nationalen Befreiungskampf verstrickten, der, weder von sowjetischen noch von chinesischen Zielen diktiert, insgesamt 60 000 amerikanische Soldaten das Leben und die USA mehr als 100 Mrd. Dollar kosten sollte.

Um das Vietnam-Problem den Verbündeten in Asien und vor allem in Europa zu erklären, reiste der Fraktionsvorsitzende der Demokraten, Mansfield, Ende 1965 in die westlichen und asiatischen Hauptstädte. Nach seiner Rückkehr erklärte er: „Je länger der Krieg in der gegenwärtigen Form weitergeht und je mehr er sich ausdehnt, um so größer wird allem Anschein nach die Belastung der Beziehungen der Vereinigten Staaten zu ihren Verbündeten sowohl im Fernen Osten als auch in Europa." Noch im September 1966 hatte z. B. Bundeskanzler Erhard die amerikanische Politik nachhaltig begrüßt und mit dem amerikanischen Engagement in Berlin verglichen. Die Regierung Kiesinger aber zeigte Zurückhaltung.

Frankreich, die ehemalige Kolonialmacht, lehnte die amerikanische Eskalation von Anfang an ab. De Gaulle hatte schon John F. Kennedy vor einem militärischen Engagement gewarnt und forderte eine verhandlungspolitische Lösung, die nur durch Abzug der amerikanischen Truppen erreicht werden könnte. Die Differenzen zwischen Johnson und de Gaulle waren so stark, daß die französische Regierung nicht bereit war, eine Vermittlerrolle für die Amerikaner zu übernehmen.

England, die zweite Garantiemacht des Genfer Abkommens von 1945, unternahm mehrere erfolglose Vermittlungsversuche. Auch der Weg über die Sowjetunion scheiterte. Premierminister Wilson kritisierte jedoch öffentlich die Luftangriffe auf Nordvietnam.

Sieht man von den offiziellen Stellungnahmen der verbündeten Regierungen in Europa und Asien ab, so äußerten viele Politiker intern deutliche Kritik. In der Bevölkerung und öffentlichen Meinung in Westeuropa wurde offen Protest demonstriert. An den Universitäten wurde die Vietnam-Politik der USA zum Ausgangspunkt für einen Anti-Amerikanismus, der für die mit den USA verbündeten Länder beispiellos war. Gleichzeitig wurden Ho-Chi-Minh und Mao zu politischen Kultfiguren. Aber zehn Jahre später schon führten die chinesischen und vietnamesischen Nachfolger einen begrenzten, aber intensiven Krieg gegeneinander.

Auf das atlantische Bündnis hatte die Vietnam-Politik der USA insgesamt negative Auswirkungen. Während einerseits in Westeuropa der Ruf nach Abzug der Amerikaner lauter wurde, befürchteten andere Politiker dieser Region, daß die USA wegen Vietnam ihren Verpflichtungen in Westeuropa nicht mehr voll nachkommen und ihre Truppen verringern würden. Die kontroversen Auffassungen innerhalb der atlantischen Allianz und die politische Schwerpunktverlagerung der USA nach Asien hatte Rückwirkungen auf den Zusammenhalt des Bündnisses. Die meisten Verbündeten teilten die Auffassung der Regierung Johnson nicht, daß der Krieg in Vietnam als Teil einer kommunistischen Großoffensive – sei es aus chinesischem oder aus sowjetischem Antrieb – gesehen werden müßte. Während man in Washington dieser vermeintlichen Großoffensive mit ebenso großem Machteinsatz entgegentreten wollte, wie einst Truman der Offensive Stalins in Europa entgegengetreten war, sah man besonders in den europäischen Hauptstädten mit kolonialer Erfahrung Vietnam als nationales Problem. Weil es seine Unabhängigkeit von der Kolonialherrschaft durch kommunistische Führer erkämpft hatte, besaß die kommunistische Bewegung eine Stärke, die einzigartig und ohne Vergleich in anderen halb- oder exkolonialen Ländern war. Die tragische Verstrickung der Regierung Johnson in Vietnam beeinflußte vermutlich de Gaulles Entscheidung 1966, aus dem integrierten

Kommando der NATO auszutreten und der NATO keine Streitkräfte mehr zur Verfügung zu stellen.

Die Verschiebung und Konzentration aller politischen Energien auf Asien und Vietnam hatte auch zur Folge, daß die Regierung Johnson die europäischen Entspannungsbemühungen vernachlässigen mußte. Eine Vertrauenskrise und ein Machtvakuum trat ein in der Allianz. Dies führte zu Schwäche und Zersplitterung des Westens. Bei westlicher Geschlossenheit und Stärke hätte die Krisenlage in Europa am Ende der sechziger Jahre wirkungsvoller genutzt und überwunden werden können, denn die Sowjetunion befand sich nicht nur in einer Konfrontation mit der VR China, die zu den Grenzkonflikten am Ussuri führte, sondern auch an der Westgrenze des Sowjetimperiums drohte Machteinbuße, als die CSSR unter Dubček sich um innen- und außenpolitische Distanz zur Sowjetunion bemühte.

Nichts zeigt den prinzipiellen Gegensatz zwischen den USA und der Sowjetunion, zwischen NATO und Warschauer Pakt deutlicher als der Vergleich zwischen amerikanischer und sowjetischer Reaktion auf nationale Unabhängigkeitsbestrebungen im jeweiligen Bündnissystem. Während die sowjetische Führung mit Truppen des Warschauer Paktes im August 1968 in der CSSR einmarschierte, die CSSR brutal unterdrückt und die Regierung von Dubček abgesetzt wurde, antwortete Präsident Johnson auf de Gaulles Austritt aus der integrierten Militärstruktur der NATO und auf dessen Verlangen, daß die NATO-Truppen französischen Boden verlassen sollten, weil ihre Präsenz französische Souveränität verletze: „Wenn jemand verlangt, man soll sein Haus verlassen, dann diskutiert man nicht, sondern nimmt seinen Hut und geht." Weil Präsident Johnson aber in Vietnam eine solche souveräne und gelassene Haltung fehlte, distanzierten sich die westeuropäischen und die asiatischen Bündnispartner von der Vietnam-Politik der USA.

Aus der Verwirrung und Hektik der amerikanisch-sowjetischen Bemühungen um Entspannung folgte, daß die Westeuropäer ab 1966 die Détente zum Hauptanliegen der atlantischen Allianz machten. Zusätzlich hatte das amerikanische Machtvakuum einseitige Entspannungsschritte gefördert. Die spektakuläre Osteuropa-Politik von de Gaulle hat in Verbindung mit der Herauslösung Frankreichs aus der Militärorganisation der NATO die sowjetischen Chancen verbessert, die westlichen Staaten gegeneinander auszuspielen und die Einheit der Allianz zu schwächen. Schließlich kam es 1967 zu der langfristig gesehen vielleicht wichtigsten Formulierung europäischer Friedenspolitik, die auch heute für die achtziger Jahre Geltung behalten hat: „Das atlantische Bündnis hat zwei Hauptfunktionen. Ihre erste Funktion ist es, adäquate militärische Stärke und politische Solidarität zu erhalten, um Aggression und andere Formen der Pression abzuschrecken und das Staatsgebiet von Mitgliedstaaten im Falle einer Aggression zu verteidigen. Die zweite Funktion ist es, die Suche nach Fortschritt auf dem Wege zu einer stabileren Beziehung, in der die politische Aufgabe gelöst werden könnte, fortzusetzen. Militärische Sicherheit und eine Politik der Entspannung sind nicht gegensätzlich, sondern ergänzen einander."

Dieser Leitsatz des sogenannten Harmel-Berichts vom Dezember 1967, genannt nach dem belgischen Außenminister, machte deutlich, daß von nun an das atlantische Bündnis nicht nur den Rahmen für militärische Verteidigung stecken sollte, sondern darüber hinaus sich ein positives Friedensziel setzte: die politische Regelung der Probleme in Europa durch Entspannung, wobei „Entspannung kein Ziel in sich selbst ist, sondern Teil eines langfristigen Prozesses für bessere Beziehungen und eine europäische Regelung" sein sollte.

Johnsons Rede vom Dezember 1966 über den geplanten Brückenschlag zwischen Ost und West wurde dabei in Westeuropa als Signal für Aufbruch verstanden. Gleichzeitig befürchtete man auf dem alten Kontinent, daß eine exklusive Détente der beiden Supermächte die europäischen und vielleicht auch die deutschen Interessen übergehen könnte. Die USA hingegen waren daran interessiert, den vielfältigen Entspannungsversuchen, wie sie mit de Gaulle in Westeuropa eingeleitet wurden, einen Riegel vorzuschieben. Der Entspannungsbilateralismus einzelner Westeuropäer wie auch der Weltmachtbilateralismus hatten Verwirrung ausgelöst. So gesehen dokumentierte der Bericht von Harmel den Grundstein für eine neue genuin-europäische Qualität in den Bemühungen um Ost-West-Entspannung. Eine neue Mischung von außenpolitischer Flexibilität und Einheit der atlantischen Allianz schlug sich in dem Konzept der „Siamesischen Zwillinge" Détente und Sicherheit nieder: Jedes Anliegen blieb für sich allein nutzlos, nur in der Kombination der beiden Pfeiler Sicherheit und Entspannung, die scheinbar gegensätzlich waren, konnte eine Friedensordnung erreicht werden.

Erst in den siebziger und achtziger Jahren sollte vollends deutlich werden, daß die Westeuropäer auf dieser Grundlage die Ost-West-Politik forcieren würden. Dabei nahm die Bundesrepublik eine – nicht immer unumstrittene – Führungsrolle ein. Nicht nur die sowjetische Führung, sondern auch die Präsidenten Nixon, Ford, Carter und Reagan wurden dabei mit einer konstruktiven Widerlagerrolle der Westeuropäer und der Deutschen konfrontiert, die den Interessen der USA bisweilen abträglich schien, letztlich aber die Allianz politisch einen und stärken konnte.

So ging ein Jahrzehnt amerikanischer Außenpolitik, das, so Henry Kissinger, „mit der kühnen Erklärung begonnen hatte, Amerika werde für den Erfolg und Fortbestand der Freiheit jeden Preis bezahlen und jede Last auf sich nehmen, zu Ende in einer Agonie der Attentate, Unruhen, Rebellionen und häßlichen Demonstrationen. Die sechziger Jahre erlebten das Ende unserer Unschuld." Idealistische Träume und machtpolitische Ziele der Präsidenten Kennedy und Johnson scheiterten am Unvermögen, sich den Veränderungen in der Welt so anzupassen, daß Konflikte verringert und Amerikas Interessen gewahrt bleiben konnten. Das Gegenteil war der Fall: Die Konflikte hatten sich verstärkt, und Amerikas außenpolitische Stellung am Ende der sechziger Jahre war schwach und ohne Elan. Innenpolitisch waren die USA polarisiert, außenpolitisch demoralisiert. In der Bündnispolitik sowie gegenüber der Sowjetunion zeigten sich Macht- und Kraftlosigkeit. Mit diesem Gesichtsausdruck konnten die USA weder Freunde gewinnen noch die Gegner beeindrucken.

III

Die Außenpolitik der Regierung Nixon

1. Der Anspruch der Nixon-Doktrin

Vielleicht wäre Richard Nixon niemals Präsident geworden, wärc 1968 nicht der Zeitpunkt gewesen, in dem sich eine latente und amorphe Furcht, wachsende soziale und politische Unruhen im Innern, Vorurteile gegen die Außenpolitik der Demokraten, Demonstrationen über den Vietnam-Krieg und eine tiefe ökonomische Unsicherheit vermischten. Nicht eine außen- oder innenpolitische Grundidee wurde von Nixon 1968 angeboten, sondern er paßte sich der Stimmung im Lande an, die Erschöpfung von den aktivistischen Zeiten der Kennedy- und Johnson-Administration zeigte.

Als Nixon am 20. Januar 1969 Präsident wurde, standen fast 550 000 US-Soldaten in Vietnam. 1969 betrugen die Kriegskosten bereits 30 Mrd. Dollar. Mehr als 31 000 Amerikaner waren seit 1961 gefallen. Deshalb erklärte Nixon bei Amtsantritt: „Amerika kann nicht alle Pläne ausarbeiten, nicht alle die Programme aufstellen, nicht alle die Entscheidungen ausführen und nicht die gesamte Verteidigung der freien Welt übernehmen ... Unser Ziel ist es in erster Linie, unsere Interessen auf weite Sicht mit einer gesunden Außenpolitik zu unterstützen. Je stärker diese Politik auf einer realistischen Einschätzung unserer Interessen und derjenigen anderer Nationen basiert, desto wirksamer kann unsere Rolle in der Welt sein. Wir sind nicht am Weltgeschehen beteiligt, weil wir Verpflichtungen haben; wir haben Verpflichtungen, weil wir beteiligt sind. Unsere Verpflichtungen müssen an unseren Interessen orientiert sein, nicht umgekehrt.“

‚Eindämmung ohne Isolation‘ nannte Nixon sein Konzept für Asien. Nixon, der noch 1966 eine Fortsetzung des militärischen Engagements der USA gefordert hatte, deutete eine neue Asienpolitik der USA an. Er forderte die übrigen asiatischen Staaten zu größerer politischer, ökonomischer und militärischer Eigenverantwortung auf. Falls der Versuch, China in die asiatische Völkergemeinschaft zu reintegrieren, scheitern sollte, müßten die asiatischen Staaten chinesischen Hegemonialbestrebungen durch eigene Sicherheitsvorkehrungen vorbeugen.

Die Zersplitterung des kommunistischen Lagers barg Chancen für neue Entwicklungen. Ahnte Nixon, daß diese nationalkommunistischen Bewegungen eine neue, subtilere Gefahr als die monolithisch verstandene Bedrohung der fünfziger Jahre darstellten? Antizipierte Nixon die Entwicklung zu Stellvertreterkriegen, die mit Moskaus und Pekings Unterstützung in Asien ab Mitte der siebziger Jahre deutlich wurden, wenn er vage ‚politische Puffer‘ forderte? Hier wurde die neue Nixon-Philosophie erkennbar: Amerika hilft nur denjenigen, die sich selbst helfen können. Die Erneuerung der amerikanischen Außenpolitik ist nur möglich, wenn die anderen Nationen erkennen, daß die USA ihre Rolle als Weltpolizist in Zukunft einschränken würden. Nixon wollte die Lücke zwischen übermächtigen Verpflichtungen und begrenzten Möglichkeiten, die gerade nach Vietnam für die USA in Asien deutlich wurden, schließen. Daraus ließ sich jedoch keineswegs der voreilige Schluß ableiten, Nixon würde der neuen innenpolitischen Welle des Neo-Isolationismus nachgeben. Das Gegenteil war der Fall. Nixon wollte der Forderung nach außenpolitischem Rückzug aus Vietnam Rechnung tragen, er wollte die Welle sozusagen abreiten. Nixon war sich darüber im klaren, daß er die Außenpolitik erst wieder flottmachen würde und Amerikas Engagement in Asien erst dann würde überzeugend wiederherstellen können, wenn das Vietnam-Problem gelöst wäre[1].

Das Konzept des „Ehrenvollen Friedens“ für Vietnam ist der herausragende Teilaspekt der Nixon-Doktrin. Nixons Überlegungen zu Südostasien und zu Vietnam, wie er sie auf der

Pressekonferenz im Juli 1969 in Guam niederlegte, bildeten den Nukleus der Nixon-Doktrin. Außenpolitische Autorität und Glaubwürdigkeit in einer neuen Ära des Friedens konnten nur wiederhergestellt werden, wenn das Grundproblem für den wachsenden Verfall des innenpolitischen Konsens und der außenpolitischen Handlungsfähigkeit, Vietnam, gelöst würde.

Frieden bezog sich unter dieser Perspektive nicht nur auf einen anzustrebenden politischen Zustand in Südvietnam, auf Abzug aller amerikanischen Streitkräfte aus dieser Region, sondern auch auf die USA selbst; amerikanischer Friede als Überwindung der innenpolitischen Gegensätze, ein neuer „Seelenfrieden" der amerikanischen Nation sollte mit diesem Konzept erreicht werden. Es ist nicht zufällig, daß Nixon Popularitätshöhepunkte erreichte, als er im November 1969 seine erste umfassende Verhandlungsinitiative für Vietnam ergriff und als im Januar 1973 das Vietnam-Abkommen in Paris unterzeichnet wurde. Richard Nixon wollte nicht zum ersten Präsidenten der Vereinigten Staaten werden, der einen Krieg verliert, gleichzeitig schien er jedoch an einer politischen Überlebensfähigkeit Südvietnams ohne amerikanische Hilfe zu zweifeln. Deshalb war das Konzept des „Ehrenvollen Friedens" eindeutig und ambivalent zugleich: Es war eindeutig, weil die Nixon-Kissinger-Administration einen ehrenvollen Rückzug der amerikanischen Truppen aus Südvietnam vor allem aus innenpolitischen Gründen für unumgänglich hielt. Es war ambivalent, weil die offiziellen Äußerungen der Nixon-Kissinger-Administration zur Vietnam-Politik gezwungenermaßen optimistisch sein mußten, jedoch die Hauptentscheidungsträger eine Machtübernahme Südvietnams durch die Kommunisten lediglich für aufschiebbar hielten. Die minimale, unabdingbare Zielsetzung, die dem Konzept des „Ehrenvollen Friedens" zugrundelag, war vor allem der vollständige Rückzug der amerikanischen Truppen und die Rückkehr der amerikanischen Kriegsgefangenen. Als maximale Zielsetzung hofften die USA, mit dem Hilfsprogramm der Vietnamisierung das Land vor einer kommunistischen Machtübernahme bewahren zu können. Man hoffte insgeheim auf eine „Korealösung“ und darauf, daß Südvietnam sich mittelfristig gegenüber der kommunistischen Bedrohung behaupten könne.

Mit diesem Konzept personifizierte Richard Nixon eine außenpolitische ‚Zwischenzeit‘ der USA. Einerseits glaubte er noch immer an die rigiden moralischen Maßstäbe des Kalten Krieges, andererseits entwickelte er gegenüber den beiden kommunistischen Großmächten eine objektivere und differenziertere Einstellung und revidierte die alte Dominotheorie, die Zwillingsschwester der Theorie vom monolithischen Kommunismus. Dahinter stand die Idee, daß, bei stärkerer Zurückhaltung der Großmächte und einer entsprechenden Einflußnahme auf die verschiedenen abhängigen Mittelmächte, eine neue Form von „Nation-Building“ in Südostasien möglich sein könnte. Die USA mußten sich nicht zwingend aus Vietnam zurückziehen, weil für Nixon und Kissinger der Kommunismus akzeptabel wurde, sondern weil sie in realistischer Einschätzung erkannten, daß das Ziel der kommunistischen Eindämmung in Vietnam von peripherer Bedeutung, aber mit untragbaren moralischen, politischen und ökonomischen Kosten verbunden war, und daß die Gefahr des sogenannten „Domino-Effektes“ eine Fiktion war.

Präsident Nixon stand vor dem Problem, einen Krieg zu Ende zu bringen, der sich auch nachträglich nicht durch eine positive nationale Gesinnung oder Zielsetzung rechtfertigen ließ, wie dies in den beiden Weltkriegen und im amerikanischen Bürgerkrieg der Fall war. Richard Nixon war dazu gezwungen, den Krieg ohne positive Leitidee, lediglich unter dem Ziel der Wiederherstellung der innen- und außenpolitischen Handlungsfähigkeit, zu beenden. Nixon und Kissinger vertraten die Auffassung, daß politische Probleme besonders mit der Sowjetunion nicht isoliert, sondern in einem Gesamtzusammenhang betrachtet und gelöst werden sollten. Dabei hofften sie, die Sowjetunion, aber auch die VR China, schließlich Nordvietnam zu einer Kompromißlösung mit Südvietnam bringen zu können. Politische Anreize sollte die beiden sozialistischen Großmächte veranlassen, die Situation in Vietnam zu entspannen. Diese Denkhaltung kehrte die klassische Dominotheorie um: Während im Schnittmuster des Kalten Krieges die USA befürchteten, daß die kommunistischen Großmachtzentren lokale Revolten unterstützten, hofften Nixon und Kissinger nun auf umgekehrte Wirkung: Verhinderung kommunistischer Aufstände würde sich im neuen und vielleicht gemeinsamen Interesse der Großmächte entwickeln. Diese Hoffnung erwies sich als illusorisch.

In Vietnam ging es Nixon auch um eine globale Neuordnung der amerikanischen Macht. Ein „pentagonales" System wurde sichtbar: Die Neuordnung des Bündnisdreiecks USA–Japan–Westeuropa und vor allem die des Großmachtdreiecks USA–VR China–Sowjetunion wurde ins Visier genommen: An die Stelle der totalen Feindschaft einerseits und der unverbrüchlichen Freundschaft andererseits war seit Ende der sechziger Jahre eine neue Mischung von abgestuften Beziehungen getreten, welche die vormals absoluten Freund/Feind-Bilder abbauen und Chancen für Ausgleich auf der Großmachtebene eröffnen sollten. Die Wiedererlangung der wirtschaftlichen Stärke und politischen Lebenskraft in Westeuropa und Japan, das wachsende Selbstvertrauen nationalstaatlicher Denkhaltung, besonders in den entkolonisierten Staaten der Dritten und Vierten Welt, das Zerbrechen der Einheit des kommunistischen Blockes, das Ende der militärstrategischen Überlegenheit der USA und die wachsende Überzeugung, daß es für andere Länder an der Zeit sei, einen größeren Teil der Lasten und Pflichten zur Sicherung des Friedens zu übernehmen, machten die entscheidenden Impulse aus, von einer Ära der Konfrontation in eine Ära der Verhandlungen einzutreten.

Die antikommunistische Leidenschaft der fünfziger Jahre war verschwunden. Pragmatismus bildete die Voraussetzung für ein neues System der Machtgleichgewichte, in dem nicht moralische Gegensätze, sondern Interessen über die weltanschauliche Kluft hinweg geknüpft werden sollten. Frühere Forderungen nach innenpolitischer Liberalisierung der Sowjetunion als Voraussetzung für politische Annäherung wurden nicht mehr erhoben. Den Maßstab der Bewertung für das sowjetische Verhalten formulierte man strikt außenpolitisch.

Es war das Verdienst von Nixon und Kissinger, daß sie die neuen internationalen Strukturveränderungen und Strömungen klar erkannten und für die amerikanische Außenpolitik nutzbar machten. Eine neue Faszination für die politischen Gegner wurde zum ersten sichtbaren Kennzeichen ihrer Politik.

2. Die Entwicklung der Beziehungen zur VR China

Präsident Nixons Besuch der VR China im Februar 1972 gehört zu den spektakulärsten außenpolitischen Ereignissen der USA seit dem Zweiten Weltkrieg. Noch 20 Jahre früher bekämpften sich amerikanische und rotchinesische Soldaten in Korea, und noch 1962 hatte Außenminister Rusk erklärt, daß die amerikanischen Truppen zur Eindämmung des chinesischen Kommunismus in Vietnam stünden. Es galt, die historischen Verirrungen und Gegensätze abzubauen.

Die Geburtsumstände der VR China 1949 machten diese zum ideologischen Verbündeten der Sowjetunion, während die USA zum imperial-kapitalistischen Feind avancierten. Diese Entwicklung war nicht zwingend, blickte China doch auf eine jahrzehntelange Geschichte zurück, in der es Phasen politischer und kultureller Bewunderung für die USA gab. Das Kaleidoskop der Amerikabilder der Chinesen ist mannigfaltig. Ideologische Verblendung, historische Arroganz, aber auch schiere Unkenntnis und Furcht haben Chinas Vorstellungen über die USA ebenso geprägt, wie umgekehrt das amerikanische Chinabild verzerrt wurde. Beide lebten „mit der Unwiderrufbarkeit geschichtlicher Fehleinschätzungen“ [2].

Die amerikanische Chinapolitik, die noch in den vierziger Jahren zwischen Anerkennung und Eindämmung geschwankt hatte, weder einen sino-sowjetischen Konflikt noch eine amerikanisch-chinesische Annäherung ausschloß, vollzog zu Beginn der fünfziger Jahre nach der Gründung der VR China einen radikalen Kurswechsel. Dies war der Beginn für eine amerikanische Dolchstoßlegende, die glauben machen wollte, die USA hätten durch Intervention die Machtübernahme der Kommunisten verhindern können. Die Dominotheorie war das Ergebnis dieser Ideologisierung der amerikanischen Chinapolitik, die Isolierung und Eindämmung der VR China an die Spitze ihrer Zielsetzungen stellte.

Es ist schwer zu beurteilen, ob eine konsequente Politik der Nichtintervention der USA während des chinesischen Bürgerkrieges eine titoistische Politik in China ermöglicht hätte. Die amerikanische Chinapolitik der Isolierung und Eindämmung aber bewirkte Furcht und Haß gegenüber einer vermeintlichen imperial-kapitalistischen Bedrohung. Die Konflikte zwischen beiden Staaten schlugen sich während der fünfziger und sechziger Jahre in einem tiefen Mißtrauen und hochgradiger ideologischer Konfrontation nieder. Nixon kam seit Mitte der sechziger Jahre, als der sino-sowjetische Konflikt zunahm, zu dem Ergebnis, daß die VR China eine nützliche Rolle für die regionale Stabilität in Asien und in der Welt spielen könnte. Die Annäherung an die VR China wurde zum Hebel, um Einfluß auf die sowjetische Politik zu gewinnen. Nixons Herkunft und lebenslange Verbundenheit mit Kalifornien, dem Ort seiner großen Niederlagen und Erfolge, führte zu einer pazifischen Sicht der amerikanischen Außenpolitik. Nixon sah öfter und intensiver in Richtung Asien als über den Atlantik nach Europa. Die kommunistische Entwicklung in China und die Kriege in Korea und Vietnam weckten sein Interesse und prägten sein Bild von den Grenzen und Möglichkeiten der amerikanischen Politik. Während Präsident Johnson von einer Einheitsfront Moskau–Peking–Hanoi ausging, stellte Nixon die machtpolitischen und ideologischen Gegensätze zwischen der Sowjetunion und der VR China ins Zentrum seiner Überlegungen[3].

Die Regelung des Taiwan-Problems, ehemals Haupthindernis für die amerikanisch-chinesischen Beziehungen, sollte Entspannung mit den Chinesen bewirken. Nixon faßte eine dramatische Umkehrung der Beziehungen ins Auge: Die Beziehungen zur Republik China, zu Taiwan, das im Sicherheitsrat der UNO für China sprach, wurden abgebaut. Zwar kritisierte die Regierung Nixon zunächst die Entwicklung in der UNO, als im Oktober 1971 die Vollversammlung die VR China als einzigen rechtmäßigen Vertreter wählte, aber diese Entwicklung entsprach der Logik der Politik von Nixon. Im Februar 1972 reiste Präsident Nixon nach Peking und unterzeichnete das Shanghai-Kommuniqué, in dem die USA anerkannten, „daß alle Chinesen auf beiden Seiten der Straße von Taiwan der Auffassung sind, daß es nur ein China gibt, und daß Taiwan ein Teil Chinas ist."

Außerdem versicherten die USA, „daß das Endziel der Abzug aller amerikanischen Streitkräfte und militärischen Einrichtungen von Taiwan ist. In der Zwischenzeit wird die amerikanische Regierung ihre Streitkräfte und ihre militärischen Einrichtungen auf Taiwan fortschreitend in dem Maße abziehen, wie sich die Spannung in diesem Raum vermindert".

Mit dieser geschickt gewählten Formel machten die Amerikaner deutlich, daß sie nur in dem Maße bereit sein würden, ihre militärische Unterstützung für Taiwan abzubauen, in dem sich die Spannungen in Vietnam vermindern würden. Im Klartext bedeutete dies, daß die USA damit die VR China politisch dazu bewegen wollten, auf Nordvietnam Verhandlungsdruck auszuüben.

Obwohl beide Seiten ihre Bereitschaft betonten, in Richtung auf eine Normalisierung hinzuwirken, wurden dafür im Shanghai-Kommuniqué keine konkreten Voraussetzungen geschaffen. Es gab weder genaue Hinweise über einen Kompromiß in der Taiwan-Frage, noch gab es substantielle Leitlinien für die Verminderung von Spannungen. Entscheidend blieb die amerikanische Forderung nach einer Regelung der Taiwan-Frage auf friedlichem Wege. Ein weiterer Kompromiß in der Taiwan-Frage wurde hinsichtlich des Sicherheitsvertrages von 1954, in dem die USA Taiwan verpflichtet hatten, Operationen gegen die VR China nur in Übereinstimmung mit den USA zu unternehmen, erkennbar. Während die VR China bis 1972 auf einem ausdrücklichen Verzicht bzw. auf einer ausdrücklichen Aufhebung des Vertrages von 1954 bestanden hatte, wurde dieser nun im Shanghai-Kommuniqué stillschweigend akzeptiert, wobei sich die VR China allerdings von der Hoffnung leiten ließ, daß die USA im Zuge der verminderten Spannungen in diesem Raum nicht nur ihre Truppen abziehen, wie vertraglich vereinbart, sondern auch den Beistandspakt mit Taiwan auflösen würden. Andererseits gingen die USA einen Kompromiß ein, als sie im Shanghai-Kommuniqué den Beistandspakt mit Taiwan nicht ausdrücklich bestätigten. Eine Eroberung Taiwans war für die VR China militärisch ausgeschlossen. Die 160 km breite Wasserstraße und die gut ausgerüsteten Streitkräfte auf Formosa machten eine Invasion ebenso unmöglich wie auch die amerikanische Sicherheitsgarantie von 1954.

Insgesamt spiegelte die amerikanische Position im Shanghai-Kommuniqué zur Taiwan-Frage die Widersprüchlichkeiten in der amerikanischen Außenpolitik wider: Einerseits versuchte man, die Idee der Selbstbestimmung als Grundleitlinie aufrechtzuerhalten. Dies entsprach der amerikanischen Chinapolitik bis 1949, widersprach aber der Chinapolitik der Vereinigten Staaten der letzten 25 Jahre. Andererseits bezog man sich auf die Forderung nach der territorialen und politischen Integrität Chinas, was der amerikanischen Chinapolitik bis 1949 entsprach, aber im krassen Gegensatz zu den Positionen der fünfziger und sechziger Jahre steht. Das Shanghai-Kommuniqué ist Ausdruck des amerikanischen Dilemmas, einerseits Neuorientierung anzuzeigen, andererseits aber die alten vertraglichen Bindungen weiterhin aufrechtzuerhalten.

Die neue Chinapolitik der Nixon-Administration basierte auf der Prämisse, daß die ideologischen Bindungen zwischen der Sowjetunion und der VR China von rivalisierenden nationalen Machtinteressen überlagert wurden. Die ehemaligen ideologischen Gemeinsamkeiten zwischen den beiden kommunistischen Großmächten schwanden. Je stärker die Nixon-Administration ihre Politik deideologisierte, je präziser sie diese auf die lokalen nationalen und regionalen Interessen der Verhandlungspartner abstellte, desto deutlicher wurde der Riß im ideologischen Band zwischen Moskau und Peking.

Mit Blick auf die Sowjetunion widerstand die Regierung Nixon dem Wunsch Pekings, die USA in eine politische Allianz gegen die Sowjetunion zu zwingen. Auch deshalb war Nixon gegen die Aufnahme diplomatischer Beziehungen und gegen eine anti-sowjetische Spitze der Vereinbarungen. Die Amerikaner stimmten lediglich einer Anti-Hegemonialklausel zu, nach der „keine von beiden Seiten eine Hegemonie im asiatisch-pazifischen Bereich anstreben sollte und daß jede von ihnen Bemühungen irgendeines anderen Landes ... zur Errichtung einer solchen Hegemonie ablehnt". Damit wurde nur sehr allgemein das übereinstimmende Interesse betont, sich sowjetischen Vormachtbestrebungen in Asien zu widersetzen.

Nixons historische Leistung bestand darin, daß er in einer Phase der Schwäche die Außenpolitik der USA vom ideologischen Ballast der Vergangenheit befreite und die USA in eine vorteilhafte Position gegenüber den sozialistischen Großmächten brachte. Indem Nixon seine China-Politik ohne anti-sowjetische Spitze durchsetzte, gelang es ihm sogar, die amerikanisch-sowjetische Annäherung zu beschleunigen. Die maßvolle Haltung der USA hat dazu beigetragen, daß in der internen Auseinandersetzung um die Macht in der VR China die westlich orientierte „Rechte Gruppe" obsiegte.

Erstaunlicherweise hat sich im Verlauf der Beziehungen beider Länder auch nach Nixons Rücktritt und nach Maos Tod aus dieser gegenseitigen Interessenlage keine ernsthafte Verstimmung ergeben. Vermutlich war jede Seite sich von Anfang an über die Absichten des Verhandlungspartners und damit auch über die Notwendigkeit der Begrenztheit der eigenen Zielvorstellungen im klaren. Ideologische Toleranz auf beiden Seiten war notwendig. Je nüchterner der Erwartungshorizont 1972 gezogen wurde, desto positiver kann man die Beziehungen in den siebziger Jahren bewerten. Der Bereich der bilateralen Beziehungen blieb eng gezogen. Die wirtschaftlichen und kulturellen Beziehungen spielten zwar keine zentrale Rolle in den politischen Überlegungen der beiden Regierungen, erlebten jedoch zunächst eine gewisse Blüte:

1973 wurden in Peking und Washington Verbindungsbüros eröffnet, die de facto als Botschaften wirkten, bis 1979 formal die diplomatischen Beziehungen aufgenommen wurde. 1974 erreichte das beiderseitige Handelsvolumen knapp 1 Milliarde Dollar. Die USA exportierten Flugzeuge vom Typ Boing 707, Düsentriebwerke, Satellitensysteme von RCA, Coca-Cola, chemische Kunstdüngeranlagen und vieles mehr.

U.S.-China Trade, 1970–76
(in millions of U.S. dollars)

Year	Total Trade	U.S. Exports	U.S. Imports	Imbalance
1970	–	–	–	–
1971	5.0	–	5.0	–5.0
1972	95.9	63.5	32.4	31.1
1973	805.1	740.2	64.9	675.1
1974	933.8	819.1	114.7	704.4
1975	461.9	303.6	158.3	145.3
1976	336.4	135.4	201.0	–65.6

(Quelle: Michel Oksenberg, Robert B. Oxnam, Dragon and Eagle, United States-China Relations: Past and Future, New York 1978, S. 201)

1975 hatten 10 000 Amerikaner die VR China besucht, Hunderte von Chinesen reisten in die USA. Eine regelrechte China-Begeisterung wurde in den USA erkennbar: Der Kulturaustausch wurde intensiviert, und chinesische Studenten strömten in den folgenden Jahren an amerikanische Universitäten.

Von 1974 bis 1976 trat nach der Phase der Erwartungen Ernüchterung ein: Nixon und Mao sowie Kissinger und Tschou-En-lai, die Architekten der Annäherung, waren von der politischen Bühne abgetreten oder gestorben. Nach Maos und Tschous Tod 1976 traten in China innenpolitische Konflikte auf, die sich auch auf die Beziehungen zu den USA auswirkten.

Es zeigte sich, daß der amerikanisch-chinesische Bilateralismus, der sich hauptsächlich an der eigenen Interessenlage gegenüber Dritten, vor allem gegenüber der Sowjetunion orientiert, auf prekären Fundamenten ruht und deshalb einer brillanten Diplomatie bedarf. Deutliche Qualitätseinbußen der amerikanischen China-Diplomatie traten aber erst nach Nixon und Kissinger auf.

Bisweilen ist in Vergessenheit geraten, daß die Annäherung zwischen der VR China und den USA weitere Auswirkungen auf den pazifischen Raum hatte: So war die japanische Führung durch die überraschende Ankündigung der ersten Reise Henry Kissingers nach Peking und über die Reise von Präsident Nixon nach China schockiert. Japan hätte bei der Herstellung normaler Beziehungen zwischen den USA und der VR China gern eine Vermittlerrolle übernommen. Auch in ihrer Wirtschaftspolitik verhielt sich die Regierung Nixon gegenüber Japan rücksichtslos. Die amerikanisch-japanischen Beziehungen befanden sich deshalb 1971/72 auf einem Tiefpunkt. Die positive Schockwirkung der amerikanisch-chinesischen Annäherung bestand darin, daß die japanische Regierung Tanaka eine diplomatische Aktivität gegenüber der VR China entwickelte, die ohne die sino-amerikanische Annäherung kaum eingetreten wäre, die aber im weiteren Verlauf substantiell, und zwar auf Drängen der VR China, über die sino-amerikanischen Entspannungsbemühungen hinausging.

Auf dem Hintergrund der zerbröckelnden Konfrontationsstrukturen des Kalten Krieges wurde nun der Weg für Japan frei, ebenfalls die Beziehungen zur VR China zu normalisieren, ohne jedoch die fundamentalen Pfeiler des amerikanisch-japanischen Bündnisses zu verändern. Die Nixon-Schocks und die amerikanisch-chinesische Annäherung legten eine China-Sehnsucht der Japaner frei, die schon früher zu spüren war, aber auch in einem historischen Schuldkomplex Japans gegenüber den Chinesen sowie in kultureller Affinität begründet war. Die politische Führung der VR China nutzte diesen Schuldkomplex der Japaner diplomatisch geschickt aus, indem sie den japanischen Militarismus vergangener Zeiten als Hebel für Vorteile zu nutzen suchte. Als im September 1972 der japanische Regierungschef Tanaka nach Peking reiste, wurden Ergebnisse erzielt, die weitgehend den chinesischen Vorstellungen entsprachen und auch für die zukünftige Entwicklung der Beziehungen von Bedeutung waren. Japan kam der VR China in folgenden Punkten weitaus mehr entgegen als die USA im Shanghai-Kommuniqué:

- Die Regierung Japans erkennt die Regierung der VR China als die einzige legitime Regierung Chinas an.
- Die japanische Regierung respektierte den Standpunkt der VR China, daß Taiwan ein unabtrennbarer Teil des Territoriums der VR China ist.
- Beide Regierungen beschlossen, am 29. September 1972 diplomatische Beziehungen aufzunehmen und so schnell wie möglich Botschafter auszutauschen.
- Zusätzlich erklärte der japanische Außenminister Huira, daß der japanisch-chinesische Friedensvertrag von 1952 mit Taiwan abgelaufen sei.

Im Unterschied zu den USA konnte die VR China gegenüber Japan zwei Ziele erreichen: Abbruch der diplomatischen Beziehungen zu Taiwan und gleichzeitig Aufnahme voller diplomatischer Beziehungen mit der VR China. So ist es nicht verwunderlich, daß diese „Japanische Formel“ die langfristigen Ziele der VR China gegenüber den USA beinhaltet: Abzug aller Truppen aus Taiwan, Kündigung des Sicherheitspaktes von 1954 zwischen den USA und Taiwan, Beendigung aller diplomatischen Beziehungen zwischen den USA und Taiwan, Aufnahme der diplomatischen Beziehungen zwischen den USA und der VR China. – Japan offerierte also ein Entspannungsmodell, das über die amerikanischen Vorstellungen hinausging. Abschließend läßt sich feststellen, daß Nixons China-Politik die Lage in Asien mit einem Schlage verändert hatte: Eine neue sino-japanisch-amerikanische Interessengemeinschaft schien zu entstehen. Die Sowjetunion mußte reagieren. Vor allem gegenüber den USA, die nun die Trumpfkarte in der Hand hielten.

Dabei war es für Nixon wichtig, diesen Trumpf nicht auszuspielen, sondern verdeckt zu halten, um damit die Wirkung zu erhöhen: Nixon und Kissinger beobachteten den sino-sowjetischen Konflikt aufmerksam, aber mit Distanz und in dem Bewußtsein, daß Amerikas Chancen anstiegen, wenn es sich die Möglichkeiten mit beiden Mächten offenhielt.

3. Die Politik gegenüber der Sowjetunion

Hatte noch Präsident Truman am 22. Mai 1947 seine Unterschrift unter eine Doktrin gesetzt, in der der Sowjetunion die Rolle des Erzfeindes der USA zugeschrieben wurde, so landete genau 25 Jahre später am 22. Mai 1972 Präsident Nixon in Moskau und erklärte der sowjetischen Führung: „Wir treffen uns zu einem Zeitpunkt, an dem friedliche Zusammenarbeit verwirklicht werden kann."

Als Chruschtschow im Oktober 1964 gestürzt wurde, hinterließ er nicht nur eine ambitiöse, aber gescheiterte Außenpolitik, sondern auch in der Innenpolitik wurden die Fehler seiner unsteten und ungeduldigen Handschrift sichtbar. Mit den neuen kulturellen Freiheiten hatte er einen Setzling in die politische Landschaft gepflanzt, der seine Nachfolger vor neue Probleme stellte. Chruschtschows konzeptionslose Entstalinisierung, die er 1956 einleitete, hatte zur Folge, daß zwar die politischen Gefängnisse leerer, die kommunistischen Führungskader innerhalb der Sowjetunion aber verwirrter wurden. Der sino-sowjetische Konflikt, die Invasion in der CSSR 1968, Unklarheit über die Ost-West-Beziehungen, wirtschaftliche Rückständigkeit und schwindende Kontrolle über den eigenen Machtbereich wiesen auf sowjetische Schwächen hin, die Chancen für Ausgleich und Kooperation mit den USA boten. Stabilisierung war folglich das Ziel der sowjetischen Entspannungspolitik. Umgekehrt glaubten Nixon und Kissinger, fünf Ziele mit der Sowjetunion verwirklichen zu können: Vermeidung einer nuklearen Konfrontation, Ausbau der bilateralen Beziehungen, Entspannung in Europa und im Nahen Osten sowie die Lösung des Vietnam-Problems. Vor allem hofften Nixon und Kissinger auf eine Begrenzung des Wettrüstens und auf eine Einhegung der außenpolitischen Macht der Sowjetunion[4]. Konstruktive Beziehungen waren wünschenswert, aber vor allem ging es Nixon und Kissinger um außenpolitische Zurückhaltung beider Supermächte. Grundlage der amerikanischen Entspannungsbereitschaft war eine Politik der Stärke, mit der die Sowjetunion vor außenpolitischer Expansion abgeschreckt werden sollte. Von 1969 bis 1972 hatte Präsident Nixon bereits angezeigt, daß er in der Lage war, dieses Doppelkonzept von politischer Entspannung und militärischer Stärke durchzusetzen:

- bei der südvietnamesischen Invasion mit amerikanischer Unterstützung im Süden Kambodschas im Mai 1970 als Reaktion auf die Offensiven des Vietcong,
- bei der von den Sowjets unterstützten syrischen Invasion im September 1970 in Jordanien,
- als die Sowjets Militärberater und Piloten in Ägypten stationierten, das israelisch-ägyptische Waffenstillstandsabkommen vom 7. August 1970 verletzten und auf dem Sinai (in der Waffenstillstandszone) militärische Anlagen aufstellten,
- als die Sowjetunion in Cienfuegos auf Kuba einen Stützpunkt für sowjetische U-Boote mit strategischen Nuklearwaffen aufbauen wollte,
- durch die Verminung des Hafens von Haiphong und weiterer 6 Häfen in Nordvietnam und durch die Eskalation des Luftkrieges über Nordvietnam Anfang Mai 1972 am Vorabend der Reise von Präsident Nixon nach Moskau.

All diese Ereignisse bzw. amerikanischen Reaktionen veranschaulichen die konfliktbewußte und konfliktbereite Seite der Entspannungskonzeption des amerikanischen Präsidenten.

Nixons Reaktionen waren kalkuliert, entschlossen und entspannungsbewußt. Er wehrte die sowjetischen Versuche, regionale und marginale Vorteile zu erlangen, ebenso ab, wie er den Primat der sowjetisch-amerikanischen Annäherung im Auge behielt.

Eine risikobereite und kalkulierte Krisendiplomatie, die trotzdem klar dem Primat einer Annäherung an die Sowjetunion unterworfen war, eine glaubwürdige Friedensstrategie auf der Basis eines intelligent geknüpften Globalkonzeptes mit hohem intellektuellem Anspruch, das Beharren auf einer Politik der militärischen Stärke, geschickte politische, ökonomische und strategische Anreize für die Sowjetunion, eine virtuose Großmachtpolitik mit bisweilen klassischen Stilelementen und eine rücksichtslose Konzentration der außenpolitischen Planung und Entscheidung im Weißen Haus ermöglichten den USA diplomatische Dynamik. Ein neuer Modus vivendi mit der Sowjetunion wurde erkennbar: Die Anerkennung der Sowjetunion als gleichwertige Supermacht durch die Vereinigten Staaten; die Bereitschaft der USA, den Status quo und die bestehenden Grenzen, vor allem in Europa, anzuerkennen; der Abschluß von verschiedenen wissenschaftlichen, kulturellen und anderen Abkommen zum beiderseitigen Vorteil sowie das Weben eines Netzes von Anreizen, die die beiden Supermächte enger miteinander verbinden sowie Konflikte zwischen ihnen unwahrscheinlicher machen sollten. Die Kodifizierung, d. h. die formelle Festlegung von Normen und Verfahrensweisen, sollte schließlich das politische Verhalten miteinander regulieren.

Durch wirtschaftliche Anreize sollte die Sowjetunion zu politischen Konzessionen ermutigt werden. Diese positive „Politisierung“ der Handelsbeziehungen war ebenso neu wie die Aufgabe der traditionellen amerikanischen Auffassung, daß erst die innenpolitische Liberalisierung der Sowjetunion die Voraussetzung für verbesserte Beziehungen zwischen den beiden Staaten bilden sollte.

Die Diskussion in den USA seit 1972 über die Vergabe der Meistbegünstigungsklausel an die Sowjetunion deutete auf wachsende innenpolitische Opposition gegenüber der als zu weich empfundenen amerikanischen Entspannungspolitik bzw. gegenüber den sowjetischen Restriktionen in Sachen Menschenrechte hin. Das Scheitern der Verhandlungen über amerikanisch-sowjetische Handelsbeziehungen an den inneramerikanischen Forderungen nach Durchsetzung der Menschenrechte unterspülte Nixons Bemühungen um Entspannung: Nixon wurde kritisiert, daß die Sowjetunion dank amerikanischer Wirtschaftshilfe in die Lage versetzt würde, ihre Techniker und Wissenschaftler auf die Lösung militär-technologischer Probleme konzentrieren zu können. Weil auswanderungswillige Juden in der Sowjetunion Behinderungen und Schikanen ausgesetzt waren, brachte Senator H. Jackson (Demokrat) bereits im Oktober 1972 einen Antrag ein, nachdem der MFN-Status kommunistischen Ländern nur dann eingeräumt werden sollte, wenn sie die Auswanderung nicht behinderten. Das Befürchtete trat ein: Die Sowjetunion nahm diese Forderungen nicht hin und lehnte eine öffentliche Festlegung von Ausreisequoten, wie von Senator Jackson gefordert, ab.

Ab 1974 wurde die Quadratur des Kreises vollends sichtbar: Die öffentlichen Forderungen nach mehr Berücksichtigung der Menschenrechte als Voraussetzung für die Vergabe von Krediten an die Sowjetunion verhärtete die sowjetische Haltung. Dies führte wiederum zur Verschärfung der inneramerikanischen Kritik an der Regierung Nixon. Die Entspannungspolitik geriet unter innenpolitischen Druck. Kissingers Befürchtung wurde Wirklichkeit: „Die Versuchung, Entspannung mit einem wachsenden Druck auf die Sowjetunion zu kombinieren, wird wachsen. Eine solche Haltung wäre jedoch katastrophal. Wir würden sie von Moskau nicht akzeptieren; Moskau wird sie von uns nicht akzeptieren. Wir wären am Ende wieder im Kalten Krieg, und wir würden weder den Frieden noch ein humanitäres Ziel erreichen.“ [5]

Auf einem anderen Gebiet kam es jedoch zunächst zu Fortschritten: Rüstungskontrolle, vor allem die der strategischen Nuklearpotentiale, bot Ansätze für gemeinsame Interessenverwirklichung.

Die SALT-Verhandlungen

In den Verhandlungen um die Begrenzung der strategischen Waffen (SALT) wurde deutlich, daß die Politik einer Regierung durch Entscheidungen der vorangegangenen vorbestimmt wird. Schon 1967 hatte Verteidigungsminister McNamara empfohlen, daß angesichts der massiven Aufrüstung der Sowjetunion eine erneute verstärkte Rüstung der USA mit dem Ziel der Wiederherstellung einer klaren nuklearen amerikanischen Überlegenheit nicht anstrebenswert sei. Selbst wenn die Regierung Johnson Überlegenheit gewollt hätte, der Kongreß hätte angesichts der enormen Militärausgaben für Vietnam und angesichts wachsender neo-isolationistischer Tendenzen grundsätzlich einer Wiederherstellung nuklearer Überlegenheit der USA um einen solch hohen Preis nicht zugestimmt. Militärstrategische Parität war zum Schlüsselbegriff der außenpolitischen Philosophie der Regierung Nixon geworden. Das Wettrüsten sollte reguliert und auf einem akzeptablen Gleichgewicht festgeschrieben werden. Akzentuierter als sein Vorgänger betonte Nixon die politische Bedeutung der Waffenbegrenzung. Er betrachtete sie als politischen Verhandlungstrumpf beim Aufbau einer kooperativen Friedensstruktur. Nicht nur strategische, sondern auch politische Selbstbeschränkung war das Ziel, das durch den verhandlungspolitischen Ansatz der „Verknüpfung" mit SALT erreicht werden sollte.

Mit Hilfe von SALT sollte die militärische Macht der USA ökonomisiert werden. Allerdings machte Nixon klar, daß Rüstungskontrollverhandlungen ohne eine Politik der Stärke nicht sinnvoll sind. Bereitschaft für Verhandlungen dürfe nicht mit einer Position der Schwäche verwechselt werden. Mehr Sicherheit zu ökonomischen Bedingungen, Begrenzung des Rüstungswettlaufs und außenpolitische Zurückhaltung der Sowjetunion sollten durch SALT erzielt werden. Dieses Konzept zwang die Sowjetunion zu Entscheidungen: Ohne SALT-Verhandlungen ging die sowjetische Führung das Risiko eines neuen Wettrüstens in den strategischen Offensiv- und Defensivwaffen ein. Mit Blick auf die technologische Überlegenheit der USA und die wachsenden politischen Belastungen durch die Konfrontation mit der VR China schienen Verhandlungen mit den USA zwingend.

Im SALT-Abkommen vom Mai 1972 einigte man sich schließlich auf der Grundlage der Parität und der Genügsamkeit. Jeweils nur zwei Raketenabwehrsysteme, eines zum Schutz der Hauptstadt und eines zum Schutz einer Raketenstellung, wurden installiert. Außerdem wurde ein Interimsabkommen abgeschlossen, nach dem keine weiteren offensiven Raketenabschußvorrichtungen gebaut werden sollten. Die offensiven Raketenwaffen wurden auf die Dauer von fünf Jahren eingefroren.

Der Sowjetunion wurde dabei eine zahlenmäßige Überlegenheit an Abschußrampen auf dem Land und zur See zugestanden. Die sowjetische Forderung nach Einbeziehung der in Europa stationierten Nuklearwaffen wurde nach Protest der Westeuropäer von den USA abgelehnt. Ende der siebziger und Anfang der achtziger Jahre sollte sich erst herausstellen, daß dies eine folgenschwere Entscheidung war. Die USA verließen sich bei der zahlenmäßigen Ungleichheit außerdem auf die qualitative Überlegenheit ihrer strategischen Bomber und vor allem auf die der atomaren Sprengköpfe. Die Mehrfachsprengköpfe, bei den USA bereits einsatzbereit, von den Sowjets dagegen noch nicht erprobt, blieben im SALT-Abkommen ausgeklammert. Weder waren die USA geneigt, den qualitativen Vorsprung, den die Mehrfachsprengköpfe erlaubten, aufzugeben, noch – so schien es – wollte die Sowjetunion über Mehrfachsprengköpfe sprechen. Die Sowjetunion war entschlossen, zunächst ihre eigenen Mehrfachsprengköpfe zu dislozieren, um eine gleichberechtigte Position für spätere Rüstungskontrollverhandlungen zu erreichen.

Leider konnte dem Rüstungswettlauf kein Einhalt geboten werden. Der Sowjetunion wurde vertraglich die Möglichkeit eingeräumt, eigene Mehrfachsprengköpfe zu installieren. Damit drehte sich die Rüstungsspirale weiter. Der Wettlauf ließ sich nicht stoppen, er wurde nur verlagert: Jede Seite suchte nun neue qualitative Vorteile. Beide Seiten waren sich der begrenzten Wirkung von SALT I bewußt und strebten deshalb ein möglichst umfassendes SALT-II-Abkommen an. SALT I kam demnach eine Doppelfunktion zu: Einerseits sollte der strategische Status quo kodifiziert werden, doch erst die Überwindung dieser zerbrechlichen und gefährlichen Realität konnte durch ein umfassendes SALT-II-Abkommen Erfolg und Kontrolle bringen. Aber es stellte sich heraus, daß die Sowjetunion die Verhandlungen für SALT II verschleppte. Sie war weniger an Gleichgewicht, sondern an Überlegenheit interessiert. Der Ansatz der Rüstungskontrolle geriet in eine Sackgasse. Kissinger beschwor geradezu in den letzten Wochen der Regierung Nixon die Notwendigkeit einer SALT-Vereinbarung: „Wenn wir nicht rechtzeitig vor 1977 zu einem Abkommen gelangen, dann werden wir eine Explosion der Zahlen erleben, an deren Ende wir froh sein müssen, wenn wir noch eine Stabilität wie heute haben, dann wird es unmöglich sein zu definieren, was strategische Überlegenheit bedeutet. Und eine der Fragen, die wir uns als Land zu stellen haben, lautet: ‚Was in Gottes Namen ist eigentlich strategische Überlegenheit? Was für eine Bedeutung hat sie politisch, militärisch, operativ auf dem Niveau solcher Zahlen? Was soll man damit anfangen?' "[6]

Kissinger sollte Recht behalten. Ab 1977 begann man, sich in der Öffentlichkeit der westlichen Demokratien immer intensiver die Frage zu stellen, wohin dieser Rüstungswahn führen sollte. Aber Kissingers zweite Warnung blieb in Europa ungehört: „Wenn die Sowjetunion die Entspannung zu dem Zweck nutzen sollte, ihre militärische Schlagkraft in allen Bereichen zu verstärken; wenn sie in Krisenzeiten Maßnahmen ergreifen sollte, die die Spannungen verschärfen; wenn sie nicht zum Fortschritt in Richtung auf Stabilität beitragen sollte, sie versuchen sollte, unsere Bündnisse zu unterminieren; wenn sie sich den dringenden Erfordernissen der am wenigsten entwickelten Länder und den neu auftretenden Problemen der Interdependenz verschließen sollte, dann würde sie ihrerseits eine Rückkehr zu den Spannungen und Konflikten herausfordern, die zu überwinden wir so große Anstrengungen unternommen haben ... Wir haben gegenüber der Sowjetunion darauf bestanden, daß es nicht möglich ist, nur die Atmosphäre der Entspannung ohne deren Substanz zu schaffen. Es ist gleichermaßen klar, daß die Substanz der Entspannung in einer Atmosphäre der Feindseligkeit zerrinnen wird."[7]

Um das politische Verhältnis zu stabilisieren, wollten beide Seiten auf dem Gipfel im Mai 1972 durch politische Grundsatzerklärungen einen stabilen Rahmen für Kooperation schaffen. In der Grundsatzerklärung vom Mai 1972 gelang es der Sowjetunion, erstmals in Übereinstimmung mit den USA den Begriff der friedlichen Koexistenz zu verankern. Vielleicht hatten Nixon und Kissinger die Bedeutung der ideologischen Komponente der sowjetischen Außenpolitik für zu leicht befunden oder eine Parallelität der Interessen vermutet, wo in Wirklichkeit ein klarer Hinweis auf den ideologischen Widerspruch hätte deutlich gemacht werden müssen. So wurde fälschlicherweise der Eindruck erweckt, als ob Entspannung schwindende Rivalität oder gar amerikanisch-sowjetische Komplizenschaft auf Kosten der Interessen der Verbündeten bedeuten würde. Nichts wäre irreführender: Während die Sowjetunion die Vertragsgrundsätze von 1972 und 1973 als Statusaufwertung und als Möglichkeit zur Machterweiterung ansah, verfolgte die Regierung Nixon damit eine Strategie der Einbindung der sowjetischen Außenpolitik. Die ideologischen und machtpolitischen Gegensätze wirkten fort, sollten aber gedämpft werden.

Es war tragisch, daß seit 1973 das außenpolitische Durchsetzungsvermögen der Regierung Nixon schwand. Watergate bremste die hohe Anlaufphase der ersten Amtszeit. Die Außenpolitik der Regierung Nixon, bis Beginn 1973 noch Ausdruck und prägendes Erkennungszeichen mit dem Erfolgssymbol von SALT, mußte zunehmend innenpolitische Entlastungsfunktion übernehmen.

Die drei amerikanisch-sowjetischen Gipfeltreffen von 1972, 1973 und 1974 machten aber auch den wachsenden Substanzverlust deutlich. Wenn der Gipfel 1972 noch als Ausdruck eines kraftvollen Neubeginns in den Beziehungen gewertet werden konnte, symbolisierte der Gipfel 1974 Stagnation. Den

Grundsatzerklärungen, Verträgen und Protokollen kam keine stabilisierende, sondern nur noch eine verschleiernde Funktion zu. Zum Schluß versuchte Nixon, durch bombastische außenpolitische Erklärungen vom Problem Watergate abzulenken.

Beim Rückblick auf John F. Kennedys erste entspannungspolitische Ansätze könnte man glauben, Nixon hätte diese nur ausgebaut. Aber Nixons Situation war schwieriger: Während Kennedys Amerika im Zenit stand, schien die Weltmacht USA zu Beginn der Regierung Nixon kaum handlungsfähig. Außenpolitik war zur Vietnam-Politik geschrumpft. Nixons nüchterner politischer Stil und die Einsicht in die Gleichrangigkeit der beiden Supermächte waren deshalb richtungweisend. Allerdings wurde dabei der Anti-Kommunismus, der politische Zement, der die Außen- und die Innenpolitik der USA zusammenhielt, weich.

Auch im militärischen Kräfteverhältnis wirkte sich die Politik von Nixon zum Vorteil der Sowjetunion aus. Die Anreize für außenpolitische Mäßigung waren vielleicht von Anfang an illusorisch. Allerdings ist es unbestreitbar, daß Nixon den Anspruch auf Entspannung realpolitisch durch Eindämmung und Abschreckung untermauern konnte. Nicht Eindämmung durch Konfrontation – wie in den fünfziger Jahren –, sondern Eindämmung durch Anreize und Diplomatie lautete das Konzept. Was auch immer kritisch über die Politik von Präsident Nixon gegenüber der Sowjetunion gesagt werden mag, er konnte erfolgreich und gewissermaßen durch Androhung oder Einsatz von Gewalt verhindern, daß die Sowjetunion direkt oder durch Stellvertreter regionale Landgewinne erzielte.

Bis 1973/74 waren die Vereinigten Staaten in der Lage, die Sowjetunion mit einer Politik der Stärke und mit einem gezielten Element der Unberechenbarkeit von Eingriffen in Krisenzonen abzuhalten. Amerikanische Entspannungspolitik zu jener Zeit war realistisch, risikobereit und eine für den Gegner kalkulierbare Interessendiplomatie unter dem Primat der Interessenverknüpfung. Die Regierung Nixon konnte ein Entspannungsmodell entwickeln, um die Rivalitäten durch Abmachungen mit der Sowjetunion in ein begrenztes gegenseitiges Kooperationsinteresse zu führen. Herausragendes Element der Außenpolitik von Nixon war die Stärke und die Berechenbarkeit der amerikanischen Positionen. Beides zerrann in den Händen seiner Nachfolger.

4. Die Europa-Politik

Die atlantische Staatenwelt bildete zu Ende der sechziger Jahre eine Insel des Wohlstands und der Freiheit in einem globalen Meer von Unterdrückung, Armut und lokalen Krisen. Drei Entwicklungen gestalteten die Struktur der atlantischen Staatenwelt komplexer:

1. Der neue amerikanisch-sowjetische Bilateralismus hatte das latente Unbehagen in Westeuropa an der amerikanischen Sicherheitsgarantie verstärkt. Hierbei gilt es – grob klassifiziert – zwischen einer optimistischen Auffassung zu unterscheiden, die dem Bilateralismus der Supermächte prinzipiell positiv gegenübersteht, und einer pessimistischen Auffassung, die die amerikanisch-sowjetischen Absprachen für Sicherheit als bedrohlich ansah.
2. Die Ostpolitik der Bundesrepublik Deutschland dokumentierte ab 1969, daß ein zentraler Bündnispartner, der sich in der Vergangenheit in Fragen der Ost-West-Entspannung zurückhielt, nicht bereit war, den Dialog der Supermächte abzuwarten, sondern sich an die Spitze einer neuen europäischen Ostpolitik stellte. Nirgendwo wie in der Bundesrepublik prallten sicherheitspolitisch motivierter Skeptizismus und entspannungspolitischer Optimismus derart aufeinander und erschwerten damit auch der Nixon-Kissinger-Administration vorübergehend eine abgewogene Einschätzung der realen ost- und deutschlandpolitischen Ziele, wie sie von der Regierung Brandt/Scheel formuliert wurde.
3. Der Ausbruch der Energiekrise in der Folge des Yom-Kippur-Krieges vom Oktober 1973 verschärfte die Probleme der

Industrienationen in der atlantischen Welt und führte zu wirtschaftspolitischen Konflikten innerhalb des Bündnisdreiecks USA – Westeuropa – Japan.

Henry Kissinger nahm diese unterschiedlichen Entwicklungen zum Anlaß, im April 1973 einen konzeptionellen Neuentwurf für die atlantische Welt vorzulegen, der sich an der Neuordnung des Großmachtdreiecks USA – Sowjetunion – VR China orientierte und auch das Bündnisdreieck auf eine neue gesamtpolitische Grundlage stellen sollte.

Dieser Konzeption waren vier Jahre intensiver Bündnispolitik vorangegangen, wobei sich zeigte, daß Probleme weniger im direkten amerikanisch-westeuropäischen Verhältnis, sondern vielmehr in der Einschätzung der sowjetischen Bedrohung lagen. Die Meinungen über die neuen amerikanisch-sowjetischen Abkommen waren in Westeuropa geteilt. Einerseits vertrat man die Auffassung, daß eine Verbesserung der amerikanisch-sowjetischen Beziehungen sich auf Europa positiv auswirken würde. Durch Rüstungsabmachungen, Wirtschaftskooperation und andere Abkommen zwischen den USA und der Sowjetunion würde auch die Sicherheit Westeuropas vergrößert werden. Man räumte dem Dialog der Großmächte Vorrang ein und sah in der Nachordnung der westeuropäischen Interessen auch eine Chance zu mehr westeuropäischer Eigenständigkeit im Rahmen des atlantischen Bündnisses.

Andererseits wurden die amerikanisch-sowjetischen Beziehungen mit Mißtrauen beobachtet. Man befürchtete, daß durch Parität die amerikanische Abschreckungsgarantie geschwächt würde. Das Gespenst der Abkoppelung der USA von Westeuropa ging von nun an um. Der Vorrang der amerikanisch-sowjetischen Kooperation, eine globale machtpolitische Interessenaufteilung ginge auf Kosten europäischer Interessen, lautete die Befürchtung in Westeuropas Hauptstädten.

Hinter dieser widersprüchlichen Haltung verbarg sich ein politisches und ideologisches Dilemma, das von dem französischen Politikwissenschaftler Grosser folgendermaßen umrissen worden ist: „Eine europäische Sicherheit ist nicht möglich. Entweder man bleibt unter Europäern, und in diesem Falle ist die Sowjetunion derart übermächtig, oder die UdSSR sieht ihre politische Macht durch die des einzigen westlichen Landes in Schach gehalten, das ebenfalls eine wirkliche Großmacht ist, und in diesem Falle reduziert sich die europäische Sicherheit weitgehend auf den Zustand eines Subsystems des amerikanisch-sowjetischen Großsystems. Jeder westeuropäische Staatsmann empfindet zwei gegensätzliche Gefühle: Befriedigung darüber, daß die USA existieren, und Ärger darüber, daß das Leben und Wohl seiner Mitbürger in großem Maße von den Entscheidungen eines fremden und fernen Präsidenten abhängt. Welches der beiden Gefühle dominiert, ist je nach Zeit und Land verschieden."[8] Westeuropäisches Unbehagen war und ist vor allem Ausdruck von verletztem Stolz, aber auch Reflex des permanenten Mißverhältnisses von möglicher und wirklicher Macht Westeuropas.

Während der Regierung Nixon verstärkte sich das Dilemma. Westeuropa hatte in der amerikanischen Strategie an Stellenwert verloren. Das Sicherheitsrisiko war in Europa im Vergleich zu den fünfziger und sechziger Jahren geringer geworden. Die Regierung Nixon ließ dies die Westeuropäer fühlen, der Argwohn verstärkte sich. Mangelhafte Konsultation und Information der westeuropäischen Verbündeten, gekoppelt mit einer exklusiven und geheimen Gipfeldiplomatie der Nixon-Administration mit der Sowjetunion, erweckten zeitweilig den Eindruck, als ob die USA das Bündnis vernachlässigten.

Die amerikanische Sicherheitsgarantie für Westeuropa hängt also auch davon ab, wie der transatlantische Dialog geführt wird. Die Nixon-Administration hat nicht immer den richtigen Takt gefunden. Für die amerikanische Regierung erschien es allerdings zeitweilig paradox, daß manche westeuropäischen Staaten einerseits vom amerikanisch-sowjetischen Bilateralismus mehr Gefahren befürchteten, andererseits ihre konventionellen Streitkräfte in der Folge des neuen Dialogs mit der Sowjetunion verringerten. Lediglich die Bundesrepublik Deutschland, an der Nahtstelle zwischen Ost und West, mit der Flanke West-Berlin und einem intensiv ausgeprägten Sicherheitsbedürfnis, kam den Forderungen des Bündnisses nach Aufrechterhaltung und Ausbau der verteidigungspolitischen Anstrengungen nach. Angesichts dieser zögernden Bereitschaft einiger westeuropäischer Staaten, einen angemessenen Verteidigungsbeitrag aufrechtzuerhalten, erscheinen manche Vorwürfe der USA verständlich.

Westeuropas Stellenwert war in der amerikanischen Politik seit Beginn der siebziger Jahre gesunken. Der NATO kam zunehmend eine Reservefunktion zu, denn die zentralen Ziele, Vermeidung eines Nuklearkrieges und die Sicherheit Europas, wurden verstärkt im amerikanisch-sowjetischen Bilateralismus gesucht.

Diese neue Möglichkeit, die duale Prämisse des Harmel-Berichts und die Forderung nach mehr regionaler Eigenverantwortung der Nixon-Doktrin zu nutzen, erkannte die Bundesrepublik. Nach einer Phase zögernder ostpolitischer Aktivitäten der Regierungen Erhard und Kiesinger begann die Bundesregierung an der Schwelle der siebziger Jahre, ihre Ostpolitik dem Wandel der Prioritäten und Interessen in Ost und West anzupassen. Gleichzeitig wurde der außenpolitische Handlungsspielraum der Bundesrepublik erweitert.

Zunächst stand die Regierung Nixon in ihrer Haltung zur Bundesrepublik ganz in der Tradition ihrer republikanischen Vorgängerinnen. Sie war gegenüber der deutschen Sozialdemokratie skeptisch. Es ist nicht zufällig, daß im republikanischen Selbstverständnis die amerikanisch-deutschen Beziehungen unter Präsident Eisenhower einen hohen Grad an Harmonie beinhalteten, aber bei den demokratischen Nachfolgern Kennedy und Johnson einige Trübungen erfuhren. Die von der CDU geführten Regierungen zeigten zwar bis 1969 ein dünnes Entspannungsprofil, weltanschaulich bestand aber keinerlei Zweifel, daß bei christdemokratischer Führung auch in Zukunft die Bundesrepublik eng an der Seite der USA stehen würde und damit der amerikanische Führungsanspruch im Bündnis kaum infrage gestellt werden würde.

Der Wechsel 1969 signalisierte deshalb für die USA nicht nur Erfreuliches. Willy Brandt schien zwar ein Garant für außenpolitische Veränderungen im Ost-West-Verhältnis zu sein, die im Rahmen der Nixon-Doktrin erwünscht waren. Zugleich befürchtete man in amerikanischen Regierungskreisen jedoch, daß Brandt eine Schaukelpolitik betreiben würde.

Andere Kräfte in der deutschen Sozialdemokratie könnten durch geschickte Taktik der Sowjetunion zu einer Neutralitätspolitik veranlaßt werden, die die Grundlagen der Atlantischen Allianz erschüttern und den sowjetischen Einfluß in Europa vergrößern könnten.

In Henry Kissingers Memoiren bestätigt sich, daß er nicht nur ein Bewunderer von Bismarck, sondern ebenso ein Bewunderer von Konrad Adenauer ist. Aber diese wehmütige Bewunderung trübte Kissingers Blick für den Wandel der Realitäten nicht. Er erkannte den politischen Machtverfall der Christdemokraten. Kissingers politische Sympathie für die Unionsparteien schlug um in Kritik angesichts der außenpolitischen Ideenlosigkeit der CDU/CSU: „Die immer noch regierenden Christlichen Demokraten hielten jedoch starr an den politischen Maximen der fünfziger Jahre fest. Ihr an Besessenheit grenzender Eifer, die einmal eingeschlagene Richtung beizubehalten, erregte die Ungeduld einer amerikanischen Regierung, die neue Perspektiven eröffnen wollte und die, von der Richtigkeit ihrer Perspektiven überzeugt, besser mit Linken oder wenigstens reformistischen Gruppen umgehen konnte als mit den konservativen Christlichen Demokraten, die das Nachkriegseuropa aufgebaut hatten.“ [9] Kissingers politisches Herz schlug für die Politik der Christdemokraten, deren freundschaftliche Haltung gegenüber der Politik der Vereinigten Staaten zugleich die Garantie für einen bequemen Bündnispartner war, gleichzeitig erkannte Kissinger aber nüchtern, daß nach Adenauer die CDU-Außenpolitik einfallslos geworden war. Es war der entspannungspolitische Primat der Sozialdemokraten, der auf wachsende innen- und außenpolitische Zustimmung stieß.

Vor diesem Hintergrund ist es nicht so erstaunlich, daß die

anfänglichen spärlichen Äußerungen der Nixon-Administration am ehesten als sibyllinisch bezeichnet werden können. Westliche Entspannungspolitik sollte nach Auffassung der Nixon-Administration abgestimmt und koordiniert sein. Dahinter verbarg sich allerdings ein Führungsanspruch der USA, auch in Fragen der Ost-West-Beziehungen Richtung und Maßstab der westlichen Entspannungspolitik bestimmen zu wollen. Für die Nixon-Administration war 1970 das Jahr der Spannungen mit der Sowjetunion, die die Standfestigkeit der USA testete. Weniger die Entspannung in Europa, sondern die Probleme in Asien und Vietnam nahmen Priorität ein. Die Nixon-Administration fand zu jenem Zeitpunkt weder gegenüber der Sowjetunion noch gegenüber der VR China noch gegenüber Nordvietnam einen politischen oder diplomatischen Hebel zur Lösung der Probleme. Im Unterschied zu dem schwerfälligen außen- und innenpolitischen Start der Nixon-Administration geriet die Bundesregierung Brandt/Scheel sehr schnell in einen Sog wachsender Popularität und politischer Erfolge. Zwar blieb die Ostpolitik kontrovers, aber mit Abschluß des Moskauer Vertrages und des Warschauer Vertrages wuchs das Prestige der Brandt/Scheel-Regierung. Auch im Vergleich der innenpolitischen Bedingungen hob sich das Bild der Bundesrepublik und der sie führenden Regierung von den USA ab.

Vor diesem Hintergrund wird vielleicht eher erklärbar, warum die Nixon-Administration die Ostpolitik der Regierung Brandt/Scheel anfänglich mit Zurückhaltung beobachtete. Zweifel an der Richtigkeit der eigenen Schritte und ausbleibende außenpolitische Erfolge schlugen um in Mißtrauen und vielleicht auch ein wenig Neid auf die schnellen Anfangserfolge des kleineren Bündnispartners, die man selbst so sehr benötigte. Das, was Nixon selbst erreichen wollte, wurde ihm von Willy Brandt vorexerziert: Neue Verträge mit den ehemaligen Gegnern bei innenpolitischer Zustimmung, ja teilweiser Begeisterung. Hinzu kam die Furcht, daß unter sozialdemokratischer Führung in der Bundesrepublik ein neuer Nationalismus, gepaart mit anti-westeuropäischen und anti-amerikanischen Tendenzen, aufleben könnte. Nixon und Kissinger hatten die Ära der Verhandlungen postuliert, die Westdeutschen setzten sie in die Tat um. Mißtrauen und Neid waren unvermeidlich.

Mit dem Berlin-Abkommen wurde 1971 eine abgestimmte Entspannungspolitik des Westens erkennbar. Brandt und Nixon waren sich im April 1970 einig geworden, daß die deutschen Ostverträge erst dann in ein entscheidendes Verhandlungsstadium treten könnten, wenn es Fortschritte und Verbesserungen für Berlin gäbe. Es gab auch Uneinigkeit: Die Nixon-Administration hoffte auf beschleunigten Fortgang des amerikanisch-sowjetischen Bilateralismus, vor allem auf Erfolge in den SALT-Verhandlungen. Im Vordergrund der Interessen der Bundesrepublik stand aber die Forderung nach Freizügigkeit. Die Westeuropäer und allen voran die Westdeutschen hofften, daß im Rahmen der KSZE die Supermachtsentspannung auf die Ebene der europäischen Mittel- und Kleinmächte erweitert werden könnte.

Vielleicht war es ein Fehler der Nixon-Kissinger-Regierung, daß sie, anstatt sich von Anfang an in diesen europäischen Entspannungsprozeß mit Hilfe der KSZE aktiv einzuschalten, Zurückhaltung übte. Damit weckte sie nicht nur in Osteuropa, sondern auch bei den Bündnispartnern Mißtrauen und den Verdacht, daß den Vereinigten Staaten an dem Menschenrechtsaspekt, an der Frage der Freizügigkeit und der verstärkten Kontakte zwischen Ost- und Westeuropa weniger gelegen sei, sie statt dessen eine Entspannungskonzeption verfolgte, die, bipolar angelegt, sich vorrangig auf sicherheitspolitische Fragen im strategischen Bereich wie SALT oder aber auf exklusive Rahmenabmachungen beschränkte, wie die amerikanisch-sowjetischen Gipfel von 1972 bis 1974 zeigten.

Nixon und Kissinger zogen es vor, mittels einer „Détente Americana" ihre Politik mit der Sowjetunion exklusiv zu halten. Dabei wurde bisweilen übersehen, daß ohne die Ostpolitik der Bundesrepublik im amerikanisch-sowjetischen Verhältnis weniger gelaufen wäre. So übernahm beim Drängen um ein Berlin-Abkommen und mit den Ostverträgen die Bundesrepublik die Funktion eines Eisbrechers für die sowjetisch-amerikanische Entspannungsexpedition. Die Bundesrepublik rückte nach der Unterzeichnung der Ostverträge und mit der Inkraftsetzung des Berlin-Abkommens in eine Schlüsselposition der amerikanisch-sowjetischen Entspannungsbemühungen, weil sie die Skepsis der Nixon-Administration und das Drängen der Sowjetunion in Sachen KSZE zu überbrücken vermochte. Das Treffen von Bundeskanzler Brandt und Parteichef Breschnew 1971 in Oreanda auf der Krim symbolisierte die neue Position der Bundesrepublik im Entspannungsgeflecht zwischen Ost und West. Gesprächsverlauf und Ergebnisse zeigten den Versuch der Sowjetunion, die Bundesrepublik für ihre eigenen Ziele einzusetzen. Oreanda zeigte, daß die Bundesrepublik von nun an als handelndes Subjekt die Ost-West-Beziehungen mitgestaltete. Oreanda markierte kein neues Rapallo, sondern, wenn dieser Vergleich überhaupt möglich ist, ein neues Ost-Locarno. Keiner wird dies vermutlich klarer erkannt haben als Präsident Nixon selbst, der, wie Willy Brandt, seine Außenpolitik unter den Primat des Ausgleichs mit den ehemaligen Gegnern gesetzt hatte.

Der Wandel der Bundesrepublik vom Mitmacher zum Schrittmacher der Entspannungsbemühungen in Europa, ihr Aufstieg zur europäischen Entspannungsvormacht, standen im Einklang mit den grundlegenden Prämissen der Nixon-Administration. Das Postulat nach mehr regionaler Eigenverantwortung und Kissingers Ratschlag für außenpolitische Zurückhaltung der USA entsprachen zudem einer geschichtlichen Entwicklung, in der die Staaten West- und Osteuropas ihre Probleme aus dem rigiden Kontext des Kalten Krieges herauszulösen suchten. Die Ostpolitik der Bundesrepublik zwang die Supermächte zu europäischen Entspannungsbeiträgen unterhalb ihrer bilateralen Interessensphären, umgekehrt wurde in diesem Wechselprozeß die Ostpolitik atlantisch verankert.

Während die Regierung Nixon von der Notwendigkeit der regionalen Eigenverantwortung sprach, in Wirklichkeit aber ihre eigene Vormachtstellung gegenüber den Westeuropäern wiederherstellen wollte, nahm Westeuropa die Nixon-Regierung beim Wort und setzte die Doktrin der regionalen Eigenverantwortung in die Tat um. In der Bundesrepublik – direkt an den spannungspolitischen Stromkreis angeschlossen – verstärkte sich bisweilen der Eindruck, als ob in der amerikanischen Entspannungspolitik nach dem Vorbild der Kabinettsdiplomatie des 19. Jahrhunderts über die Köpfe der Menschen hinweg eine reglementierte und strategisch angelegte Entspannung mit der Sowjetunion entwickelt würde.

Als die Nixon-Administration 1972 ihre Großmachtentspannung erfolgreich einleiten konnte, schwand der bundesdeutsche Einfluß. Allerdings konnten die USA in die multilaterale Phase der Entspannung (KSZE und MBFR) stärker als ursprünglich erwartet mit einbezogen werden. Die Ostpolitik von Willy Brandt entwickelte auch eine negative Eigengesetzlichkeit, die Kissinger folgendermaßen umschrieb: „(Brandt) wandte sich von Konrad Adenauers starrem Anti-Sowjetismus ab, um den entschlossenen Versuch zu unternehmen, Spannungen und Mißtrauen zwischen Ost und West zu verringern in der Hoffnung, daß die Sowjetunion einen Abbau der Barrieren zwischen den beiden Hälften des geteilten Deutschland zulassen werde. Aber was vielleicht als praktische Überlegung begonnen hatte, wurde durch Brandts emotionale Natur im Laufe der Zeit in einen psychologischen Zwang verwandelt ... Doch besaß Brandt nach seinem Bruch mit den alten Stereotypen weder die innere Kraft noch die intellektuellen Fähigkeiten, die Kräfte zu zügeln, die er freigesetzt hatte. Er wurde vielmehr ihr Gefangener und schwelgte in dem Beifall, den sie ihm zollten, anstatt sie mit dem richtigen Sinn für die Proportionen oder eine in die weitere Zukunft gerichtete Kritik zu disziplinieren ... Er war ein Paradox: Er hatte den Lauf der Geschichte verändert, war aber dadurch selbst überflüssig (und in mancher Hinsicht gefährlich) geworden ... Brandts historische Leistung bestand darin, einen Weg gefunden zu haben, mit der Teilung Deutschlands zu leben, die seine Vorgänger in Bonn während der ganzen Nachkriegszeit nicht hatten akzeptieren wollen ... Im Rahmen seiner neuen Ostpolitik suchte Brandt die Beziehungen zur DDR zu festigen, und gab die deutschen Ansprüche auf die von Polen und der UdSSR annektierten Ostgebiete auf ... Dieser Teil der Ostpolitik wurde von den Vereinigten Staaten unterstützt und gefördert ... Es gab aber immer auch noch einen zweiten Aspekt der Politik Brandts, dem gegenüber wir unsere Zurückhaltung niemals haben aufgeben können ... Brandt stellte seine Politik nicht wirklich als eine Hinnahme der Teilung Deutschlands dar. Er erklärte vielmehr, daß sie der Weg sei, der zur deutschen Wiedervereinigung führte, wenn man gute Beziehungen zum Osten herstellte und aus der Bundesrepublik einen Magneten für Osteuropa machte ... Wir fragten uns allerdings, auf welcher Seite der Trennungslinie der Magnet entstehen würde. Wir fürchteten, daß die kommunistische Welt mit der Zeit, wenn auch zunächst unmerklich, in die stärkere Position geraten könnte ... Ich fürchtete mich vor dem Augenblick, da kein deutscher Kanzler sich die Feindschaft der Sowjetunion leisten kann. Wenn es soweit gekommen ist, dann wird die Lage sehr gefährlich. Das ist bisher noch mit keinem deutschen Kanzler geschehen, aber im Verlauf von Brands persönlicher Odyssee sind wir sehr nahe an diesen Punkt herangekommen." [10]

So paradox es klingen mag, aber erst als die Begrenztheit der Erfolge der Ostpolitik in Richtung Freizügigkeit und Annäherung im deutsch-deutschen Verhältnis offenkundig wurde, als lediglich eine neue Formulierung der deutsch-deutschen Beziehungen erreicht wurde, wuchs die Zustimmung in Washington. Die Annäherungsmaxime und der Freizügigkeitsaspekt bargen aus amerikanischer Sicht auch die Gefahr einer nicht nur die DDR betreffenden sozialen und politischen Sprengkraft, welche den sowjetischen Herrschaftsbereich als Ganzes und damit den politischen Status quo in Europa hätte verändern können. Dann wäre die Grundbedingung der Nixon-Kissinger-Administration, die Respektierung des Status quo, in Gefahr geraten.

Man kann zu dem Ergebnis kommen, daß die Ostpolitik der Bundesrepublik die Erosion des Führungsanspruchs der USA einleitete. Zum ersten Mal wurde der zentrale Bereich der amerikanischen Außenpolitik, die Ost-West-Beziehungen und insbesondere die Beziehungen zur Sowjetunion, von einem Bündnispartner weitgehend selbständig gestaltet. Rhythmus, Umfang und Zielsetzung der westlichen Entspannungspolitik wurden nicht von der Führungsmacht USA, sondern von der Bundesrepublik Deutschland festgelegt.

Auch in den Wirtschaftsbeziehungen wurde amerikanische Schwäche gegenüber Westeuropa deutlich: In den USA war das Unbehagen gegenüber dem Protektionismus der EG, verstärkt durch den Unmut über zu geringe Beteiligung der Westeuropäer bei den Verteidigungskosten, gewachsen. Im Vordergrund der wachsenden Schwierigkeiten stand das Problem eines zunehmenden Zahlungs- und Handelsbilanzdefizits. Die amerikanische Zahlungsbilanz wies während des Marshall-Plans ein geringes Defizit auf und konnte bis zum Ende der sechziger Jahre gemäßigt konstant gehalten werden. Ein massiv einsetzender Dollarabfluß führte aber 1970 zu einem Rekorddefizit von 10,7 Milliarden Dollar. Die USA befanden sich Mitte 1971 in einer Situation, in der die wirtschaftspolitischen Bedingungen der Vergangenheit brüchig wurden. Der amerikanische Anspruch auf ökonomische und militärische Doppelhegemonie war herausgefordert. Die jahrelange massive Intervention der USA in Vietnam ließ die wachsenden Defizite und die hohen Inflationsraten weiter steigen. Der Krieg, um dessen Ende sich die Nixon-Administration vorrangig bemühte, forderte auch ökonomisch einen hohen Preis.

Ebenso berührten isolationistische Tendenzen die liberale außenwirtschaftliche Grundstruktur der USA. Ansteigender Protektionismus verschmolz mit einem „Marshall-Plan-Syndrom“, das in der Auffassung gipfelte, die Amerikaner hätten gegenüber Europa stets mehr gegeben als genommen. Im Kongreß wuchs diese Stimmung und damit auch der Druck auf die Nixon-Administration, die zwar einen gewissen Abbau der Verpflichtungen der USA in Übersee wünschte, aber Protektionismus und Neoisolationismus zu vermeiden suchte.

Deshalb kündigte Präsident Nixon im August 1971 ein neues Wirtschaftsprogramm an. Die Maßnahmen wirkten auf die westliche Welt wie ein Schock. Nixon forderte die westlichen Industrienationen unter Einschluß Japans auf, amerikanische Produkte nicht mehr durch Zollschranken zu behindern. Mit der formellen Aufhebung der Goldeinlösungsgarantie beseitigte Nixon die Konvertibilität des Dollars, diplomatisch wurde mittels einer protektionistischen Rhetorik eine Abwertung umgangen. Der Erlaß einer zeitweiligen zehnprozentigen Importsteuer sollte ökonomisch und innenpolitisch die Prosperität der amerikanischen Wirtschaft beschleunigen und gleichsam als Schutzzoll auch die Handelsbilanz verbessern helfen.

Die ökonomischen Schocks vom August 1971 bis hin zur neuen Dollarkrise im Frühjahr 1973 markierten eine Wasserscheide in der Geschichte der internationalen Wirtschafts- und Währungspolitik[11]. Die USA nutzten ihre Vormachtstellung in der atlantischen Allianz, indem sie die handels- und wirtschaftspolitischen Maßnahmen mit sicherheitspolitischen Überlegungen verknüpften, um ihre Interessen durchzusetzen:

1. durch angemessene Wechselkurse für die USA auf dem europäischen Markt,
2. durch angemessene Handelsbeziehungen, d. h. Abbau der für die USA diskriminierenden Bedingungen, insbesondere im Agrarsektor, und
3. durch eine neue Kostenverteilung, wobei die westeuropäischen Partner zur Stützung der USA verstärkt in die Pflicht genommen werden sollten.

Notwendige innenpolitische und wirtschaftliche Reformen und Anpassungsprozesse, die für viele gesellschaftliche Gruppierungen in den USA materielle Härten mit sich gebracht hätten, sollten vermieden werden, indem man sie auf die westeuropäischen Partner abzuwälzen versuchte. Präsident Nixon wollte die wirtschaftspolitische Führungsrolle der USA aufrechterhalten. Aggressiver ökonomischer Nationalismus wurde erkennbar. Handelskriege in der westlichen Staatenwelt rückten näher. Schwindende Exportfähigkeit, bedingt durch wachsende

Inflation im Innern und durch großzügige Verlagerung wirtschaftlicher Energien ins Ausland oder nach Übersee sowie Einbuße und Verlust der Golddeckung der Währung, während diese ins Ausland abwandert, sind in der Geschichte typische Kennzeichen schwindenden imperialen Einflusses gewesen. Was ursprünglich als ökonomisches Element der Stärke erschien, war in Wirklichkeit Ausdruck von Schwäche. Ein Paket von Dringlichkeitsmaßnahmen sollte die Außenwirtschaftspolitik der USA stärken. Amerikanische Außenwirtschaftspolitik gegenüber Westeuropa wurde primär Zahlungsbilanzpolitik.

So wurden die Jahre 1971/72 zu einem Scheitelpunkt der amerikanischen Außenpolitik. Die politische Annäherung gegenüber den kommunistischen Führungsmächten fiel mit wirtschaftlichen Auseinandersetzungen unter den Partnern der westlichen Welt und Japan zusammen. Im Allianzdreieck kam eine aggressive Dollardiplomatie zum Vorschein. Das wirtschaftliche Gleichgewicht sollte mit den Verbündeten, das politische hingegen mit den ehemaligen Gegnern neu justiert werden.

Durch seine Rede im April 1973 zum Jahr Europas versuchte Henry Kissinger, der atlantischen Welt politischen Impuls zu vermitteln. Aber sein Hinweis, daß die USA globale, Westeuropa jedoch nur regionale Interessen zu vertreten habe, bewirkte genau das Gegenteil. Seine Kritik am außenpolitischen Provinzialismus der Westeuropäer sollte sich jedoch schneller als erwartet bestätigen. Als man sich in Westeuropa während des Nahost-Krieges im Herbst 1973 weigerte, amerikanische Hilfe für Israel durch Lande- und Hafenrechte in der Bundesrepublik und in anderen europäischen Staaten zu erleichtern, war die Regierung Nixon enttäuscht. Eine neue Form von Distanz war aufgetreten, die auch in der darauffolgenden Energiekrise zutage trat. So brachten die Jahre 1973 und 1974 nicht die Erfüllung der ehrgeizigen Pläne der Regierung Nixon, sondern neue Probleme. Dabei war der Appeasement-Effekt der westeuropäischen Nahostpolitik unübersehbar. Es bleibt offen, ob es nicht nur mutiger, sondern langfristig sicherer gewesen wäre, hätte Westeuropa, gemeinsam mit den USA – selbst unter dem Risiko einer Verlängerung und Ausdehnung des Ölembargos – eine kompromißlose Front gegenüber den OPEC-Staaten bezogen, anstatt mit einer Politik des „Rette-sich-wer-kann" sofort in Verhandlungen mit den Arabern einzutreten. Gerade die Bundesrepublik in ihrer prekären sicherheitspolitischen Lage, angewiesen auf das sicherheitspolitische Netz der NATO und auf die Nukleargarantie der USA, hätte zum Zeitpunkt der Alarmierung der amerikanischen Streitkräfte mehr Verständnis für die amerikanischen Rechte entwickeln müssen, auch wenn die USA ihre Konsultationspflicht vernachlässigten.

In Umrissen wurde in der Energiekrisendiplomatie von Henry Kissinger erstmals eine neue politische Konstellation deutlich: Die USA und Westeuropa standen nicht mehr gemeinsam auf der Seite Israels, sondern in unterschiedlichen Positionen. Die Westeuropäer verfolgten ihre wirtschaftlichen Interessen in Distanz zu Israel und den USA. Sie entwickelten eine prekäre Machtbalancepolitik, die aus der Situation des Schwachen und unter dem Druck zweier Mächtekonstellationen auch eine gewisse Doppelzüngigkeit mit sich brachte. Westeuropa, das ohnehin nicht mit einer Stimme sprach, sprach nun mit ‚mehreren doppelten Zungen'. Distanz und Unaufrichtigkeit schlichen sich in die Allianzbeziehungen ein. Die Europapolitik der USA verlor an Eigenwert und erfuhr statt dessen ihre Funktionsbestimmung im Zuschnitt auf die amerikanisch-sowjetischen Beziehungen.

Die Diplomatie der Nixon-Kissinger-Administration gegenüber den Staaten Westeuropas diente in der Anfangsphase bis 1972 dazu, die Entspannungspolitik von amerikanisch-westeuropäischen Störungen freizuhalten und aufkommendes Mißtrauen der Europäer gegenüber dem amerikanisch-sowjetischen Bilateralismus zu entkräften. Dieser „Valium-Charakter" in der amerikanischen Europapolitik war bis 1971 unübersehbar, wurde dann aber durch die Nixon-Schocks abrupt unterbrochen. Ökonomische Zwänge und eine grundsätzlich neue globale Perspektive der USA traten in den Vordergrund. Die

Rücksichtnahme auf europäische Interessen wurde geringer. Statt dessen wurde das Interesse der USA nicht mehr bündnispolitisch zentriert, sondern global mit neuen entspannungspolitischen Gewichten versehen, die die alten Allianzgewichte verminderten. Das westeuropäische System verlor seine amerikanische Zentrierung. Westeuropa suchte statt atlantischer Solidarität verstärkt nach europäischer Identität, wobei es nicht ausbleiben konnte, daß Westeuropa sich als Ganzes und mit unterschiedlicher Intensität der Einzelstaaten gegen die amerikanische Vormachtstellung auflehnte, gleichzeitig jedoch den strategisch-militärischen Schutz der USA benötigte, womit die Unabhängigkeitsbestrebungen begrenzt bleiben mußten.

Aber auch den amerikanischen Interessen wurden neue Grenzen gesetzt: In der Anfangsphase der Ostpolitik warteten die USA auf der Ersatzbank. Bei den wirtschaftspolitischen Konflikten mit den Westeuropäern konnten die USA ihre maximalen Ziele nicht erreichen, sondern mußten den Westeuropäern kooperativ entgegenkommen. Im Verlauf der Energiekrisenpolitik zeigten die Westeuropäer eine amerika-distanzierte Position und betrieben eine prekäre Machtbalancepolitik zwischen den USA und den OPEC-Staaten. Die sicherheitspolitische Abhängigkeit Westeuropas von den USA verlor als Garantie für Vormacht und Kontrolle an Wirkung. Die These, daß die Nixon-Kissinger-Administration diesen Prozeß mit ihrer Détente-Politik gegenüber der Sowjetunion und der VR China selbst auslöste, weil sie das militärische Risiko auch für Europa verringerte, ist nur begrenzt richtig. Im Verlauf der Ostpolitik der Bundesrepublik wuchs in Westeuropa die Erkenntnis, daß Sicherheit weniger militärstrategisch und bündnispolitisch angelegt, sondern vielmehr durch Entspannungsdiplomatie gegenüber der Sowjetunion ergänzt werden muß.

5. Die Nahostpolitik

Es war logisch, daß die globale Ost-West-Konfrontation im Kalten Krieg regionale Kooperationen der Supermächte weitgehend ausschloß. Es ist aber tragisch, daß zu Beginn der Bemühungen um Entspannung im Nahen Osten amerikanisch-sowjetische Lösungsversuche am arabisch-israelischen Gegensatz scheiterten. Weder die USA noch die Sowjetunion konnten ihre Partner im Nahen Osten an den Verhandlungstisch bringen. Direkte Verhandlungen zwischen Israelis und Arabern mißlangen ebenso wie der gemeinsame amerikanisch-sowjetische Versuch, auf ihre Partner im Nahen Osten Einfluß zu nehmen. Gleichzeitig drehte sich die Rüstungsspirale rapide weiter. Die USA und die Sowjetunion befürchteten wechselseitig, daß die Aufrüstungen auf der Gegenseite mit Unterstützung der rivalisierenden Supermacht die eigenen Sicherheitsinteressen und die der Partner im Nahen Osten bedrohen könnten und deshalb eigene, defensiv verstandene Maßnahmen notwendig seien.

Solange die Supermächte in dieser Angstvorstellung gefangen blieben, herrschte ein latentes Konfrontationsklima, das den Interessen radikaler Araber und intransigenter Israelis entgegenkam: Letztere hofften auf den Faktor Zeit, der der Festigung des territorialen Status quo dienlich sein würde, während Araber und Palästinenser auf Revanche warteten. Nixon hoffte, daß eine Einbeziehung der Sowjetunion in die diplomatischen Lösungsversuche im Nahen Osten sich gleichzeitig positiv für die Durchsetzung der amerikanischen Interessen in Vietnam auswirken könnte. Er befürchtete aber auch, daß eine Eskalation der lokalen Konflikte im Nahen Osten zu einer militärischen, vielleicht zu einer nuklearen Konfrontation zwischen den beiden Supermächten führen könnte.

Der gescheiterte Friedensplan von Außenminister Rogers von 1969 reflektierte die Stärken und Schwächen der amerikanischen Verhandlungssituation. Die Stärke bestand darin, daß ein amerikanisch-sowjetischer Kompromiß zeitweilig möglich schien; seine Hauptschwäche lag darin, daß die USA und die

Sowjetunion ihre regionalen Verbündeten nicht zu Verhandlungen bewegen konnten. In dem Umfang, in dem Außenminister Rogers versuchte, die amerikanische Interessenlage von einer reinen Bündnispartnersituation gegenüber Israel in eine umfassende und allseitig akzeptierte Maklerposition zu schieben, in dem Maße torpedierte Israel die amerikanische Verhandlungsinitiative. Das Scheitern des Rogers-Planes dokumentierte zudem, daß beide Supermächte an die Interessenlage ihrer Klienten gebunden blieben [12]. Mit dieser Entwicklung ging eine wachsende Aufrüstung der ägyptischen Streitkräfte einher, die durch die Präsenz sowjetischer Soldaten und Experten verstärkt wurde. Zum ersten Mal seit dem Zweiten Weltkrieg stationierte die Sowjetunion außerhalb des sozialistischen Lagers militärisches Personal.

Eine neue Qualität sowjetischer Präsenz im Nahen Osten, die Verletzung des Waffenstillstandsabkommens vom August 1970 und das sowjetische Engagement in der Jordan-Krise im September 1970 verstärkten bei der Nixon-Administration den Eindruck, daß die Politik der Sowjetunion den amerikanischen und israelischen Interessen im Nahen Osten abträglich war.

Deshalb ließ der Nahost-Konflikt weniger Raum für kooperative Lösungsmöglichkeiten auf Supermachtsebene. Der amerikanische Versuch, die eigene Diplomatie in eine überparteiliche Maklerrolle zu dirigieren, war vorerst gescheitert. Vielmehr setzten die USA jetzt auf den Ausbau der Militärhilfe für Israel. Die Sowjetunion rüstete Ägypten, Syrien und den Irak auf: In dieser Eskalationsspirale wurden die militärischen Grundlagen für den Oktober-Krieg 1973 gelegt.

Kissinger sah die militärische Auseinandersetzung zwischen den arabischen Staaten und Israel als eine Art Schmelztiegel, in dessen Hitze die Gegensätze bis zu einem gewissen Grad durch eine kluge amerikanische Diplomatie aufgeweicht werden könnten. Den Krieg als diplomatische Chance genutzt und seinen Ausgang kalkuliert mitbestimmt zu haben, um danach die USA in eine optimale Verhandlungsposition zu führen, das gehörte vermutlich zu Kissingers Meisterleistungen. So gesehen, wurde der Yom-Kippur-Krieg als Ausgangspunkt für eine neue Nahost-Politik der USA in Clausewitz'scher Tradition genutzt. Kissingers diplomatische Zurückhaltung im Nahost-Konflikt in den Jahren 1969 bis 1973, seine instinktive Auffassung, daß der Konflikt vorerst unlösbar war, hängt vielleicht auch mit seiner politischen Grundauffassung zusammen, daß in politisch festgefahrenen Situationen erst durch Krieg neue Ansatzpunkte für Verhandlungen entstehen können.

Eine weitere Lehre des Krieges bestand darin, daß gemeinsame amerikanisch-sowjetische Bemühungen um Entspannung keinerlei Garantie dafür boten, daß regionale Konflikte ausgeschaltet werden konnten. Keine der beiden Großmächte war bereit, ihre Bündnisverpflichtungen im Nahen Osten auf dem Altar der Entspannung zu opfern. So blieben die vertraglichen Kodifizierungsversuche der amerikanisch-sowjetischen Beziehungen und eine schrittweise Formalisierung der Entspannung abstrakt. Das politisch zerfurchte Terrain des Nahen Ostens war für amerikanisch-sowjetische Entspannung ungeeignet.

Auffallend bei Kissingers Schritt-für-Schritt-Diplomatie ist der Unterschied zwischen öffentlicher Formulierung und realer Substanz der amerikanischen Interessen. Kissingers Überlegungen zielten nicht darauf ab, im Verbund mit der Sowjetunion, sondern auf deren Kosten die Rolle der USA im Nahen Osten zu vergrößern. Die amerikanische Diplomatie war unter einem geostrategischen Primat angelegt. Die Souveränität, Sicherheit und Lebensfähigkeit Israels, der Zugang zu den strategisch wichtigen Rohstoffen, die Sicherung der Ölzufuhr in den Westen und eine Verschiebung der Machtbalance in der Region zugunsten der USA waren die Ziele, die in die Rhetorik des Machtgleichgewichts gehüllt waren.

Kissinger konnte die Araber davon überzeugen, daß allein die USA in der Lage sein würden, deren Ziele auf dem Verhandlungswege weiter zu verfolgen. Die Sowjetunion könne zwar Waffen liefern, aber nur die Vereinigten Staaten könnten helfen, die besetzten Territorien wieder zurückzugewinnen.

So kam es zu Veränderungen im Nahen Osten, die die Interessenlage der USA und die Situation der Region selbst stabilisierten. Schritt für Schritt konnte Henry Kissinger drei Abkommen aushandeln: Das erste Entflechtungsabkommen zwischen Ägypten und Israel vom 18. Januar 1974 und das syrisch-israelische Entflechtungsabkommen vom 31. Mai 1974.

6. Der Rückzug der USA aus Vietnam: Das Abkommen vom Januar 1973

Der Republikaner Nixon war gezwungen, einen Krieg, den seine demokratischen Vorgänger Kennedy und Johnson geführt hatten, lediglich unter dem Ziel der Wiederherstellung der innen- und außenpolitischen Handlungsfähigkeit zu beenden. Nach jahrelangen schwierigen diplomatischen Verhandlungen und nach einer beispiellosen Bombardierung Nordvietnams im Dezember 1972 kam es schließlich zur Unterzeichnung des Abkommens vom 27. 1. 1973. Das Abkommen schien dem Konzept des „Ehrenvollen Friedens" Recht zu geben. Auf den ersten Blick erfüllte es wichtige Anforderungen. Präsident Nixon betonte die Notwendigkeit der Wachsamkeit: Alle Seiten müßten das Abkommen einhalten. Skepsis und Hoffnung vermischten sich, durch ein wirtschaftspolitisches Hilfsprogramm für Nordvietnam und durch amerikanische Garantien und Hilfe für Südvietnam sollte der Status quo gehalten werden.

Nach Abschluß des Vietnam-Abkommens stand Richard Nixon auf dem Gipfel seines politischen Ansehens. Seine Außenpolitik hatte die Rolle der USA gegenüber den ehemaligen Gegnern gestärkt. Nach Jahren der innenpolitischen Polarisierung und Agonie versprach das Abkommen innen- und außenpolitische Stabilisierung. Das Konzept des „Ehrenvollen Friedens" schien sich zu verwirklichen. Aber im Abkommen vom Januar 1973 war schon der Keim der großen Niederlage vom Frühjahr 1975 enthalten: Die legalisierte Präsenz nordvietnamesischer Truppen in Südvietnam von mehr als 100 000 Mann bedeutete, daß nicht nur der politische Konflikt, sondern auch mit diesem „Trojanischen Pferd“ die militärische Auseinandersetzung vorprogrammiert war. Die politische, militärische und ideologische Entschlossenheit Nordvietnams, der eine wenig überzeugende Kampfmoral der südvietnamesischen Truppen gegenüberstand, stellte eine erste wichtige Weiche. Daß beide Seiten nach einem bestimmten Schlüssel eine ständige qualitative Erneuerung ihrer Waffen vornehmen konnten, verstärkte das Kriegsrisiko. Auch blieb unklar, nach welchen Gesichtspunkten die Kontrolle über Südvietnam zwischen den verfeindeten Gruppierungen aufgeteilt werden sollte. Nur formal und ohne klare Perspektive war angedeutet, wer nach dem Abkommen in Südvietnam die politische Macht innehaben sollte. Die Regierung Thieu erhielt gemeinsam mit den Nordvietnamesen den Auftrag, demokratisch eine langfristige friedliche Lösung für Vietnam zu finden. Dies bedeutete, daß bei Nichteinhaltung Nordvietnam ein Anlaß gegeben wurde, mit militärischen Mitteln eine politische Lösung, wie sie im Abkommen vorgeschrieben war, anzustreben. So gesehen, war das Abkommen nur ein Paravent für den Abzug der amerikanischen Truppen und für die Rücküberführung amerikanischer Kriegsgefangener aus Nordvietnam. Danach interpretierten beide Kriegsparteien in Vietnam das Abkommen zu ihrem eigenen Vorteil und schritten zur Tat.

7. Watergate

Die ansteigende Dramatik in Nixons außenpolitischer Rhetorik während der Energiekrise und die Ankündigung der höchsten Alarmbereitschaft für die amerikanischen Streitkräfte während des Yom-Kippur-Krieges im Oktober 1973 sowie Nixons Unruhe, die sich auch in vermehrten Auslandsreisen niederschlug, sind symptomatisch für eine gespielte außenpolitische Dramatik und Bewegung. Nixon versuchte, die Fassade seiner erfolgreichen Außenpolitik aufrecht zu erhalten, doch diese war zu einer substanzlosen Reisediplomatie degeneriert. Außenpolitik glich 1974 einem Potemkinschen Dorf. Watergate, das „wirkliche" Ereignis, sollte durch außenpolitische Pseudoereignisse verdrängt werden. Nixons Politik der Stärke, ehemals Rückgrat einer Diplomatie des Ausgleichs, verlor an Wirkung. Der Entspannungsimpetus wich der innenpolitischen Kritik.

Nicht ohne Respekt muß man Kissingers Versuch werten, in einer Phase rapiden Legitimations- und Autoritätsverlustes des Präsidenten die Außenpolitik von dieser Entwicklung freizumachen. Dies konnte ihm nicht vollständig gelingen, aber er verzögerte den Verfallsprozeß. Nur Außenminister Kissinger und General Haig, der die Nachfolge von Haldeman als Stabschef des Weißen Hauses übernommen hatte, konnten eine gewisse Legitimität der Nixon-Administration aufrechterhalten und ohne persönliche oder politische Autoritätseinbußen die Zeit nach 1974 überleben.

Nixons Außenpolitik schien darauf hinzudeuten, daß er seinen alten militanten Anti-Kommunismus der fünfziger Jahre völlig überwunden hatte. Doch diese Sicht der Dinge verdeckt die Ambivalenzen von Nixons politischer Grundeinstellung. Im Grunde blieb Richard Nixon ein unsicherer Mann. Die Betonung von Pflicht und Würde sollte dies verdecken, wirkte aber starr und maskenhaft. Das ist der Grund, warum auch angenehme Charakterzüge bei Nixon selten sichtbar wurden. Was sind die Gründe, daß Nixon im Watergate-Skandal schuldig wurde, sich selbst aber als unschuldig betrachtete?

Eine der Ursachen kann man als „Caracas-Syndrom" bezeichnen: Nixons Anti-Kommunismus war in nicht unbeträchtlichem Maße 1958 durch seine Reise als Vizepräsident nach Lateinamerika geprägt worden. Nixon geriet bei militanten Massendemonstrationen gegen seinen Besuch in Lebensgefahr und glaubte an eine kommunistische Verschwörung: „Dieser kommunistische Pöbel wollte mich umbringen. Da zeigte sich der Kommunismus, wie er wirklich ist", erklärte er. Dieses Anti-Kommunismus-Syndrom, das bei Nixon eingekapselt schien, sprang aber unter dem Druck der innenpolitischen Unruhen in den USA zu Beginn der siebziger Jahre wieder auf. Nixon glaubte tatsächlich, daß die Massendemonstrationen in den USA gegen seine Vietnam- und Kambodscha-Politik von Kommunisten durchsetzt war. Nixon sah in den Demonstrationen an den amerikanischen Universitäten und in den gewaltsamen Auseinandersetzungen eine Parallele zu den Ereignissen in Caracas 1958.

Die zweite Ursache für Watergate läßt sich als „Hiss-Syndrom" umschreiben. Alger Hiss war ein angesehener Politiker, der unter Präsident F. D. Roosevelt auf der Yalta-Konferenz teilnahm und als Generalsekretär auf der Gründungskonferenz der UNO tätig war. Nixon, Mitglied des Ausschusses für unamerikanische Umtriebe, trug entscheidend dazu bei, daß Hiss, scheinbar wegen kommunistischer Spionage überführt, 1950 zu fünf Jahren Gefängnis verurteilt wurde. Kommunismus war somit für Nixon auch als individuelle Konspiration und als Gefahr der Unterwanderung der amerikanischen Institutionen gefährlich. Insbesondere Idealisten und Liberale waren hierfür seiner Auffassung nach anfällig.

In Männern wie Daniel Ellsberg, einem Vietnam-Experten und führenden Kritiker seiner Vietnam-Politik, sah Nixon fehlgeleitete Idealisten wie z. B. Hiss. Daniel Ellsberg sollte nach dem Vorbild von Alger Hiss der kommunistischen Verschwörung überführt werden. So gesehen, dienten nach Nixons Auffassung alle illegalen Maßnahmen einer demokratischen Sache. Wie schon zu Beginn der fünfziger Jahre schien die Demokratische Partei blind für die neuen innenpolitischen Gefahren des Kommunismus. Damit war für den Einbruch in das Hauptquartier der Demokratischen Partei im Watergate-Hotel das entscheidende Motiv gegeben.

Richard Nixon wurde aber von seinem Caracas- und Hiss-Syndrom in einer Zeit eingeholt, in der die Nation über seine Vietnam-Politik ebenso verwirrt war wie er über die Formen und Inhalte des Protests gegen den Vietnam-Krieg. Es gab kein psychologisches Klima in den USA für ein Wiederaufleben des

McCarthyismus. Diese Maßstäbe und Methoden der fünfziger Jahre waren antiquiert, der Anti-Kommunismus griff nicht mehr, Nixons Konspirationstheorie und seine Versuche, Angst vor einer innenpolitischen kommunistischen Gefahr zu schüren, waren angesichts der völligen Bedeutungslosigkeit kommunistischer Gruppen in den USA absurd. Es ist nicht ohne Tragik für Nixon und Amerika, daß der Präsident von einer Vergangenheit eingeholt wurde, die endgültig überwunden schien, nun aber das Ende seiner Administration einleitete. So gesehen, war Nixon seit Beginn seiner Amtszeit ein Minderheitspräsident. Eine paradoxe Entwicklung setzte ein, bei der Ursache und Wirkung auf den Kopf gestellt wurden: Nixon verhielt sich gegenüber seinen Gegnern so, wie er glaubte, daß sich die Gegner ihm gegenüber verhalten würden: konspirativ und ohne Rechtsverständnis. Nur so konnte er durch die eigenen Taten seine schlimmsten Vorstellungen und Erwartungen verwirklichen.

Aber Watergate zeigte die Grenzen der Usurpation des Präsidentenamtes, die Stärke der Rechtsstaatlichkeit und die Macht der öffentlichen Meinung im politischen Leben der USA. Nixon fehlte ein konstruktiver geistiger Kompaß, der, über die Klippen von globalem Anti-Kommunismus und Neoisolationismus hinaus, einen außenpolitischen Weg hätte weisen können. Es war tragisch für Nixon und Amerika, daß er die internationale Politik beherrschte, aber es nie verstand, sein Land zu regieren.

Vielleicht werden die Schatten von Watergate in der historischen Distanz schwinden. Aber die Auswirkungen von Watergate reduzierten Nixons Außenpolitik zum Torso, zum brillantesten Torso der amerikanischen Nachkriegsgeschichte.

IV

Die Außenpolitik der Regierung Ford/Kissinger

Gerald Ford war als 39. Präsident eine integre Persönlichkeit. Zeit und Umstände seines Amtsantritts am 9. August 1974 stellten ihn vor schwere Aufgaben, denn Nixons Erbe war komplex: Das Land befand sich zwar nicht im Schockzustand wie nach Kennedys Tod, aber wegen des Mißbrauchs der präsidentiellen Macht in der Watergate-Affäre war das Präsidentenamt an einem Tiefpunkt des öffentlichen Ansehens angelangt.

Zwei wichtige Punkte traten deutlich zutage: Unter Präsident Ford wurde Kissingers außenpolitische Bedeutung „allmächtig“: In der Doppelrolle als Außenminister und Nationaler Sicherheitsberater war er praktisch zum außenpolitischen Präsidenten geworden. Hatte man mit dem Rücktritt Nixons das Problem der „imperialen Präsidentschaft“ gelöst, so war nun das Problem eines „allmächtigen Außenministers“ entstanden. Zusätzlich geriet die Entspannungspolitik in das innenpolitische Kreuzfeuer: Nixon und Kissinger hätten einen Niedergang militärischer Stärke zugelassen, sie hätten kein Gespür für die Menschenrechte in der amerikanischen Außenpolitik entwickelt, die Entspannungspolitik mit der Sowjetunion hätte keine befriedigenden Ergebnisse für die USA gebracht, andere Probleme wären vernachlässigt worden.

Gerald Ford erschien als machtloser Verwalter einer politischen Konkursmasse: Der Kongreß beschnitt durch die War-Power-Resolution von 1973 seine außenpolitischen Befugnisse. Die öffentliche Meinung verfolgte mit Mißtrauen eine Entspannungspolitik, die wegen ausbleibender Erfolge und „unamerikanischer“ Durchführung nie zu einer Herzensangelegenheit der Amerikaner wurde. Sie wurde von Außenminister Kissinger fortgesetzt, konnte aber vom Präsidenten, der bei Regierungsantritt bescheiden von sich gesagt hatte, er sei kein Lincoln, sondern nur ein Ford, kaum durchschaut, geschweige denn erneuert werden. Wenn Ford schließlich im März 1976 erklärte, er werde den Begriff ‚Détente' fallen lassen, so signalisierte dies eine tiefe Enttäuschung über den außenpolitischen Machtverfall der USA. Gleichzeitig verbuchte die Sowjetunion im Namen der Entspannung für sich Gewinne.

1. Der Zusammenbruch von Südvietnam

In Vietnam und Angola zeigte sich die Mischung von Neo-Isolationismus und Mißtrauen des Kongresses gegenüber der Exekutive. Das Abkommen vom Januar 1973 war zwar keine Garantie – weder für südvietnamesisches Überleben noch für nordvietnamesischen Sieg. Aber nur solange die USA militärische und wirtschaftliche Hilfe leisten und Nordvietnam vor einem Angriff abschrecken konnten, bestand eine Chance, daß Südvietnam wieder zu Kräften käme. Aber die Entwicklung war nicht günstig. Von 1973 bis Anfang 1975 fanden mehr als 100 000 Soldaten und Zivilisten den Tod in Südvietnam. Der Krieg ging mit unverminderter Härte weiter. Die politischen Verhandlungen in Paris und Saigon stagnierten bzw. reflektierten nur die Feindseligkeiten der vietnamesischen Parteien. Als die amerikanische Regierung die Militärhilfe von 2,3 Mrd. Dollar (1973) aufgrund der Kürzungen des Kongresses auf 500 Millionen im Jahre 1975 senken mußte, verschlechterte sich die Lage in Südvietnam rapide. Die Wirtschaftshilfe, ca. 600 Mill. Dollar pro Jahr, wurde durch eine galoppierende Inflation von nahezu 90 % aufgesogen. Militärisch verfolgte Thieu – ungeachtet der Richtlinien des Abkommens – eine aggressive Strategie, um den Vietcong zu vernichten. Diese Strategie zeigte bis 1974 Erfolge. An der Jahreswende 1974/75 soll die Regierung Thieu ca. 90 % des Gebietes und der Bevölkerung Südvietnams unter Kontrolle gehalten haben. Bei der nordvietnamesischen

Offensive 1975 wurde deutlich, daß die militärische Stabilität des Thieu-Regimes aber nur waffentechnisch bestand. Der Mangel an Kampfmoral wurde offenkundig.

Außenpolitische Ohnmacht und innenpolitische Machtlosigkeit der Regierung Ford sowie eine Verschlechterung der Lage in Südvietnam führten zum Umsturz im April 1975. Der Kongreß hatte die außenpolitischen Verpflichtungen und die Wirtschaftshilfe der USA gegenüber Südvietnam radikal zusammengestrichen. So mußte die Androhung von Sanktionen der Regierung Ford gegenüber Nordvietnam hohl erscheinen. Ford hatte weder militärisch noch ökonomisch angemessene Handlungsfreiheit, um in Südostasien einzugreifen, nachdem auch mit der War-Power-Resolution vom November 1973 dem Präsidenten vom Kongreß untersagt worden war, amerikanische Truppen für einen längeren Zeitraum einzusetzen. Die außenpolitische Macht des Präsidenten glich somit einem Adler mit gestutzten Flügeln und stumpfen Klauen.

Als Außenminister Kissinger gegenüber dem sowjetischen Botschafter die sowjetische Unterstützung für Nordvietnam kritisierte und vor einer Eskalation der Lage in Südvietnam warnte, antwortete Dobrynin, Kissinger solle sich passenderweise mit seiner Kritik an Senator Fulbright – einen der neo-isolationistischen Wortführer im Kongreß – halten. Neue Erfolge des Vietcong und Nordvietnams beruhten also primär auf Versäumnissen des Kongresses, der die außenpolitische Macht der Präsidenten Nixon und Ford radikal beschnitt. Der Grund für diese Entwicklung lag nicht in einer angeblich illusionären Entspannungspolitik der Nixon/Kissinger-Außenpolitik, sondern die Watergate-Affäre führte dazu, daß selbst vernünftige außenpolitische Kritik in einen umfassenden politischen und moralischen Sog geriet.

2. Angola

Es war vor allem die massive sowjetisch-kubanische Intervention in Angola, die die Entspannungspolitik 1976 zum Stillstand brachte. Diese Entwicklung war nicht zwingend, war doch die amerikanische Unterstützung für die FNLA ebenso minimal wie die sowjetische für die MPLA. Es war denkbar, daß in der Hochzeit amerikanisch-sowjetischer Entspannung beide Seiten darum bemüht waren, ihre Beziehungen nicht durch Randprobleme stören zu wollen. Als aber im April 1974 das Regime Cetano in Portugal gestürzt und Angola für November 1975 Unabhängigkeit zugesagt wurde, eskalierten die Ereignisse: Nicht die USA oder die Sowjetunion, sondern die VR China machte im Frühjahr 1974 durch massive Unterstützung die FNLA zur stärksten Befreiungsbewegung. Sino-sowjetische Rivalität und der sowjetische Verdacht einer amerikanisch-chinesischen Komplizenschaft in Angola führten dazu, daß in der Folge die Militärhilfe der Sowjetunion für die MPLA massiv auf 400 Mill. Dollar bis zum Februar 1976 anstieg. Seit Beginn der sowjetischen Waffenlieferungen und der Entsendung von kubanischen Soldaten und Beratern gewann die MPLA in Angola an Boden. Sollten die USA Angola, das wertvollste Erbstück des kolonialen Nachlasses der Portugiesen, mit Diamanten- und Eisenvorkommen, aufgeben? Sollten die USA Angola, das wegen seiner Lage ein ideales Aufmarschgebiet für weitere Aktivitäten in Afrika darstellte, dem sowjetischen Einfluß reaktionslos zufallen lassen?

Henry Kissinger sah die Ereignisse in Angola durchaus unter einer globalen Perspektive: In einer Region, in der die Sowjetunion bisher keinen Einfluß besaß, mußten die USA, gerade auf dem Hintergrund des Vietnam-Debakels, kommunistisches Vordringen vereiteln. Schon seit 1960 hatten die Sowjets die MPLA bis 1974 mit ca. 27 Mill. Dollar unterstützt. Allein zwischen März und Juli 1975 hatten sie dann Waffen im Wert von 20–25 Mill. Dollar an die MPLA geliefert. Gleichzeitig unterstützte die Sowjetunion nach der Revolution in Portugal die dortige Kommunistische Partei. Kissinger befürchtete, daß ohne eine amerikanische Politik der Stärke die Sowjetunion in Portugal und in Angola neuen Einfluß gewinnen könnte. Seine Bemerkung gegenüber dem portugiesischen Sozialistenführer Soares („Ich glaube an Ihre Aufrichtigkeit, aber Sie sind naiv, Sie sind ein Kerenski") zeigt Kissingers Furcht vor neuen kommunistischen Revolutionen. Dies war paradox und doch logisch: Paradox im Verhältnis zu den beiden anderen Großmächten, insbesondere gegenüber der Sowjetunion, weil die USA nicht sterilen Anti-Kommunismus, sondern nüchterne Interessenpolitik praktizierten. Mit Blick auf Angola, Portugal, Spanien und Chile wurde das Gespenst kommunistischer Machtübernahme an die Wand gemalt. Auch in Italien und Frankreich fürchtete Kissinger das Phänomen des Euro-Kommunismus, der den Marsch durch die Institutionen in der NATO antreten würde. Erst auf diesem Hintergrund erhält Kissingers Sorge über das kubanische und sowjetische Eingreifen in Angola deutlichere Konturen; sie blieben jedoch Chimären.

Andererseits entbehrte Kissingers Furcht nicht der Logik, denn die Sowjetunion hatte ja gezeigt, daß sie Entspannungspolitik nicht im amerikanischen Sinne der außenpolitischen Machtbegrenzung verstand. Ganz im Gegenteil: Détente als Element der friedlichen Koexistenz bedeutete lediglich, daß die Form der Auseinandersetzung sich verlagert hatte. Der Imperativ der ideologischen Gegensätzlichkeit und der machtpolitischen Konkurrenz blieb jedoch ungebrochen. Es wurde in der amerikanischen Regierung auch eine umgekehrte Schlußfolgerung aus Vietnam gezogen: Die USA sollten sich aus dem Bürgerkrieg in Angola heraushalten. Kissinger hingegen befürwortete amerikanisches Eingreifen. Seine öffentliche Kritik am sowjetischen und kubanischen Vorgehen erhöhte zudem das Risiko, daß die Sowjetunion den Entspannungsdialog, zum Beispiel bei SALT II, abbrechen würde. Außerdem bestärkte die Regierung Ford durch ihre harte Kritik an der Angola-Politik der Sowjetunion die eigene Bevölkerung in ihrem Glauben, daß es mit der Entspannung nicht so weit her sein könne.

Kissinger versuchte einen Kurs der Mitte: Kein direktes und öffentliches Eingreifen der USA, sondern verdeckte Unterstützung der FNLA und UNITA durch die CIA. So hoffte Kissinger, die öffentliche Aufmerksamkeit gering zu halten, gleichzeitig aber eine Machtübernahme durch die von den Sowjets und Kubanern unterstützte MPLA verhindern zu können. Er drohte der sowjetischen Führung im November und Dezember 1975, daß die USA das sowjetische Eingreifen weit außerhalb der regionalen Interessensphären der Sowjetunion nicht hinnehmen werden.

Die Sowjetunion war wenig beeindruckt. Sie erhöhte ihre Waffenlieferungen, und mit Hilfe der Kubaner konnte die MPLA den Bürgerkrieg gewinnen. Als Kissinger vom Kongreß eine Steigerung der Militärhilfe für UNITA und FNLA forderte, lehnte der Kongreß ab. Nach einer kurzen Pause der Einstellung der Versorgungsflüge für Angola steigerte dann die Sowjetunion ihre Hilfe ab Januar 1976 rapide. Kissingers vernichtende Niederlage im Kongreß hatte – wie im Fall Vietnam – zu einer weiteren Steigerung der sowjetischen Militärhilfe geführt.

Während Kissinger aus globalen Gleichgewichtsüberlegungen die Sowjetunion vor einem Eingreifen abhalten wollte, kam der Kongreß zu einer gegenteiligen Schlußfolgerung: Wie schon Vietnam, so zeigte auch Angola, daß amerikanische Hilfe nichts auszurichten vermag, wenn die politischen Interessen der USA und des Westens nicht eindeutig auszumachen sind. Kissinger wurde in seinem eigenen Entspannungsnetz gefangen: Er hatte es versäumt – wie schon Johnson –, die Öffentlichkeit und den Kongreß rechtzeitig über die Lage in Angola deutlich zu informieren. Wieder wurden Kongreß und öffentliche Meinung von Geheimdienstenthüllungen überrascht. Damit stieg nicht Vertrauen, sondern Mißtrauen. Kissinger, der brillante Außenpolitiker, hatte ein weiteres Beispiel für seine Unfähigkeit geliefert, seine Außenpolitik innenpolitisch angemessen abzustützen. Es gab Anzeichen, daß der Kongreß die Einmischung Kubas in Afrika nicht dulden würde. Aber der Kongreß wollte das Übel bei der Wurzel packen: Die Sowjetunion sollte getroffen werden. Kissinger hingegen war nicht bereit, SALT und die Handelsbeziehungen, insbesondere die Getreideverkäufe an die Sowjetunion, als Druckmittel gegen kubanisch-sowjetische Intervention in Angola einzusetzen. Als Kissinger schließlich bei seinem Besuch in Moskau im Januar 1976 versuchte, amerikanische Kompromisse bei SALT mit sowjetischen Zugeständnissen in Angola zu verbinden, scheiterte er. Die sowjetische Führung wollte nur über SALT verhandeln und lehnte Kissingers Ansinnen kategorisch ab. Kissingers Versuch, die amerikanisch-sowjetische Entspannung auf Kosten Angolas zu schonen, war ebenso gescheitert wie die amerikanische Angola-Politik selbst. Kissinger sah die Ursachen im Autoritätsverlust der amerikanischen Regierung. Weil die Fähigkeit verloren gegangen war, Anreize oder Vergeltungsfähigkeit zu zeigen, wurden die Sowjets in Angola aktiv[1].

Aber dies ist nicht die ganze Geschichte: Gegen die Empfehlung der Experten im Außenministerium hatte Kissinger auf direkten Waffenlieferungen an die FNLA und UNITA sowie auf indirekter Militärhilfe über Zaire und Sambia bestanden. Dazu wurden Präsident Mobutu, Zaire, und Präsident Kaunda, Sambia, durch die amerikanische Intervention indirekt in ihrer Stellung als afrikanische Politiker gefährdet. Kissinger hatte Vorschläge seiner Mitarbeiter, über die OAU oder die UNO eine politische Kompromißlösung zu suchen, abgelehnt und auf eine militärische Lösung mit Hilfe von Südafrika gesetzt. Auch schien er beim Besuch von Präsident Ford in Peking im November 1975 auf eine amerikanisch-chinesisch-südafrikanische Allianz in Angola zu hoffen. Die massive Hilfe der Sowjetunion von ca. 400 Mill. Dollar und die Präsenz von 12 000 kubanischen Soldaten brachten am Ende die Entscheidung. Nicht durch freie Wahlen, wie ursprünglich geplant, sondern durch militärischen Sieg wurde schließlich am 10. Februar 1976 die MPLA-Regierung als legitimer Vertreter Angolas anerkannt.

Die Regierung Ford/Kissinger war nicht in der Lage, eine regionale und realistische Überprüfung der Situation, vor allem der drei afrikanischen Befreiungsbewegungen, vorzunehmen. Durch Kissingers geopolitische Manie wurde die MPLA voreilig zu einem Handlanger der Sowjetunion abgestempelt und eine voreilige Unterstützung der FNLP und UNITA beschlossen. Amerikas Prestige sollte demonstriert, gleichzeitig die Sowjetunion geschont werden. Kissinger hatte sich in Angola zwischen alle Stühle gesetzt.

Das Debakel in Angola hatte aber auch eine positive Auswirkung: Die Regierung Ford/Kissinger suchte ab Februar 1976 nach neuen Wegen in der Afrika-Politik. Statt globaler Konfrontation mit der Sowjetunion besann sich Kissinger nun auf regionale Kooperation. Im April 1976 reiste er nach Afrika. Seine Rede vom 27. April in Lusaka, Sambia, war von Aufgeschlossenheit und Kompromißbereitschaft gekennzeichnet. Kissinger gestand indirekt ein, daß seine Interventionspolitik in Angola kein Beispiel für eine langfristige Afrika-Politik war. Statt dessen trat er für raschen Übergang zur schwarzen Herrschaft in Rhodesien und Südwestafrika sowie für eine Beendigung der Apartheid in Südafrika ein. Damit machte er deutlich, daß die USA mit Weißen und Schwarzen im südlichen Afrika verhandeln können und daß die USA sich für gemäßigte schwarze Regierungen einsetzen. Rhodesien und Namibia waren die vorangezogenen Krisenzonen. Nach dem Sieg der MPLA in Angola wuchs die Gefahr, daß Angola die SWAPO im Guerilla-Krieg in Namibia unterstützen würde.

Kissingers diplomatische Initiativen blieben aus zwei Gründen ohne Wirkung: Ihm blieb zu wenig Zeit, um grundlegenden Wandel und eine Lösung der Probleme zu erreichen. Zudem war Kissinger bei der Frage der Einbeziehung der Befreiungsbewegungen in die Verhandlungen zu zögerlich. Zwar bekannte er sich rhetorisch zum revolutionären Erbe der USA und wurde nicht müde, Amerikas Gründungsgeschichte als beispielhaft für kolonialen Befreiungskrieg darzustellen, aber die schwarzen Befreiungsbewegungen blieben ihm – und er blieb ihnen – suspekt. Kissinger erkannte sie zu wenig als genuine afrikanische Faktoren nationaler Unabhängigkeitspolitik. Aber er schien von der alten Form militärischer Intervention in der Dritten Welt abzurücken. Er hatte vermutlich erkannt, daß die Politik in Afrika, Lateinamerika und in Asien nicht nur auf dem Schachbrett der globalen Ost-West-Konfrontation gespielt werden durfte, sondern daß auch die besonderen lokalen und regionalen Bedingungen berücksichtigt werden müßten. Kissingers Ansatz für eine neue Afrika-Politik stand gewissermaßen in der Tradition von Kennedys Allianz für den Fortschritt in Lateinamerika. Die sowjetische Gefahr blieb bestehen, aber es schien vorteilhafter, wenn man präventiv die neuen revolutionären Kräfte politisch und ökonomisch stützen und vielleicht vor kommunistischem Zugriff immunisieren könnte [2].

Trotzdem kann man sich des Eindrucks nicht erwehren, daß außerhalb des Großmachtdreiecks USA – Sowjetunion – VR China und außerhalb des Bündnisdreiecks USA – Westeuropa – Japan Kissinger mit Blick auf die Probleme der Dritten und Vierten Welt unüberlegt und aus dem Stegreif handelte. Ihm fehlte die sichere Hand und die Geduld für die regionalen Probleme. Präsident Ford besaß nicht den außenpolitischen Instinkt seines Vorgängers. Unter Präsident Ford war Kissinger nicht mehr – wie mit Präsident Nixon – den Entwicklungen voraus, sondern er hinkte ihnen hinterher.

3. Die Fortsetzung der SALT-Verhandlungen

Viele Amerikaner hatten den Eindruck gewonnen, Kissingers Entspannungspolitik verabreiche der Sowjetunion im voraus Belohnungen für einen Wandel in ihrem Verhalten, den wirklich zu vollziehen sie gar nicht die Absicht hatte. Statt dessen rüsteten die Sowjets massiv auf, um die Vereinigten Staaten zu überrunden, während sich die USA großzügig zeigten. Diese Einschätzung war sicherlich nicht völlig zutreffend, aber der äußere Anschein sprach für sich. Das Ende der Entspannungspolitik war damit näher gerückt. Kissinger hatte sich somit in ein entspannungspolitisches Netz eingestrickt, das den Entwicklungen nicht mehr entsprach. Auch bei den SALT-Verhandlungen wurde dies deutlich, denn die Sowjetunion hatte vermutlich früher, als Kissinger es realisierte, ihr Interesse an einem SALT-Kompromiß verloren.

Auf dem amerikanisch-sowjetischen Gipfeltreffen in Wladiwostok im November 1974 konnte man sich zunächst über einige Eckdaten für ein Abkommen einigen. Für beide Seiten wurden die Höchstgrenzen auf 2400 Flugkörper festgelegt. Davon sollten 1320 mit Mehrfachsprengköpfen ausgerüstet werden dürfen.

Die innenpolitische Kritik an dieser Übereinkunft konzentrierte sich auf zwei Aspekte: Zum einen wurde die Höchstgrenze von 2400 für zu hoch gehalten, zum zweiten befürchtete man, daß bei 1320 Flugkörpern mit Mehrfachsprengköpfen wegen der größeren Nuklearkapazität der sowjetischen Raketen die amerikanischen landgeschützten Minuteman-Raketen verwundbar werden könnten, sobald die Sowjetunion ihr MIRV-Programm abgeschlossen haben sollte. Die USA fürchteten um ihre Zweitschlagskapazität. Außerdem fielen die weiteren Verhandlungen in eine Zeit, in der der Kongreß als Folge von Watergate, Vietnam, Angola und der ansteigenden sowjetischen Schikanen gegenüber auswanderungswilligen Juden prinzipiell die Entspannungspolitik mit Argwohn betrachtete. Dabei war nicht immer klar, ob der Kongreß der eigenen oder der sowjetischen Regierung mehr mißtraute.

Am 11. Januar 1975 annullierte die sowjetische Regierung das amerikanisch-sowjetische Handelsabkommen von 1972. Die Forderung des Kongresses, daß die Sowjetunion nur dann in den Genuß der Meistbegünstigungsklausel komme, wenn sie den Forderungen des Kongresses nach festen und öffentlichen Garantien für die Menschenrechte entspreche, war für die Sowjetunion nicht tragbar. Dies bedeutete nicht – wie Henry Kissinger betonte –, lediglich einen Rückschlag, sondern beeinflußte das sowjetische Verhalten grundsätzlich: Es war der Auftakt zur entspannungspolitischen Wende. Die Sowjetunion war zu der Erkenntnis gekommen, daß die außenpolitische

Vorstellung von Ford und Kissinger gegenüber einem moralisierenden und neo-isolationistisch argumentierenden Kongreß nicht mehr durchzusetzen war. Eine kalkulierbare und ausgewogene Entspannungspolitik der USA war nicht mehr zu verwirklichen.

Im Januar 1976 suchte Kissinger in Moskau eine letzte Verhandlungschance. Er gestand der Sowjetunion Backfire-Bomber zu, dafür würden die USA ihre mit Marschflugkörpern ausgerüsteten Bomber in die Unterbegrenzung von 1320 MIRV-Waffen einbeziehen. Die Sowjets lehnten ab. Kissinger schlug dann vor, daß die Sowjets bis 1981 sich auf 275 Backfire-Bomber beschränken sollten, während die USA nur Marschflugkörper kurzer Reichweite auf U-Booten dislozieren würden. Dazu forderte Kissinger eine zehnprozentige Reduzierung der Obergrenzen von 2400 Abschußrampen. Kissinger konnte diese Vorstellungen jedoch innenpolitisch nicht durchsetzen. Sowjetische Unnachgiebigkeit bei den SALT-Verhandlungen, aber auch interne Kritik ließen Kissingers Kernstück der Entspannung scheitern. Zwar scheiterte SALT im engeren Sinne an der sowjetischen Weigerung, den Backfire-Bomber, und an der amerikanischen Weigerung, die Marschflugkörper in SALT einzubeziehen, jedoch ging es um mehr: SALT war auch ein Opfer der politischen Rahmenbedingungen geworden. Wenn die Entspannungspolitik an allen Fronten zum Stillstand kam, wenn die Sowjetunion militärisch und politisch weiter ausgriff, wie sollten dann SALT-Verhandlungen zum Erfolg gebracht werden?

SALT glich während der Regierung Ford/Kissinger einem Perpetuum mobile der Entspannung. Es bewegte nichts, nur sich selbst. Die Haltung des Kongresses war jedoch widersprüchlich: Einerseits übte er heftige Kritik an den SALT-Verhandlungen, tat jedoch andererseits nichts, um der wachsenden militärischen Stärke der Sowjetunion entgegenzuwirken, aber alles, um amerikanische Programme zu stoppen oder zu verzögern, wie beim B-1-Bomber, beim Trident-Atom-U-Boot, bei der MX-Rakete und beim Marschflugkörper-Programm. Noch

1975 kürzte der Kongreß den Militärhaushalt um 7 Mrd. Dollar, nachdem längst offenkundig geworden war, daß die Sowjetunion sich anschickte, zur Erde, zu Land und zur See strategisch sowie konventionell einen enormen Rüstungsschub zu verwirklichen. Der Kongreß trug die Hauptschuld am außenpolitischen Machtverfall der USA in den siebziger Jahren.

Es war tragisch, daß Ford, der, wie sein Vorgänger Nixon, nur Parität suchte, die Unterstützung des Kongresses für militärpolitische Programme verlor, als bereits die Spatzen von den Dächern pfiffen, daß die Sowjetunion militärisch mächtig ausholte. Während die USA als neue Waffen nur die Minuteman III mit Mehrfachsprengköpfen und die Langstreckenrakete Poseidon für U-Boote aufstellte, brachte die Sowjetunion 8 neue oder modernisierte Langstreckentypen, 2 neue SLBMs und den Backfire-Bomber in Stellung.

Während die USA von 1970 bis 1977 ihre Landtruppen um 207000 Mann verringerten, wurden die sowjetischen Truppen um weitere 262000 Mann erweitert. Die sowjetische Marine war 1976 in einer enormen Aufbauphase. Während der prozentuale Anteil des Verteidigungshaushaltes der USA am Bruttosozialprodukt von 8,2 % 1970 auf 5,2 % 1977 fiel, die realen Kosten dabei um ca. 4,5 % sanken, stiegen die sowjetischen Kosten jährlich im gleichen Zeitraum um ca. 3 % bei einem Anteil von 11–13 % am Bruttosozialprodukt[3]. So geriet Präsident Ford im Wahljahr 1976 unter kritischen Beschuß von zwei Seiten. Kissingers Entspannungspolitik brannte 1976, einer Kerze gleich, an zwei Enden gleichzeitig ab: Während Jimmy Carter die Außenpolitik von Ford als unmoralische Machtpolitik diffamierte, erklärte Fords innerparteilicher Herausforderer, Ronald Reagan, daß unter Kissinger und Ford die USA zur Nummer 2 in der Welt abgesunken seien. In der Tat war der Anteil der Verteidigungsausgaben am Gesamthaushalt der Regierung von 40,8 % 1970 auf 24,3 % 1977 herabgesunken (hierbei muß man allerdings den Abbau des militärischen Engagements der USA in Südvietnam berücksichtigen), auf den geringsten Anteil seit dem Zweiten Weltkrieg.

Dahinter stand eine fragwürdige Kalkulation. Kissinger erkannte, daß der monolithische Charakter der kommunistischen Welt einer Fragmentarisierung gewichen war und besonders die sino-sowjetischen Spannungen verhandlungspolitische Vorteile für die USA boten. Aber Kissingers Hypothese, daß die Sowjetunion ihre eigenen Verbündeten, wie Nordvietnam, zur Mäßigung anhalten könne, war eine Fehlkalkulation. Der folgenschwerste Irrtum lag in der Annahme, die Sowjetunion würde außenpolitische Zurückhaltung einhalten. Das Gegenteil trat ein: Die Sowjetunion tolerierte den ägyptischen Überraschungsangriff im Oktober 1973 auf Israel, ohne die USA vorab zu warnen, wie es die Grundsatzvereinbarungen von 1972 und 1973 verlangt hätten. Die Sowjetunion unterstützte die portugiesische KP in der Hoffnung auf einen kommunistischen Sieg nach der Revolution von 1974. Die Sowjetunion steigerte ihre militärische Unterstützung für Nordvietnam, als amerikanische Hilfe für Südvietnam vom Kongreß radikal beschnitten wurde, und schaffte damit die Grundlage für Sieg in Südvietnam 1975. Die Sowjetunion unterstützte die MPLA und kubanische Truppen in Angola, um ihren Einfluß in Afrika auszudehnen. Die sowjetische Regierung verschärfte ihre Unterdrückungspolitik gegenüber Dissidenten und ausreisewilligen Juden ab 1975 erheblich.

Was aber erreichten die USA durch die Politik der Entspannung? Präsident Nixon brachte die USA vom Rande der außenpolitischen Schwäche und Ohnmacht in eine überlegene Position, solange die Sowjetunion in einem gewissen Umfang an Kooperation interessiert war. Sie zeigte außenpolitische Zurückhaltung bis 1972. Wenn Nixon drohte oder militärische Stärke anzeigte, wich die Sowjetunion zurück, wie die Ereignisse von 1970 bis 1972 zeigten. Der Fehler von Ford und Kissinger war, daß die Ergebnisse dieser kurzen Phase der erfolgreichen Eindämmung verallgemeinert wurden. Dies führte zu Wunschdenken. Die bewältigten Krisen wurden nicht einzeln für sich, sondern als allgemeingültige Zustimmung der Sowjetunion gewertet, von nun an außenpolitisches Machtstreben zugunsten wirtschaftspolitischer Vorteile und militärpolitischer Parität aufgegeben zu haben. Eine Frage bleibt offen: Hätte die Sowjetunion einem Geflecht von außenpolitischer Zurückhaltung und Anreizen zugestimmt, wenn das Handelsabkommen nicht durch das Menschenrechtsjunktim des Kongresses belastet worden wäre? Henry Kissinger hatte stets davor gewarnt, durch öffentlichen Druck und ökonomische Sanktionen die Sowjetunion zum Entgegenkommen zu bewegen. Man hat Kissinger Opportunismus und Machiavellismus vorgeworfen, weil er die Verwirklichung der Menschenrechte in der Sowjetunion nicht mit genügend öffentlichem Nachdruck gefordert hatte. Nixon, Ford und Kissinger hatten keine Illusionen über die Qualität der Sowjetunion. Aber sie befürchteten, daß öffentliche Forderungen der amerikanischen Regierung, den Stand der Beziehungen zwischen beiden Staaten vom Grad der innenpolitischen Reformbereitschaft in der Sowjetunion abhängig zu machen, zu fatalen Folgen geführt hätten. Das neue ungeschriebene Gesetz war die Aufgabe der alten Forderung, die amerikanisch-sowjetischen Beziehungen von der Qualität der innenpolitischen Struktur der Sowjetunion abhängig zu machen: „Ich habe mir nie Illusionen über die brutal unterdrückerische Natur der sowjetischen Gesellschaft gemacht. Aber ich wußte, daß die sowjetischen Führer um so unnachgiebiger würden, je mehr öffentlichen Druck wir auf sie ausübten. Ich wußte auch, daß es völlig unrealistisch war anzunehmen, daß ein fundamentaler Wandel des sowjetischen Systems dadurch herbeigeführt werden könne, daß wir die Anwendung der Meistbegünstigungsklausel auf die Sowjetunion verweigerten. Ich glaubte vielmehr, für die jüdischen Auswanderer mehr tun zu können, wenn wir mit den Sowjets im Gespräch blieben. Die Kreml-Mauern sind sehr dick. Wenn man drinnen ist, hören sie einem vielleicht zu; wenn man draußen ist, werden sie einen noch nicht einmal hören.“[4] Durch harte Geheimdiplomatie, bei der die sowjetische Regierung ihr Gesicht wahren konnte, sollten Menschenrechte durchgesetzt werden. Die öffentlichen Forderungen des Kongresses nach mehr Freizügigkeit hatten der Sache selbst keinen guten Dienst erwiesen. War die Zahl der ausreisewilligen Juden von 1968 bis 1971 15 000, so durften auf dem Höhepunkt der Entspannung 1973 knapp 35 000 Juden aus der Sowjetunion ausreisen. Diese Zahl sank dann massiv ab.

Der tiefere Grund für das Mißtrauen der amerikanischen Öffentlichkeit gegenüber Kissingers Politik lag aber in dem philosophischen und historischen Gegensatz zwischen amerikanischer und europäischer Auffassung über Machtpolitik. Kissinger betrieb zwar in der Zielsetzung eine amerikanische, aber in der Wahl der Methoden eine Außenpolitik, die der europäischen Tradition entsprach: Geheimhaltung, Machtbalance, Interesse und Ausgewogenheit sowie Kontinuität gelten vielerorts als unamerikanisch. Amerikas Außenpolitik hingegen betont Sendungsbewußtsein, Moral und Wandel. Ich verweise den Leser auf meine einleitenden Überlegungen.

Die Menschenrechte bilden die Grundlage und Zielsetzung der europäischen und amerikanischen Außenpolitik. Aber während in der amerikanischen Tradition eine öffentliche Diplomatie der Menschenrechte auf Sympathie stößt, sind die Westeuropäer skeptischer. Ihnen geht es weniger um moralische Rechtfertigung und Begründung, sondern um die moralische Wirkung um die Konsequenzen für die Außenpolitik. Kissinger fiel in den siebziger Jahren eine nicht zu überschätzende Aufgabe zu, nämlich die langfristige Strategie der Allianz gegenüber der Sowjetunion zu koordinieren. Mit der Muttermilch europäischen politischen Denkens aufgewachsen und politisch tätig in den USA, bemühte er sich, auf beiden Seiten des Atlantiks zu vermitteln. In den USA warb er für das europäische Verständnis von Menschenrechtspolitik und legte Betonung auf die Konsequenzen von öffentlich aggressiv vorgetragenen Protesten gegen Menschenrechtsverletzungen. In Europa warb Kissinger um Verständnis für die amerikanische Auffassung, Menschenrechte in die Außenpolitik einfließen zu lassen.

Kein Zweifel, Kissinger war mit Herz und Hirn Verfechter des europäischen Stils der Geheimdiplomatie und bevorzugte den direkten Dialog mit den politischen Führern anderer Staaten, um Menschenrechte durchzusetzen. In seiner Rolle als amerikanischer Staatsmann wurde er aber immer wieder dazu gedrängt, die amerikanische Mentalität zu berücksichtigen. Kissingers Machtinstinkt war allerdings ausgesprochen amerikanisch. Er hat zwar eine große Zuneigung zum Europa des 19. Jahrhunderts, aber für die westeuropäische Politik der siebziger Jahre empfand er vermutlich nicht selten Bitterkeit.

4. Die Europa-Politik

Bei Ausbruch des Nahost-Konflikts im Oktober 1973 standen die USA plötzlich vor einer Situation, in der die Probleme der Weltwirtschafts- und Finanzordnung, der Ost-West-Entspannung, der atlantischen Allianz, des Wirtschaftswachstums, der sozialen Sicherheit, der Konfliktbeteiligung im Nahen Osten ineinander zu verschmelzen schienen. Die Folgen der Energiekrise 1973 rückten mit einem Schlage die Wirtschaftspolitik ins Zentrum der Überlegungen. Die latenten Spannungen, wie sie in den vergangenen Jahren zwischen den USA und den Westeuropäern aufgetaucht waren, vergrößerten sich angesichts der neuen Probleme.

Die Westeuropäer warfen den USA vor, daß sie bei Ausbruch und im Verlauf der Nahost-Krise durch die USA nicht genügend informiert wurden, während die Regierung Nixon sich darüber beklagte, daß die Westeuropäer sich weigerten, zur Hilfe Israels Häfen und Flugplätze zur Verfügung zu stellen. Diese gegenseitigen Vorwürfe können nicht isoliert gesehen werden. Sie bildeten den vorläufigen Höhepunkt einer Konfliktkette, die die siebziger Jahre durchzog. Die Konsultationen über eine gemeinsame neue Atlantik-Charta wurden mit Lustlosigkeit geführt, die Differenzen über handels- und finanzpolitische Probleme waren angewachsen, die Verhandlungen über die Stationierungskosten der amerikanischen Truppen in der Bundesrepublik und zur Entlastung der amerikanischen Zahlungsbilanz stagnierten, die Zurückhaltung der amerikanischen Regierung gegenüber der KSZE trug ebensowenig zur Verbesserung der Lage bei.

Als Kissinger am 12. Dezember 1973 in London die Gründung einer Internationalen Energie-Agentur (IEA) vorschlug, tauchten neue Probleme auf. Unter ökonomischen Aspekten sollte die IEA eine Umverteilung der finanziellen Lasten und Überschüsse der westlichen Industrienationen herbeiführen. Die ökonomische Verwundbarkeit sollte durch integrierte Notstandsvereinbarungen verringert werden. Kerngedanke war, daß die Reduzierung der Abhängigkeit von importiertem Öl nicht durch eine kooperative Neugestaltung der Beziehungen zur OPEC, sondern durch interne Kooperation der Verbraucher zu bewerkstelligen sein sollte. Die IEA, aus amerikanischer Sicht ein Instrument für eine Wirtschaftspolitik der Stärke, bildete den Grundstein für Kissingers Dreistufenstrategie. Eine geschlossene Front der Industriestaaten sollte in der zweiten Stufe die armen Verbraucher der Dritten Welt in diese Strategie mit einbeziehen, um dann, als drittem Schritt, auf der Basis einer globalen Ölverbrauchersolidarität einen Dialog mit der OPEC zu suchen. Die Reduzierung des Ölpreises war das Ziel. Kissinger hoffte zusätzlich auf eine Spaltung und auf ein Zerbrechen der OPEC-Preisfront. Gleichzeitig sollte die IEA ausschließen, daß einzelne westeuropäische Staaten ausscherten, um bilateral mit den OPEC-Ländern zu verhandeln.

Kissinger schlug am 14. November 1974, einen Tag vor Gründung der IEA, in Chicago vor, die Industrienationen sollten ihren Ölkonsum um 10 % verringern. Gleichzeitig sollte ein 25-Milliarden-Dollarfond in der IEA geschaffen werden, der aber nur für diejenigen zugänglich sein sollte, die ihren Ölkonsum entscheidend drosseln würden. Damit war Kissinger ein kluger Schachzug im energiepolitischen Spannungsfeld der atlantischen Staaten gelungen. Die IEA, für langfristige Rationalisierungsprogramme zur Einsparung von Öl gedacht, wurde durch Kissingers Vorschlag zu einem Instrument kurzfristiger Taktik, um die Senkung der Ölpreise erneut – diesmal aber durch eine politisch manipulierte Nachfrage als Antwort auf einen politisch manipulierten Preis – zu erreichen.

Vielleicht hat die anfängliche Energiekrisenpolitik in der IEA die OPEC von dramatischen Eskalationen in der Ölpreispolitik zurückgehalten. So gesehen, hat das energieabhängige Westeuropa von der Ford/Nixon/Kissinger-Diplomatie der Stärke auch profitiert. Andererseits gelang es den Westeuropäern im weiteren Verlauf der Jahre 1974/75, die Idee des Reservefonds von Henry Kissinger zu verwässern. Der Kern des atlantischen Streits lag in einer grundsätzlich unterschiedlichen Auffassung über Mittel und Ziele, um der Energiekrise erfolgreich zu begegnen: Unterschiedliches Selbstverständnis und ungleiche Abhängigkeiten vom Ölimport führten zu einer unterschiedlichen Perzeption und Reaktion im Verlauf der Energiekrise. Die USA sahen die Krise primär als politisches Problem, während die westeuropäischen Staaten sie vorrangig ökonomisch auffaßten. Die USA wollten sich ein Optimum an eigener Unabhängigkeit bewahren, falls im Nahen Osten neue Konflikte entstehen würden.

Die westeuropäische Energiediplomatie dagegen war auf Kooperation mit den arabischen Staaten abgestellt. Ökonomische Interdependenzen wurden geschaffen, um einer neuen Krise – bei Embargo oder Verteuerung des Öls – vorzubeugen, weil dann auch die Interessen der arabischen Staaten beeinträchtigt würden. Während die USA eine gemeinsame Interessenfront mit Westeuropa gegenüber den arabischen OPEC-Staaten ausbauen und damit gleichzeitig ihre atlantische Dominanz neu festigen wollten, kamen die Europäer zu der Überzeugung, daß ihr ökonomisches Überleben in einer Machtbalancepolitik gegenüber OPEC und den USA liegen würde.

Die Seiten waren plötzlich vertauscht: Die USA, die seit Beginn der Nixon-Administration machiavellistische Doppelzüngigkeit zu entwickeln schienen, traten in der Energiekrise moralisierend und als Bewahrer atlantischer Einheit auf. Europa hingegen übte sich nun unter dem Druck zwischen den USA und der OPEC in der Kunst der politischen Balance. Diese unterschiedliche Interessenperzeption entwickelte sich unter dem gemeinsamen Dach der IEA und führte zu zwei unterschiedlichen Krisendiplomatien in der Energiefrage, die von den USA mit schrillen Tönen, von den Westeuropäern abwartend geführt wurden. Je konfrontativer und militanter die amerikanische Rhetorik wurde, um so zurückhaltender reagierten die Westeuropäer. Bei der Lösung der Energiekrise wurde aber auch deutlich, daß Westeuropa keine geschlossene Einheit bildete, sondern nationale Überlebensstrategien unter dem Motto „Rette-sich-wer-kann" entwickelte. Die Forderung nach Gemeinsamkeit wurde durch Nationalismus und Protektionismus in den europäischen Kabinetten unterspült.

Schließlich ging 1976 eine außenpolitische Ära der USA zu Ende, bei der Ergebnisse erreicht wurden, die noch vor 1969 als Träume gegolten hätten: Die Annäherung zwischen den USA und der VR China, das SALT-I-Abkommen, einige grundlegende Prinzipien, die die amerikanisch-sowjetischen Beziehungen berechenbarer machen sollten, der Abzug der Truppen aus Vietnam, die Nahost-Diplomatie von Kissinger, Ägyptens neuer pro-amerikanischer Kurs, Entspannung in Europa, insbesondere das Berlin-Abkommen, und in Lusaka Perspektiven für eine Afrika-Politik.

Auch konnten Alpträume gebannt werden: Keine Krise eskalierte in einen Nuklearkrieg; der Vietnam-Krieg spaltete und polarisierte die Meinungsvielfalt der USA nicht, wie befürchtet; der Zusammenbruch der Regierungsautorität durch Watergate führte, wenn auch unter innen- und außenpolitischen Schmerzen und Kraftanstrengungen, zu neuem Selbstbewußtsein; der Zusammenbruch der Regierungsautorität führte vor allem keine fremde Macht in Versuchung, eine ernste politische Herausforderung mit den USA vom Zaune zu brechen.

Obwohl die zwei Jahre der Regierung Ford/Kissinger außenpolitisch weniger erfolgreich waren als die vorangegangenen, so wurde doch deutlich, daß unter Kissingers Ägide die neuen Probleme der Außenpolitik unterhalb der Großmachtebene und unterhalb der pentagonalen Welt im Fünfeck USA – Sowjetunion – VR China – Japan – Westeuropa nachdrücklich Neulösungen erforderten. Kissingers moralischer Imperativ, vormals bezogen auf die Sowjetunion, bezog sich nicht mehr so ausschließlich auf die negativen Seiten wie die Verhinderung eines Nuklearkrieges oder das grundsätzliche moralische Dilemma, sondern Kissinger erkannte, daß die Weltordnung positive moralische Impulse benötigte. Er sah, daß die Weltordnung in eine stabile, legitime sowie in eine anarchische und illegitime Teilordnung zerfiel. In den letzten zwei Jahren seines Wirkens zeigte er Ansätze, den Problemen in der instabilen Teilordnung nicht nur mit den traditionellen Mitteln der Macht wie Manipulation und Intervention, sondern unter Berücksichtigung neuer Überlegungen beizukommen.

Die schrittweise Anerkennung der Forderungen der Dritten Welt nach einer gerechteren Lösung der globalen Verteilung von Wohlstand und wirtschaftlichen Gütern wurde von Kissinger spät zur Kenntnis genommen. In seiner Rede am 1. September 1975 vor der UNO zeigte Kissinger Bewußtsein für globale Probleme der Weltwirtschaft, des Handels, der Rohstoffverteilung und für Hunger und Armut. Unter Kissinger begannen auch die Verhandlungen über die Rückgabe des Panamakanals, über ein neues Seerecht und über Begrenzung bei der Weitervergabe von nuklearer Technologie sowie Ansätze einer neuen Afrika-Politik. Es ist bisher weitgehend übersehen worden, daß unter Ford und Kissinger mit diesen Denkanstößen einige wesentliche Elemente vorgezeichnet wurden, die dann unter Präsident Carter ausgebaut und vertieft wurden. Der Präsidentenwechsel war 1976 nicht zwingend, aber, wie schon 1960, so sollte auch 1976 das Medium Fernsehen eine entscheidende Rolle spielen. Präsident Ford führte nach den Meinungsumfragen relativ sicher. Aber in der zweiten Fernsehdebatte mit seinem Herausforderer Carter machte Ford einen nicht wiedergutzumachenden Fehler. Auf die Frage, ob die KSZE-Schlußakte von Helsinki der Sowjetunion Vorteile verschafft habe, antwortete Präsident Ford: „Es gibt keine sowjetische Herrschaft über Osteuropa, und es wird auch keine während einer Regierung Ford geben." Als der erstaunte Interviewer nachhakte, wurde Ford noch ominöser: „Ich glaube nicht, daß die Polen sich als von der Sowjetunion beherrscht betrachten."

Mag es vorher Zweifel an der Richtigkeit der amerikanischen Außenpolitik gegeben haben, so konnte die Regierung diese dank Kissingers Virtuosität begrenzen. Nun jedoch wurden die lang gehegten Vermutungen über die Zweifel an den persönlichen Fähigkeiten Fords drastisch bestätigt.

V
Die Außenpolitik der Regierung Carter

1. Der Anspruch der Menschenrechte

Präsident Carter wollte die innenpolitische Polarisierung und Frustration, die durch Watergate und Vietnam entstanden war, überwinden. Dabei bediente er sich der Menschenrechte. Die Außenpolitik sollte eine moralische Vision vermitteln: „Weil wir frei sind, können wir gegenüber dem Schicksal der Freiheit anderswo niemals gleichgültig sein. Unsere moralische Einstellung zwingt uns zu einer eindeutigen Bevorzugung derjenigen Gesellschaften, die mit uns einen tiefen Respekt vor den Menschenrechten des Einzelnen teilen."

Wo die Präsidenten Nixon und Ford mit ihrem Außenminister Kissinger prekäre Machtbalance diskret gesucht hatten, strebte Präsident Carter nun nach klarer und moralischer Weltordnung. Während Nixon und Ford den Ost-West-Konflikt als zentral angesehen hatten, betonte Carter die Nord-Süd-Problematik. Hatten Nixon und Ford den Begriff des Interesses als zentral erachtet, so betonte Präsident Carter den moralischen Anspruch seiner Politik. Wurde unter Nixon und Ford die Loyalität zu den Verbündeten nach den strategischen Interessen der USA ausgerichtet und die Konflikte in der Dritten Welt als Testfall für die Auseinandersetzung mit der Sowjetunion angesehen, so suchte Carter sowjetische Kooperation, um Konflikte gemeinsam zu lösen. Hatten Nixon und Ford die Androhung oder Anwendung von Gewalt als zentrales und notwendiges Element der Außenpolitik verstanden, so erklärte Carter: „Wir haben Feuer mit Feuer bekämpft und dabei nicht bedacht, daß Feuer sich besser mit Wasser löschen läßt. Diese

Politik scheiterte, wobei Vietnam beispielhaft für ihre intellektuelle und moralische Armseligkeit dasteht." Carter versuchte, sich als Weltordnungstheoretiker mit moralischem Anspruch von seinen beiden republikanischen Vorgängern zu unterscheiden. Seine Rede in der Universität von Notre Dame am 22. Mai 1977 begründete die Menschenrechtsdoktrin, den Glauben an eine Außenpolitik, „die demokratisch ist, die von unseren grundlegenden Wertvorstellungen ausgeht und die Stärke und Einfluß für humane Ziele einsetzt ..."

Macht war für Carter die Macht moralischer Prinzipien. Die Politik der Eindämmung schien überholt, denn, „die Drohung eines Konfliktes mit der Sowjetunion, die uns einigte, hat nachgelassen". Präsident Carter setzte fünf neue Schwerpunkte: die Menschenrechte, Kooperation mit den demokratischen Industrienationen, die Beziehungen zur Sowjetunion und zur VR China, die Kluft zwischen Arm und Reich im Nord-Süd-Konflikt sowie die globalen Probleme wie Atomkriegsgefahr, Rassenhaß, Wettrüsten, Hunger, Armut und Krankheit.

Die Bilanz von Carters Politik nach vier Jahren Amtszeit war jedoch bedrückend. Die Menschenrechte wurden zum Mühlstein seiner Politik. Die Beziehungen zu den demokratischen Industriestaaten verkümmerten. Die Beziehungen zur VR China konnten zwar verbessert werden, die Konflikte und Probleme mit der Sowjetunion hingegen erreichten eine Intensität, wie sie seit der Kuba-Krise 1962, und eine Schärfe, wie sie seit der Formulierung der Truman-Doktrin nicht mehr aufgetaucht waren. Die Kluft zwischen Reichen und Armen konnte nicht verringert werden, Präsident Carters Ansätze blieben hier diffus. Die globalen Probleme konnten trotz guten Willens von Carter nicht entschärft werden. Hinzu kam, daß die Außenpolitik der USA durch Krisen und durch Unvermögen der Regierung selbst an Macht und Prestige verlor.

Die USA erlebten eine Regierung, deren außenpolitischer Optimismus binnen vier Jahren bei der Bevölkerung in Resignation, Empörung und Ohnmacht umschlug. Das machtpolitische Ausgreifen der Sowjetunion in Afrika, der Zusammenbruch der amerikanischen Position in Iran, der Sturz des Schah und die Ersetzung durch ein radikal anti-amerikanisches Mullah-Regime sowie die sowjetische Invasion in Afghanistan markieren die herausragenden Ereignisse dieser Jahre.

Hatte der Präsident zu Beginn seiner Regierungszeit erklärt: „Wir sind jetzt frei von dieser übertriebenen Furcht vor dem Kommunismus", so mußte er drei Jahre später im Januar 1980 zugestehen: „Jetzt hat die Sowjetunion einen radikalen und aggressiven neuen Schritt unternommen. Sie setzt ihre große militärische Macht gegen ein verhältnismäßig schutzloses Land ein. Die Implikationen der sowjetischen Invasion in Afghanistan könnten die ernsthafteste Bedrohung des Weltfriedens seit dem Zweiten Weltkrieg darstellen."

Selten wurde in der amerikanischen Außenpolitik ein zentrales Leitmotiv so rücksichtslos von den außenpolitischen Realitäten überrollt wie Carters Menschenrechtsdoktrin. Der Katechismus der Menschenrechte ließ sich mit den komplexen Widersprüchlichkeiten der Realität nicht in Übereinstimmung bringen. Die Sowjetunion empfand die Menschenrechtsforderungen als Bedrohungen. Nicht zu Unrecht, hatte doch Carter die Menschenrechtsinitiative zum legitimen Teil eines ideologischen Kampfes mit der Sowjetunion erklärt. Damit förderte Carter nicht das Entspannungsklima, sondern verschlechterte es. Ausschnittartig wurde hier schon das Dilemma der Menschenrechtskampagne deutlich: Die ursprüngliche Absicht führte nicht zu den gewünschten, sondern zu unerwünschten Konsequenzen. Die Sowjetunion verlor ihr geringes Entspannungsinteresse völlig. Sie verfolgte ihre außenpolitischen Ziele nun um so rücksichtsloser, je deutlicher wurde, daß Präsident Carter geradezu ängstlich bemüht war, militärische Stärke aus dem außenpolitischen Arsenal zu verbannen.

Als Präsident Carter und Außenminister Vance ab Mitte 1977 bemüht waren, die Menschenrechte zurückhaltender zu definieren, waren die Folgen der moralischen Beckmesserei nicht mehr zu reparieren, zumal Carter nicht universal und absolut, sondern selektiv und abgestuft Kritik an Menschenrechtsverletzungen übte. Kleine Staaten ohne Bedeutung für die USA, wie Haiti, Paraguay, Kambodscha, wurden unter politischen Druck gesetzt, während die autoritären Regimes von amerikanischem Interesse, wie der Schah von Iran, Präsident Somoza von Nicaragua, Präsident Park von Korea und Präsident Marcos von den Philippinen, geschont wurden. Verwirrung und Unverständnis breitete sich weiter aus, als Carter, im Glauben, die Sowjetunion würde Nordkorea mäßigen, anordnete, die amerikanischen Bodentruppen aus Südkorea abzuziehen. Es blieb letztlich alles beim alten: In Südkorea verletzte das Regime weiter die Menschenrechte, und die US-Truppen blieben stationiert. Wirtschaftshilfe wurde nach einer „Moralskala" vergeben. Im Außenministerium wurde – vielleicht gut gemeint – buchhalterisch Sorge getragen, welches Land in welchem Umfang Menschenrechte verletzen oder fördern würde. Eine gewisse Pfadfindermentalität begann die Außenpolitik zu beherrschen.

Die Menschenrechtskampagne der Regierung Carter führte in Indonesien, in Südkorea, auf den Philippinen, in Brasilien, in Nepal und auch auf Kuba zu kleinen Fortschritten. In Ghana, Nigeria und Thailand gab es sogar Ansätze für neue politische Mitverantwortung außerhalb der Militärregimes. Auch wurde hier und dort mehr Pressefreiheit erlaubt, aber im großen und ganzen war die Wirkung der Menschenrechtskampagne problematisch. Der gravierende Rückschritt, der in Carters Menschenrechtsphilosophie deutlich wurde, lag in der Wiederbelebung der moralischen Überlegenheit der USA als Ersatz für angemessene weltpolitische Verantwortung [1].

Auch veränderte Carter die Prioritäten. Befreundete, aber undemokratische Regierungen verloren amerikanische Unterstützung. Statt dessen wurden die verschiedenen revolutionären Bewegungen wie die Sandinistas in Nicaragua, Polisario, Frelimo, SWAPO, MPLA in Afrika und die PLO im Nahen Osten von der Regierung Carter hofiert. Auch wollte Carter bald diplomatische Beziehungen mit Kuba, Vietnam und der VR China aufnehmen, wurde aber vom Kongreß gebremst. Nur mit der VR China kam es schließlich am 1. Januar 1979 zur Aufnahme diplomatischer Beziehungen. Vietnams rücksichtslose Interventionspolitik in Südostasien und seine exorbitanten Reparationsforderungen an die USA sowie Kubas Engagement in Afrika, insbesondere in Angola und Äthiopien, waren keine ermutigenden Zeichen, um die bilateralen Beziehungen zu intensivieren. Ganz davon abgesehen, zeichnete sich keines der Länder durch eine ansprechende Menschenrechtspolitik aus. Verwirrung bei Freund und Feind und Gegensätze in der Regierung Carter waren die Folge.

Präsident Carter machte ohne Zweifel in seiner persönlichen Identifikation mit der naturrechtlichen Idee der Menschenrechte den besten Teil der amerikanischen Tradition wieder lebendig[2]. In Osteuropa, aber auch in den Ländern der Dritten und Vierten Welt wurden neue Hoffnungen auf Freiheit und auf den moralisch-geistigen Führungsanspruch der Vereinigten Staaten geweckt. Die Verengung der außenpolitischen Perspektive auf die Menschenrechte konnte aber nicht darüber hinwegtäuschen, daß dringende Probleme, die nicht nach moralischen Gesichtspunkten, sondern unter Berücksichtigung politischer, ökonomischer und militärischer Interessen gelöst werden müssen, zu kurz kamen. Moralischer Rigorismus verringerte zudem die Kompromißbereitschaft der politischen Gegenspieler.

Die USA verloren die außenpolitische Initiative wie auch den außenpolitischen Kredit der Vorgänger Carters. Gerade die menschenrechtlich motivierte Forderung nach reziproken Beziehungen mit der VR China und der Sowjetunion wirkte angesichts der weltanschaulichen Asymmetrie hemmend. Der Doyen der amerikanisch-sowjetischen Beziehungen, George F. Kennan, kam zu dem Ergebnis, daß die Carter-Administration alle Lektionen, die die USA in den Nachkriegsbeziehungen zur Sowjetunion gelernt hatten, mißachtet, dabei aber jeden Fehler, der möglich war, gemacht hatte. Nicht die Suche nach außenpolitischer Anpassung der USA in einer komplexen Welt, sondern Arroganz im Mantel puritanischer Selbstlosigkeit wurde deutlich.

Je absoluter Moral in die internationale Politik getragen wird, um so zwangsläufiger ist der Zusammenstoß mit anderen Moralvorstellungen anderer Staaten und Akteure. Ob in Chile oder der DDR, ob in der Schweiz oder Kambodscha, ob in Südafrika oder in Syrien, ob in der Sowjetunion oder in den USA, nirgendwo gibt es übereinstimmende Auffassungen über die Frage, wie Menschen und Nationen miteinander leben sollen. Nicht allgemeingültige Moralvorstellungen, sondern maßvolle Interessenpolitik mit dem Ziel des Kompromisses und dem Gefühl für Distanz garantieren die Vielfalt des globalen Lebens. Wenn Regierungen Gutes und Moralisches bewirken wollen, gehört dazu zuerst Takt und Respekt, nicht aber moralische Anmaßung. Weil die Regierung Carter diese Grundsätze außer acht ließ, wurden ihre außenpolitischen Aktivitäten bis auf wenige Ausnahmen zu einem globalen Spießrutenlauf.

In Zentral- und Lateinamerika sowie in Afrika kam die neue Menschenrechtsdoktrin der Regierung Carter mit den amerikanischen Interessen in Konflikt. Zunächst gab es ermutigende Anzeichen. Am 7. September 1977 wurde mit Panama ein Vertrag unterzeichnet, der den Kanal der Souveränität Panamas überstellte, gleichzeitig aber den USA die Benutzungsrechte in Kriegs- und Friedenszeiten in der Zukunft garantieren sollte. Dabei ist von Interesse, daß Carter zwar außenpolitisch seine Entscheidung mit moralischen Argumenten versah und dem wachsenden Anti-Amerikanismus in der Region vorbeugen wollte, innenpolitisch in der Rechtfertigung des Vertrages jedoch gezwungen war, seine Kritiker mit machtpolitischen Argumenten davon zu überzeugen, daß militärstrategisch kein entscheidender Nachteil für die USA entstanden war. Trotzdem mußte Präsident Carter ca. 90 Vorbehalte und zusätzliche Bedingungen des Senats akzeptieren, damit dieser dem Vertrag schließlich zustimmte. Carter hatte einen wichtigen und richtigen Schritt getan, um die koloniale Belastung der USA in Zentralamerika zu verringern. Die innenpolitische Kritik und die vertragsrechtlichen Argumente des Kongresses minderten leider Carters positive Bemühungen.

Die Politik der Regierung Carter in Nicaragua war ambivalenter. Zwar wurde die Militär- und Wirtschaftshilfe schon 1977 aus Menschenrechtsüberlegungen gekürzt, bald jedoch wieder gelockert, um dann wiederum gekürzt zu werden. Diese Zickzack-Strategie spiegelte das Dilemma wider: Einerseits wurden die Sandinistas durch Carters Politik ermutigt, andererseits jedoch verbittert, wenn Carter Präsident Somoza zu seiner Menschenrechtspolitik ausdrücklich beglückwünschte. Als im Juli 1979 Außenminister Vance einen Wechsel der amerikanischen Politik mit Blick auf Nicaragua verkündete, Waffenstillstand und eine Verhandlungslösung in Nicaragua forderte, kam die Regierung Carter zu spät.

Auch wenn man anti-demokratische Regimes wie das von Somoza nicht schätzt, so garantierten sie doch amerikanischen Einfluß und Abwehr vor Kommunismus. Als die sandinistische Befreiungsfront im Juli 1979 das Regime Somoza stürzte und die Macht übernahm, entwickelte sie eine anti-amerikanische und zugleich kuba- und sowjetorientierte Politik nach außen und eine Unterdrückungspolitik nach innen. Der amerikanische Einfluß in der Region nahm ab.

Der UNO-Botschafter Andrew Young, der Kooperation mit den Sandinistas suchte, der Khomeini einen Heiligen nannte, die PLO hofierte, mit Vietnam diplomatische Beziehungen aufnehmen wollte, war die treibende Kraft in der Regierung für eine neue Afrika-Politik. Unter der Ägide von Außenminister Vance wurde der Ansatz von Henry Kissinger erweitert: Angelsächsische Kooperation führte zur Zusammenarbeit mit Radikalen, Gemäßigten und Neutralen in Rhodesien, Namibia und Südafrika. Präsident Carter unterstrich die Bedeutung dieser Regionen, als er als erster Präsident im April 1978 Afrika besuchte und in Lagos, Nigeria, erklärte: „Wir teilen mit Ihnen eine Verpflichtung zur Mehrheitsherrschaft und den Menschenrechten des Einzelnen. Wir teilen mit Ihnen eine Verpflichtung zum wirtschaftlichen Wachstum und der menschlichen Entwicklung, um die Grundforderungen der Menschen zu erfüllen. Wir teilen mit Ihnen eine Verpflichtung zu einem Afrika, das in Frieden lebt, frei von Kolonialismus, frei von Rassismus, frei von militärischer Einmischung durch fremde Staaten und frei von den unvermeidlichen Konflikten, die entstehen können, wenn die Integrität nationaler Grenzen nicht geachtet wird."

Carters Forderung nach Gerechtigkeit und Zurückhaltung der USA wurde jedoch angesichts sowjetisch-kubanischer Aktivitäten in und um Angola, wo inzwischen ca. 40 000 kubanische Soldaten standen, fragwürdig.

Von dort wurde die Shaba-Provinz von zairischen Aufständischen angegriffen. Die massive Intervention der Sowjets und Kubaner am Horn von Afrika Anfang 1978 verschärfte die Spannungen. Durch die Unterstützung für Äthiopien gegen das Eindringen der Somalis in die Ogaden-Provinz demonstrierte die Sowjetunion eine neue weltweite Interventionsfähigkeit. In kürzester Frist wurden knapp 20 000 Soldaten, Militärtechniker und Waffen im Werte von 2 Mrd. Dollar aus der Sowjetunion eingeflogen. Die USA mißbilligten die somalische Intervention, aber die Folge war massive Präsenz der Sowjetunion und Kubas in Äthiopien. Eine veränderte Kräftekonstellation am strategisch wichtigen Horn von Afrika deutete sich an. Ursprünglich stand die Sowjetunion an der Seite Somalias, unterstützte dann aber mit den Kubanern den Angriff der äthiopischen Armee in Eritrea gegen die dortige Befreiungsfront. Diese wachsende Macht der Sowjetunion und Kubas führte zu Besorgnis in Kairo, Teheran, Riad und Khartoum. Carters Sicherheitsberater Brzezinski sprach in diesem Zusammenhang von einem neuen Krisenbogen, der sich von Zentralamerika über die Karibik, Zentral- und Ostafrika über den Nahen und Mittleren Osten spannte. Brzezinski versuchte vergeblich, Carter zu einer Politik der Stärke zu bewegen, um die Sowjetunion und Kuba von militärischem Engagement abzuhalten[3]. Aber Außenminister Vance war strikt gegen ein Engagement der USA. Brzezinski stand in der Regierung mit seinen Warnungen allein. Als im April 1978 mit sowjetischer Hilfe das Regime Daud in Afghanistan gestürzt wurde, die Regierung Carter aber nicht reagierte, fühlten sich die Sowjets sicher. Wie

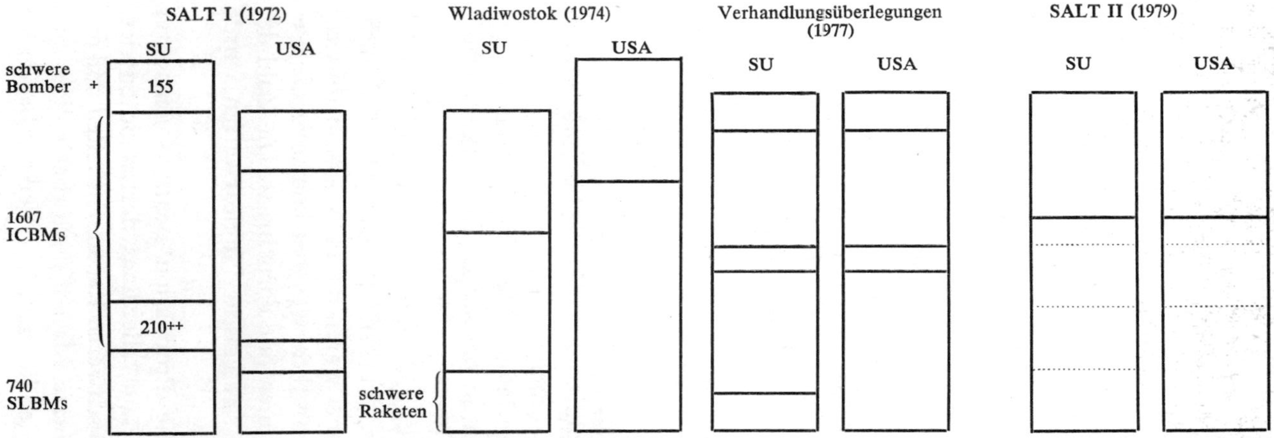

\+ schwere Bomber, von SALT I nicht begrenzt

++ ICBMs können gegen SLBMs eingetauscht werden

insgesamt: Raketen und schwere Bomber 2400

davon: Raketen mit Mehrfachsprengköpfen 1320

ungelöste Fragen:

1. sollte der sowjetische Backfire-Bomber als schwerer Bomber gezählt werden?
   (SALT II: NEIN)
2. sollten die amerikanischen Marschflugkörper als einzelne Abschußvorrichtung gezählt werden?
   (SALT II: NEIN)

SU moderne schwere Raketen: 308
USA moderne schwere Raketen: 0

insgesamt:
Raketen und schwere Bomber: 1800—2000

davon Raketen mit Mehrfachsprengköpfen 1100—1200

SU: mod. schwere Rak. 150
SU: moderne schwere Raketen 150
USA: 0

insgesamt: Raketen und schwere Bomber 2250

davon: Luftgestützte Marschflugkörper und Raketen mit Mehrfachsprengköpfen: 1320
davon: Land- und seegestützte Raketen mit Mehrfachsprengköpfen 1200
davon: landgestützte Raketen mit Mehrfachsprengköpfen: 820

SU moderne, schwere Raketen: 308
USA moderne, schwere Raketen: 0

Quelle: Zbigniew Brzezinski, Power and Principle, New York 1983, S. 163.

zuvor 1975 in Vietnam und 1976 in Angola, begünstigte amerikanische Unentschlossenheit sowjetische Aggressivität. Ursprünglich riskante Entscheidungen der Sowjetunion wurden zu relativ risikolosen Unternehmen. Die Zurückhaltung von Präsident Carter und Außenminister Vance gegenüber der Sowjetunion war vor allem durch den Wunsch nach einem SALT-II-Abkommen motiviert.

2. Das SALT-II-Abkommen

Präsident Carter und Generalsekretär Breschnew unterzeichneten am 18. Juni 1979 in Wien das SALT-II-Abkommen. Das gedämpfte Interesse der breiten Öffentlichkeit signalisierte wachsende Skepsis gegenüber der Rüstungskontrolle. Übertriebene Hoffnung und verschärfte Kritik an SALT II spiegelten das Maß der intellektuellen Verwirrung über die reale Bedeutung der Rüstungskontrolle wider. Dabei blieb unklar, ob Rüstungskontrolle ein Element der Entspannung oder ein Instrument der Sicherheitspolitik sein sollte. SALT im Schnittpunkt von militärischer Sicherheit und politischer Entspannung mußte deshalb einmal nach Maßgabe der direkten militärischen Kriterien und zum zweiten im politischen Gesamtkontext der amerikanisch-sowjetischen Beziehungen bewertet werden.

Es ist nicht ohne Tragik, daß dieses Abkommen, über das sieben Jahre lang kontrovers verhandelt wurde, letztlich nicht in Kraft treten konnte. Dabei waren die rüstungskontrolltechnischen Abmachungen vermutlich weniger kontrovers, als es damals schien. Das Abkommen bot Fortschritte. Die Zahl der Abschußvorrichtungen für strategische Nuklearwaffen wurde begrenzt.

Beiden Seiten wurde die Produktion neuer, sogenannter schwerer Flugkörper untersagt, allerdings durfte die Sowjetunion ihre bestehenden 308 schweren Raketen behalten und mit MIRV ausrüsten. Luftgetützte Marschflugkörper sollten nur begrenzt modernisiert werden können. Der Vertrag begrenzte auch die Zahl der Gefechtsköpfe, die ein ballistischer Flugkörper tragen darf, und die Zahl der Marschflugkörper, die ein schwerer Bomber tragen darf. Entscheidend war, daß als Verbesserung gegenüber SALT I zum ersten Mal eine numerische Parität für beide Seiten festgeschrieben wurde. Zum ersten Mal mußte die Sowjetunion die Zahl ihrer strategischen Offensivwaffen reduzieren. Allerdings löste SALT II nicht das Problem der zunehmenden Verwundbarkeit der amerikanischen landgestützten Langstreckenraketen vom Typ Minuteman, wenn auch der sowjetischen Fähigkeit zum vernichtenden Erstschlag eine bestimmte Grenze, nämlich 802 landgestützte, mit MIRV ausgerüstete Interkontinental-Raketen, auferlegt wurde. Vor allem erfaßte SALT II nicht die sowjetischen Mittelstreckenraketen vom Typ SS 20, die Westeuropa bedrohten. Sie führten zum NATO-Doppelbeschluß vom Dezember 1979 und zu einer heftigen Kontroverse zu Beginn der achtziger Jahre.

Theoretisch hätte SALT II den USA insgesamt 17 000 zielfähige nukleare Angriffsspitzen und der Sowjetunion 14 000 erlaubt. Das entsprach einer erlaubten Zuwachsrate für die USA von 87 % und für die Sowjetunion um 280 %. Zu Recht betont Lothar Rühl, daß ein Abkommen, das theoretisch bis zu 17 000 Waffen erlaubt, wenn nur etwa 11 000 geplant sind, keine Auskunft über das tatsächliche Kräfteverhältnis am Ende seiner Geltungsdauer geben kann[4]. Aus europäischer Sicht war bei SALT II besonders problematisch, daß dem sowjetischen Konzept für strategische Waffen im Verhältnis zu den in Europa stationierten weiterreichenden amerikanischen Nuklearwaffensystemen kein rüstungskontrollpolitisches Konzept der Parität zugeordnet wurde. So drohte den USA die Gefahr, von den Verbündeten kritisiert zu werden, die Entspannung politisch zu gefährden und gleichzeitig die militärische Sicherheit des Westens zu vernachlässigen.

In Wirklichkeit hatte die zurückhaltende Rüstungspolitik der Regierung Carter dazu geführt, daß die Geschwindigkeit, mit der die Sowjetunion die Aufrüstung vorantrieb, größer war, als ursprünglich erwartet. Außerdem stieg wegen der Aufgabe oder Verzögerung strategischer Programme der USA die sowjetische Bedrohung. Die Absage an den B-1-Bomber, an den atomaren Flugzeugträger und an die Neutronenwaffe, die Einstellung der Minuteman-III-Produktion, die Verlangsamung des MX-, des Trident- und Marschflugkörper-Programms verweisen auf die herausragenden Versäumnisse. Henry Kissinger traf mit seiner Kritik an SALT II den Meinungstrend in der amerikanischen Öffentlichkeit. Er machte eine Ratifizierung des Abkommens davon abhängig, daß die Regierung die Rüstung verstärkt vorantreiben müsse. Für die Nichtratifizierung von SALT II wurde letztlich das außenpolitische Verhalten der Sowjetunion entscheidend. Was waren Rüstungskontrollabmachungen wert, wenn die Sowjetunion geopolitische Vorteile durch Militärintervention suchte? Der Einmarsch kubanischer Truppen in Angola 1975/76, die wachsende Präsenz kubanischer Truppen und sowjetischer Militärs in Äthiopien 1977 sowie ostdeutscher Militär- und Geheimdienstberater in Afrika und im Mittleren Osten, die beiden von Kuba unterstützten Invasionen Zaires 1977/78, der kommunistische Putsch im April 1978 in Afghanistan und im Süd-Jemen, die Invasion Kambodschas durch Vietnam 1978, der ein Freundschaftsvertrag mit der Sowjetunion vorangegangen war, der Ausbau der sowjetischen Waffendepots in Libyen und Äthiopien, die anti-amerikanische Haltung der Sowjets beim Zusammenbruch des Schah-Regimes in Iran sowie das Anwachsen terroristischer Organisationen und Aktivitäten durch sowjetische Hilfe schufen insgesamt ein Klima, das mit dem Geist von Entspannung, der gerade mit SALT immer wieder von der Regierung Carter beschworen wurde, nur noch wenig gemein hatte. SALT konnte weder im machtpolitischen Vakuum bewertet werden, noch konnte man der Sowjetunion kostenfrei eine Version von Entspannung erlauben, die nur noch das Schlagwort aufrechterhielt, die Wirklichkeit aber einseitig nur zum sowjetischen Vorteil veränderte[5].

In dieses gespannte Klima fiel 1979 ein weiteres Ereignis, das den Glauben an eine vernünftige Außenpolitik der Regierung

Carter weiter erschütterte. Im Spätsommer 1979 entdeckten die amerikanischen Geheimdienste eine sowjetische Kampfbrigade auf Kuba. Um den SALT-Ratifizierungsprozeß zu retten, versuchte die Regierung Carter alles, um die Angelegenheit herunterzuspielen. Sie verwickelte sich jedoch in Widersprüche: Carter erklärte einerseits, die Brigade sei schon seit Jahren auf Kuba stationiert und stelle keine direkte Bedrohung dar, andererseits sorge sie für Spannungen und Furcht in der Karibik, da manche Länder befürchteten, sie könnten unter sowjetischen Einfluß geraten. Fatal waren folgende Bemerkungen des amerikanischen Präsidenten: „Eine Konfrontation mag für einige Tage oder Wochen unser Gefühl befriedigen, sie wäre aber für das nationale Interesse und für die Sicherheit der USA katastrophal ... Die größte Gefahr für Amerikas Sicherheit heute sind mit Sicherheit nicht 2000 oder 3000 Soldaten in Kuba, sondern der Zusammenbruch des gemeinsamen Versuchs der USA und der Sowjetunion, den Frieden zu bewahren angesichts der äußersten Bedrohung eines Nuklearkrieges."[6] Wer angesichts der weltweiten sowjetischen Salami-Taktik nur von der Gefahr eines unwahrscheinlichen Nuklearkrieges sprach, aber die vordringliche Gefahr der Kleinkriege unterschätzte, wer neunzig Meilen vor der eigenen Küste die Präsenz sowjetischer Truppen als für nicht beachtenswert erklärte, der brauchte sich nicht zu wundern, daß er für zu leicht befunden wurde.

Die sowjetische Invasion in Afghanistan am 25. Dezember 1979 bildete auf diesem Hintergrund nur den letzten Tropfen, der das Faß zum Überlaufen brachte. So gesehen, war es konsequent, daß Präsident Carter am 3. Januar 1980 darum bat, der Senat möge den Ratifizierungsprozeß von SALT II vertagen. Die SALT-Verhandlungen konnten nie als Mittel zur Verhinderung oder Verminderung des nuklearen Holocaust dienen. Sie spiegelten lediglich ein Instrument zur Ökonomisierung des strategischen Potentials der beiden Supermächte wider, wie Verteidigungsminister Brown selbst einräumte: „Es wird mit SALT für die Vereinigten Staaten wesentlich billiger sein, vielleicht bis zu 30 Milliarden Dollar billiger in den nächsten

10 Jahren, dieses Gleichgewicht aufrechtzuerhalten." [7] So dienten die SALT-Verhandlungen allenfalls als Barometer für das Gesamtklima der amerikanisch-sowjetischen Beziehungen. Aber diese Funktion war auch nach dem Einmarsch der Sowjets in Afghanistan entfallen. Eine neue Eiszeit brach an.

3. Camp David

Bevor der Krisenbogen sich auf Iran und Afghanistan ausdehnte, gelang Carter jedoch ein herausragender Erfolg im Nahen Osten. Trotz der tiefen historischen und religiösen Spannungen im Nahen Osten setzte Präsident Carter auf den Versuch einer möglichst umfassenden Friedensregelung, wobei das Palästinenser-Problem besonders aufmerksam verfolgt wurde. Carter erkannte als erster amerikanischer Präsident das Recht der Palästinenser auf ein Heimatland an. Am 8. April 1977 ging er noch einen Schritt weiter, als er vorschlug, das Palästinenser-Problem solle auf einer wieder zu eröffnenden Friedenskonferenz erörtert werden. Damit riskierte er eine Verhärtung der amerikanisch-isrealischen Beziehungen, eine wachsende Kritik durch die pro-israelische Lobby in den USA und eine Schwächung von Jordaniens Position. Durch pro-arabische Stellungnahmen in der Grenzfrage und bezüglich der Rolle der PLO hoffte Carter allerdings, das gesamte arabische Lager an den Verhandlungstisch bringen zu können. So führten seine Kontakte mit Syriens Präsident Al Assad zu der Erklärung, daß Syrien eine positive Rolle im Friedensprozeß spielen würde. Diese Hoffnungen sollten sich nicht erfüllen. Die PLO honorierte Carters Entgegenkommen ebensowenig. PLO-Chef Arafat unterlag bei den internen Auseinandersetzungen, die kompromißlosen radikalen Gruppen bestimmten weiterhin den Grundsatzkurs.

Zu Anfang konnte Carter seine Ungeduld über mangelhaften Fortschritt nur schwer verbergen; er wollte die beteiligten Konfliktparteien förmlich an den Verhandlungstisch zwingen. Angesichts der verhandlungspolitischen Sackgasse mit Blick auf die Israelis und die PLO entschlossen sich die USA zu einem riskanten Schritt, um ihre Nahost-Politik auch gegen die Israelis durchzusetzen: In Kooperation mit der Sowjetunion sollte der umfassende Frieden gesucht werden. Nach längeren Geheimverhandlungen einigten sich die amerikanische und die sowjetische Regierung im Oktober 1977 auf eine gemeinsame Erklärung, in der der Abzug der israelischen Truppen von den besetzten Gebieten, die Garantie der legitimen Rechte des palästinensischen Volkes und die Herstellung normaler friedlicher Beziehungen zwischen den beteiligten Konfliktparteien gefordert wurde.

Israel lehnte die Erklärung als Diktat der Supermächte in allen Punkten ab. Besonders die dort verbriefte Garantie der legitimen Rechte des palästinensischen Volkes erregte israelisches Mißfallen. Die Israelis waren gegen eine Wiedereinbeziehung der PLO und der Sowjetunion in den Friedensprozeß, wurden doch Fortschritte seit 1973 nur gegen den Willen der Sowjetunion erreicht, die die arabischen Staaten der Ablehnungsfront und die PLO unterstützte.

Selten ist in der Geschichte der amerikanisch-israelischen Beziehungen mit so wenigen Worten eine amerikanische Nahost-Initiative vom Tisch gefegt worden. So gesehen, beendete die Erklärung die erste Phase der Carter'schen Nahost-Politik, bei der Ambivalenzen und Widersprüchlichkeiten in den Methoden und nur wenig Gespür für die israelische Interessenlage deutlich wurden. Auch die innenpolitische Unterstützung blieb aus. Die amerikanische Öffentlichkeit verstand nicht, warum die Regierung Carter die Sowjetunion wieder am Friedensprozeß im Nahen Osten beteiligen wollte, nachdem Kissinger sie diplomatisch geschickt isoliert und Sadat die Sowjets endlich aus Ägypten getrieben hatte.

Die amerikanisch-sowjetische Erklärung vom 1. Oktober 1977 bildete daher den Tiefpunkt amerikanischen Einflusses im Nahen Osten. Sie bewirkte einen enormen Prestigeverlust. Die Administration, welche die Politik von Henry Kissinger als marginal, peripher unzureichend und amoralisch kritisierte, mußte sehr schnell erfahren, daß der Wunsch nach raschem Wandel an den politischen Realitäten zerschellte. Wie nach dem Rogers-Plan von 1969, so war auch in der Regierung Carter ab September 1977 Konfusion die unmittelbare Folge. Neue Initiativen der Großmächte schienen erfolglos. Niemand erkannte dies deutlicher als der ägyptische Präsident Sadat, der den Wandel durch eine eigene kühne Initiative zu erzwingen suchte. Es ist eine Ironie der Geschichte, daß durch das Scheitern der amerikanisch-sowjetischen Initiative der Friedensprozeß – wenn auch in eine andere Richtung, als ursprünglich beabsichtigt – beschleunigt wurde. Präsident Sadat, verärgert und enttäuscht über die amerikanische Bereitschaft, der Sowjetunion, von der sich Ägypten gerade gelöst hatte, eine zentrale Rolle im Nahen Osten wieder zuzugestehen, entschloß sich zum direkten diplomatischen Vorstoß.

Es gibt nur wenige politische Gesten, die in den siebziger Jahren so überrascht und zugleich so viele Hoffnungen geweckt haben wie die Reise von Präsident Sadat nach Jerusalem. Mit dem Mut der Verzweiflung übernahm Sadat die Initiative. Ägypten wurde – auch zur Überraschung der USA – zum Zentrum der Verhandlungsinitiativen. Aber nach dem Besuch Sadats gerieten die Verhandlungen in eine Sackgasse. Dieses Dilemma bildete zugleich den Auftakt für die Gespräche in Camp David im September 1978, zu denen Präsident Carter die politische Führung Israels und Ägyptens eingeladen hatte. Das Ergebnis der Beratungen waren die beiden Abkommen über einen Rahmen für den Frieden im Nahen Osten und über die Voraussetzungen für den Abschluß eines Friedensvertrages zwischen Ägypten und Israel vom 17. September 1978. Sie waren Ausdruck eines umfassenden Friedenswillens, zugleich standen sie – dem Zwang der Umstände entsprechend – in der Tradition der Schritt-für-Schritt-Diplomatie von Henry Kissinger. Erst im März 1979 konnte der bilaterale Friedensprozeß zwischen Ägypten und Israel vertraglich fixiert werden. Mit der Aufnahme der diplomatischen Beziehungen zwischen beiden Staaten sowie der Rückgabe des Sinai an Ägypten und dem Abzug der Israelis im März 1982 konnte ein Markstein für den Frieden im Nahen Osten erreicht werden. Präsident Carter trug entscheidend zu diesem Erfolg bei[8].

In einer historischen Bezugslinie stellte Camp David ein Novum in der amerikanischen Nahost-Politik dar. Nachdem die USA bisher primär als Garant der israelischen Sicherheitsrechte aufgetreten waren, gingen sie in Camp David eine permanente Makler- und Vermittlerrolle ein. Bezüglich der Sowjetunion stellte diese Dreier-Vereinbarung zwischen den USA, Ägypten und Israel ebenfalls ein Novum dar. Die beiden bisherigen Hauptkontrahenten im Nahen Osten verbanden sich nicht nur bilateral, sondern unter Einschluß der USA gegen einen potentiellen Einfluß der Sowjetunion im Nahen Osten. Dies führte wiederum zu einer verstärkten Polarisierung gegenüber der sogenannten arabischen Ablehnungsfront, die mit der Sowjetunion sympathisierte.

Hauptproblem bleibt bis heute die Erfüllung des umfassenden Rahmenabkommens für den Frieden zwischen Israel und allen arabischen Staaten. Dies ist bisher Makulatur geblieben, weil alle arabischen Staaten zwar von den Vertragsunterzeichnern zu Verhandlungen eingeladen wurden, sich aber bisher kein einziges Land zu Verhandlungen bereitgefunden hat, weil Israel mit Blick auf die besetzten Gebiete kompromißlos geblieben war. Menachem Begins Starrsinn und Präsident Sadats großzügige, aber auch arrogante Pharao-Attitüde, mit der er nicht selten Einsamkeit und Machtlosigkeit überspielte, erschwerten die Maklerrolle von Präsident Carter. Folgende Ziele konnten erreicht werden: Die militärische Gefahr wurde für Israel entscheidend verringert. Damit schwand das Problem des totalen Krieges im Nahen Osten, weil Ägypten die ultima ratio einer Lösung – Land gegen Anerkennung – mit Blick auf den Sinai vorzog. Dabei wurde Ägypten aus der arabischen Einheitsfront herausgelöst. Zwar wurden militärische Aktionen des arabischen Lagers für die Befreiung der besetzten Gebiete nun weniger wahrscheinlich, aber die Opposition der arabischen Ablehnungsfront formierte sich fester. Die USA konnten durch die Einbeziehung Ägyptens in die amerikanische Interessensphäre einen entscheidenden Erfolg verbuchen. In Ägypten trafen sie auf einen Partner, der in der Region amerikanische Interessen nachhaltig unterstützen würde.

Die USA hatten zwar gewisse Sachzwänge schaffen können, aber es fehlte im Vertragswerk von Camp David eine klare Verknüpfung zwischen der Erfüllung des israelisch-ägyptischen Friedensvertrages und der Verwirklichung der Autonomie in den besetzten Gebieten, wie es das Vertragswerk für einen umfassenden Frieden vorsah. Hier konnte die israelische Seite durchsetzen, daß der ägyptisch-israelische Friedensvertrag und der Gesamtrahmen für einen umfassenden Frieden im Nahen Osten letztlich politisch voneinander getrennt blieben. Die paradoxe Rolle der Regierung Carter im Friedensprozeß drückte sich darin aus, daß die USA einerseits seit dem Zweiten Weltkrieg einen Präzedenzfall geschaffen hatten, indem sie sich vertraglich festgelegt hatten. Andererseits war jedoch unübersehbar, daß die USA bei den entscheidenden Fragen, die über die Regelung der ägyptisch-israelischen Probleme hinausgingen, keine Seite für einen Frieden verpflichten konnten, der Übereinstimmung bei der Autonomiefrage gebracht hätte. Camp David markierte die Abkehr des amerikanischen Präsidenten von seiner ursprünglichen Friedensstrategie, die er gemeinsam mit der Sowjetunion ins Auge gefaßt hatte. Präsident Carter war gezwungen, in die Fußstapfen der Schritt-für-Schritt-Diplomatie von Henry Kissinger zu treten. Die Alternative zwischen einer Schritt-für-Schritt-Strategie und einer umfassenden Friedensregelung für den Nahen Osten war somit weniger Ausdruck außenpolitischer Möglichkeiten, sondern vielmehr Reflex der Krisenlage im Nahen Osten.

Ist angesichts des Anfangserfolges von Camp David und der folgenden Resignation der Camp-David-Friedensprozeß wie ein umgekehrt abgelaufener Hollywood-Film, mit dem Happy-end am Anfang, abgelaufen? Durch das starre Verhalten der Regierung Begin wurde der Abbau der Konfrontation verhindert. Die Israelis sperrten sich gegen die Verwirklichung der legitimen Rechte der Palästinenser in den besetzten Gebieten. Die Verwaltungsautonomie, die als vorläufige Lösung angestrebt wurde, war eine Kompromißformel, die durch die Israelis eng ausgelegt wurde und hinter den arabischen Vorstellungen zurückblieb. Vielleicht hatte die Regierung Carter zunächst eine längere Filmrolle eingelegt, als es die Realität erlaubte. Sie war weiter gegangen als ihre Vorgängerinnen und hatte sich nicht gescheut, amerikanisch-israelische Differenzen für den Preis eines Fortschritts in der Gesamtsituation im Nahen Osten zu riskieren. Carters mutige Kritik an Begins Starrköpfigkeit rüttelte später im Wahljahr 1980 auch an Carters innenpolitischen Grundfesten. Kein Zweifel, „Mitte Juni 1980 war es klar, daß Begin Carter besiegt sehen wollte ... Deshalb beinhaltete eine Entscheidung zur Konfrontation mit Begin schwere Risiken nicht nur für die Stabilität der Region, sondern auch für die innenpolitische Situation des Präsidenten.“ [9]

Die Nahost-Politik der Regierung Carter zeigte nach Abschluß von Camp David Schwächen. Dabei darf nicht übersehen werden, daß sich seit dem Sturz des Schah von Iran und seit der iranischen Geiselnahme von amerikanischen Diplomaten, aber auch vor allem seit der Invasion der Sowjetunion in Afghanistan insgesamt die weltpolitischen Probleme für die Regierung Carter verschärft hatten. Der arabisch-israelische Friedensprozeß verlor an Dringlichkeit. Da zudem die direkte bilaterale Friedensstruktur zwischen Ägypten und Israel sich insgesamt positiv entwickelte, wurde das, was vor Jahren noch eine Sensation bedeutet hätte, nun zum Alltag.

Insgesamt gesehen, markierte die Unterzeichnung des israelisch-ägyptischen Friedensvertrages im März 1979 den letzten Höhepunkt der Nahost-Politik der Regierung Carter. Danach trat Stillstand in den weiteren Verhandlungen ein, und die USA konzentrierten sich darauf, Camp David gegen die Kritik, die innen- und außenpolitisch besonders bei den arabischen Staaten anstieg, zu verteidigen. Präsident Carter wurde zunehmend von der Iran-Krise absorbiert.

4. Die Iran-Politik

Die Ereignisse in Iran von 1978 bis 1980 haben das politische Selbstverständnis der USA direkt und schmerzhaft berührt. Dies war in diesem Umfang bei der sowjetischen Invasion in Afghanistan nicht der Fall, während der Sturz des Schah und die Demütigung der USA durch die schiitische Mullah-Theokratie Amerika empfindlich trafen: Prestige, Würde und Selbstverständnis der USA als Weltmacht wurden einer schweren Prüfung unterzogen.

Die Wende in den amerikanisch-iranischen Beziehungen trat Ende der sechziger Jahre ein, als im Juli 1967 der englische Premierminister Wilson erklärte, daß Großbritannien seine Militärpräsenz östlich von Suez bis Ende 1971 beenden wolle. Militärstrategisch entstand nach 1968 in der Golfregion Unsicherheit, weil die Sowjetunion bemüht war, ihren Machtbereich auszudehnen. Für die amerikanischen Interessen im Nahen und Mittleren Osten konnte eine bedrohliche Lage entstehen, falls die Sowjetunion nun das imperiale Erbe Englands übernehmen würde.

Obwohl die Nixon-Administration ihre Außenpolitik auf Vietnam konzentrieren mußte, erkannte sie die Dringlichkeit der neuen Probleme im Nahen Osten schnell. Die Regierung Nixon beschloß – ganz im Sinne der neu entwickelten Nixon-Doktrin –, die befreundeten Staaten regionale Eigenverantwortung übernehmen zu lassen. Der Iran sollte bei diesem Konzept zum Gendarm am Golf ausgerüstet werden.

Es ist nicht zufällig, daß acht Präsidenten beider Parteien den Schah als einen Freund und eine Stütze der Stabilität in einem unruhigen, aber weltpolitisch wichtigen Gebiet bezeichnet haben. Unter seiner Führung wurde der Iran zum geopolitischen Scharnier zwischen Europa und Asien für pro-westliche Politik. Der Schah bezog im Siebentagekrieg von 1967 eine zurückhaltende Position: Bei grundsätzlicher Übereinstimmung mit den moderaten Kräften im arabischen Lager kritisierte er die Politik Israels in den besetzten Gebieten, unterhielt jedoch enge und geheime Kontakte mit Israel. Ökonomische Beziehungen, aber auch die der Geheimdienste, waren in Fragen der äußeren und inneren Sicherheit zwischen Iran und Israel vorhanden.

Im Oktober-Krieg 1973 lagen die Sympathien des Schah bei Ägypten und den arabischen Staaten, darüber hinaus schickte er Piloten und Flugzeuge nach Saudi-Arabien. Er genehmigte sowjetischen, verbot aber israelischen Flugzeugen das Überfliegen iranischen Territoriums. Er unterstützte vorbehaltlos Kissingers Schritt-für-Schritt-Diplomatie, wie er später auch die Nahost-Politik von Präsident Carter begrüßte.

Im indisch-pakistanischen Krieg 1971 suchte der Schah zu vermitteln. Er unterstützte die USA bei den Verhandlungen für einen Frieden in Vietnam. Er stellte sich vehement hinter die Friedensinitiative von Präsident Sadat und brachte die ägyptisch-israelischen Beziehungen, die unter Nasser zusammengebrochen waren, auf neuen Kooperationskurs. In dem Maß, in dem sich Ägypten vom Einfluß der Sowjetunion zu lösen begann, verbesserten sich die iranisch-ägyptischen Beziehungen. Während der Schah die Beziehungen zu Saudi-Arabien und den Golf-Emiraten ausbauen konnte, blieben sie zu Syrien und dem Irak problemgeladen; mit dem Irak konnte allerdings, wenn auch nicht völlig befriedigend, 1975 das Kurden-Problem geregelt werden. Im Rahmen der OPEC gehörte der Schah zu denjenigen, die statt politischer Konfrontation und Drohung mit Ölembargo eine im Kern pro-westliche Position befürworteten, wenn auch unter klarer Wahrnehmung eigener ökonomischer Interessen.

Mit Israel verband den Schah mit Rücksicht auf die arabischen Staaten eine „diskrete Entente". Er drängte, wenn auch erfolglos, Israel zur Räumung der besetzten Gebiete und erwarb damit bei den Arabern politischen Kredit. Da die Haltung des Schah gegenüber der PLO zurückhaltend war, erwarb er sich damit Verständnis bei den Israelis, aber auch bei Präsident Sadat. Zukünftige Regelungen der Westbank waren nach der Auffassung des Schah stark auf die Interessen von König Hussein abzustimmen. Er schien einer jordanischen Option nicht abgeneigt. Die Achse Kairo–Riad–Teheran war aus iranischer Sicht nicht gegen Israel gerichtet, sondern sollte sowjetischen Einfluß zurückdrängen sowie regionale Kräfte stärken. Der Schah bemühte sich um eine diskrete Maklerposition im israelisch-arabischen Konflikt mit dem Ziel, den Einfluß der regionalen Mächte, insbesondere den des Iran, auszuweiten. Eine moderate und kooperative Politik im Rahmen der OPEC sollte die Interessen der ölproduzierenden Staaten weiterhin eng mit denen des Westens verbinden. Trotz Repression im Innern, trotz einer gewissen außenpolitischen Arroganz der iranischen Macht wirkte die Politik des Schah vorerst stabilisierend. Dank seiner Unterstützung konnte Sultan Qabus von Oman den Aufstand in der Dhofar-Provinz niederschlagen. Die Hilfe des Iran bildete ein Band gemeinsamer Interessen mit den konservativen arabischen Staaten. Das Ziel des Schah war die Entwicklung der Golfregion unter Einschluß Israels. Die zentralen Konflikte sollten Schritt für Schritt gelöst werden.

Insgesamt gesehen, verfolgte der Schah von 1969 bis 1976 eine Außenpolitik, die Stabilität und latente Dominanz zu vereinbaren suchte. Dabei handelte er pro-westlich und wurde zum entscheidenden Regulator eines regionalen Gleichgewichts im Nahen Osten, gleichzeitig zum zentralen Außenposten strategischer, politischer und ökonomischer Interessen der USA. Er suchte natürlich auch eigenen politischen, strategischen und ökonomischen Vorteil. Wenn man diese weitsichtige und maßvolle Außenpolitik des Schah mit der Außenpolitik der Mullah-Theokratie vergleicht, wird der Verlust für die Interessen des Westens, aber auch die neue Labilität der Nah- und Mittelost-Region deutlich. Der Schah stürzte natürlich nicht wegen seiner Außenpolitik. Im Gegenteil, diese hat vermutlich innenpolitische Schwächen zeitweise verdecken können. Seine Fehlkalkulation bestand darin, daß er außenpolitische Macht mit einem militärischen Arsenal sichern wollte, das dem ökonomischen und politischen Stand seines Landes völlig unangemessen war.

Der Sturz des Schah 1979 hatte kaum mit den Waffenkäufen in den USA zu tun, aber die amerikanische Militärpräsenz in

Iran schürte Anti-Amerikanismus[10]. Sein Einfluß auf die amerikanische Politik war angewachsen. Aber in den Augen der Bevölkerung, der Opposition und der Schiiten verstärkte sich paradoxerweise der Eindruck von iranischer Abhängigkeit in dem Maß, in dem der Schah seinen Einfluß auf die USA auszuweiten suchte. Für viele Iraner herrschte nach wie vor ein amerikanisches Dreigestirn von Ölinteressen, Geheimdienst und Waffengeschäften.

Als der Schah dem Westen und den USA außenpolitische Lektionen erteilte, die westliche Degeneration kritisierte, sich selbst als Erneuerer präsentierte, wurde seine Politik von Größenwahn befallen. Gigantische Krönungs- und Gründungsfeiern symbolisierten Realitätsverlust, die Kluft zwischen Wahn und Vision nahm zu. Diese Entwicklung und eine schleichende Krankheit vermittelten dem Schicksal des Schah shakespearesche Proportionen. Es ist fraglich, ob irgendeine amerikanische Regierung angesichts Größenwahn und Verfall der Schah-Herrschaft die revolutionäre Welle hätte verhindern können. Aber die Iran-Politik der Regierung Carter verschlimmerte die Lage. Sie war von Anfang an sibyllinisch: Die Gesten und diplomatischen Höflichkeiten blieben, aber dahinter wurden Wandel und Abkehr von der traditionellen engen Interessenverbundenheit zwischen dem Schah und dem amerikanischen Präsidenten deutlich.

Carter und seine Mitarbeiter waren von dem Verlangen erfüllt, eine Wiederholung des Vietnam-Debakels zu vermeiden. Aber wie? Anstelle von „keine weiteren Vietnams“ war nun die Regierung Carter von der Maxime „keine weiteren Schahs oder Pinochets“ geleitet. Menschenrechtsrhetorik ermunterte amerikanische Diplomaten in Teheran außerdem zu Kontakten mit Oppositionellen, aber an der Spitze der Beziehungen blieb alles beim alten. Weder Präsident Carter noch der amerikanische Botschafter in Teheran hätten es gewagt, den Schah in direktem Gespräch klar mit demokratischen Forderungen zu konfrontieren oder gar mit politischen Bedingungen aufzuwarten. Andererseits schien es, als ob man in Washington mehr Zeit damit verbrachte, die Politik des Schah zu verteidigen anstatt zu kritisieren. Hinter diesen Widersprüchlichkeiten verbargen sich tiefe Gegensätze innerhalb der Administration. Eine Gruppe in der Regierung Carter befürwortete fortgesetzte und massive Unterstützung des Schah und eine hohe Interventionsbereitschaft der USA. Sie stellten die strategischen Interessen der USA und die geopolitische Bedeutung in den Vordergrund. Eine antikommunistische Ausrichtung, starkes Mißtrauen gegenüber der Möglichkeit einer evolutionär-reformerischen Entwicklung in Iran, Furcht vor Revolution und kommunistischen Gruppen und vor einer Dominanz der Sowjetunion in Iran beziehungsweise im Nahen Osten kennzeichneten diese Haltung, die im Kern von Sicherheitsberater Brzezinski und auch von Energieminister Schlesinger vertreten wurde. Khomeini erschien beiden als reaktionärer fanatischer Mullah, der das Land in die Steinzeit zurückwerfen werde. Sie haben mit ihrer Einschätzung der Lage Recht behalten: Die Schreckensvisionen einer reaktionären Mullah-Theokratie haben sich voll bestätigt.

Eine andere Gruppe befürwortete – im krassen Gegensatz – eine schnelle Abdankung des Schah. Sie setzte auf die oppositionellen Kräfte im Iran, auf liberal-reformerische Politiker, aber auch auf einen positiven und mäßigenden Einfluß der Mullahs. Überragendes Leitmotiv dieser Gruppe war die Menschenrechtsidee, die – im Gegensatz zum interventionistischen Moralismus von John F. Kennedy – Moralismus mit Nichteinmischung der USA verband. Der Iran sollte seinen Weg selbst finden. Die Alternative, Revolution oder Reform, lag in der Hand der Iraner, unabhängig von amerikanischem Verhalten.

Wie Brzezinski für die erste Gruppe, so sprachen zweifellos Außenminister Vance, aber auch Vizepräsident Mondale, Teile des Außenministeriums und der USA-Botschaft in Teheran für diese zweite Gruppe, die auch den größeren Einfluß auf die Haltung von Präsident Carter hatte. Entscheidungslosigkeit und innere Widersprüche über Inhalte und Ziele der Iran-Politik führten dazu, daß in der Regierung Carter in den Institutionen und auf verschiedenen Ebenen Iran-Politik auf eigene Faust betrieben wurde. In diesem Chaos unterschiedlicher Strategien und Vorurteile und ohne Führung des Präsidenten gab es keine klaren Anweisungen, Initiativen, geschweige denn kurzfristiges Krisenmanagement oder gar außenpolitische Planung. Carter spielte ab Oktober 1978 lediglich auf Zeit.

Das Ergebnis war verwirrende, hektische Aktivität. Während in Iran die revolutionären Wogen immer höher stiegen und der Sturm der Revolution von Khomeinis Exil aus Paris per Kassette in den Iran fegte, saßen die beiden Personen, die – wenn auch mit unterschiedlicher Anstrengung – noch das Heft in der Hand hielten, wie gelähmt in ihren Regierungssesseln: Der Schah hatte Skrupel, mit Einsatz aller Mittel Ruhe und Ordnung wiederherzustellen, weigerte sich aber, Reformen einzuleiten. Seine Bereitschaft blieb Rhetorik; wurden Konsequenzen von ihm gefordert, rückte er von seinen Andeutungen ab. Präsident Carter entwickelte keine Iran-Initiativen. Es gab nur unkoordinierte, individuelle Reflexe einzelner Glieder des außenpolitischen Regierungssystems, ohne Leitung eines politischen Zentrums. Nachdem am 16. Januar 1979 der Schah das Land verlassen und am 31. Januar Khomeini den Iran betreten hatte, bahnte sich das Ende der alten Ordnung an.

Die USA hätten die Ereignisse in Iran kaum fundamental ändern können. Die Politik des Schah bildete den Auslöser für den Umsturz. Er hatte die Versäumnisse zu verantworten, aber die Haltung der Regierung Carter war angesichts der rapiden Veränderungen ideenlos, widersprüchlich und ohne Sinn für die strategischen, politischen und ökonomischen Interessen der USA in der Golfregion. Aber es war paradox, daß fast alle Beteiligten, wenn auch aus gegensätzlichen Motiven, die Einflußmöglichkeiten der USA in Iran überschätzten, während Carter die Außenpolitik der USA neo-isolationistisch prägte.

Androhung und Einsatz militärischer Macht wurden freiwillig aufgegeben. Neo-Isolationismus und moralischer Internationalismus bildeten unter Carter eine neue Synthese, die die Amerikaner sowie Freunde und Gegner völlig verwirrte. Carters Diktum, mit seiner Politik sei das Vietnam-Syndrom überwunden worden, war Selbstbetrug, denn die außenpolitischen Folgen von Vietnam traten erst unter Carter offen zutage. Die Symbiose von Menschenrechts-Internationalismus und machtpolitischem Neo-Isolationismus konnte nur außenpolitische Kurzschlüsse erzeugen, weil sie allen Regeln der internationalen Politik widersprach. Nicht eine tragische Verkettung von Ereignissen, sondern eine absurde außenpolitische Grundhaltung Carters war mitbestimmend für eine katastrophale Entwicklung, bei der weder Menschenrechte verwirklicht noch strategische, ökonomische oder sonstige Interessen der USA bewahrt werden konnten.

Der Sturz des Schah und die Übernahme der Macht durch den Ayatollah Khomeini bedeuteten einen schweren Verlust der amerikanischen Interessen. Der Iran, jahrzehntelanges Bindeglied im Nahen und Mittleren Osten für amerikanische Interessen, betrieb nun eine anti-amerikanische Politik. Dieser Verlust wurde immerhin dadurch gedämpft, daß er nicht zu sowjetischem Gewinn führte. Doch es sollte noch schlimmer kommen: Zunächst gab es Anlaß zu der Hoffnung, daß nach einer unruhigen Übergangsperiode die religiös fanatischen Kräfte abebben würden, daß der Ayatollah Khomeini sich nach Quom zurückziehen und unter der Führung von Premierminister Bazargan sich die Lage im Iran stabilisieren werde. So signalisierte die 76%ige Zustimmung zur Wahl Bani Sadrs zum Präsidenten am 28. Januar 1980 Hoffnung, daß die Reformer sich gegenüber den Revolutionären würden durchsetzen können. Aber bedrohliche Entwicklungen kündigten sich an, als am 14. Februar 1979 die amerikanische Botschaft von iranischen Fanatikern besetzt wurde. Nur mit Mühe war es der Regierung Bazargan gelungen, die amerikanischen Geiseln zu befreien und die iranischen Besetzer zum Abzug zu bewegen. Am 25. Mai waren mittlerweile 150 000 Demonstranten vor den Toren der amerikanischen Botschaft erschienen: „Tod den USA, Tod für Carter“ bildete das tausendfache Echo auf Khomeinis Haßtiraden. Schlagartig wurde nun deutlich, daß die Substanz des amerikanischen Interesses in Iran auf den kleinstmöglichen Kern zusammengeschmolzen war. Es ging nicht mehr um globale, regionale, ökonomische oder strategische Interessen, sondern lediglich um die Sicherheit der noch verbliebenen Amerikaner in Iran, vor allem um die Botschaftsangehörigen.

Zu den amerikanischen Bemühungen um Normalisierung der Beziehungen zu den neuen Machthabern gehörte die Frage, ob die Regierung Carter dem Schah in den USA Asyl gewähren sollte. Ursprünglich hatte Carter dem Schah einen Aufenthalt in den USA zugesagt. Am 19. April 1979 wurde dann in einem nicht unterzeichneten Brief diese Zusage zurückgezogen. Als sich der Gesundheitszustand des Schah verschlechterte, wurde ihm zur ärztlichen Behandlung ein zeitweiliger Aufenthalt in den USA zugesichert. Am 22. Oktober 1979 reiste er zur Behandlung in die USA ein, verließ sie am 15. Dezember 1979, blieb in Panama bis zum 23. März 1980, um nach Ägypten zu reisen, wo er am 27. Juli 1980 im Alter von 60 Jahren an Lungenkrebs starb. Wiederholt hieß es zwar, daß der Schah erst in die USA einreisen dürfe, wenn der effektive Schutz für die amerikanische Botschaft gewährleistet sei. Dieser Schutz konnte aber kaum allein durch die Garantie einer Regierung gesichert werden, die dem Land nur noch als Fassade vorstand. Als nämlich Premierminister Bazargan und Außenminister Yazdi am 1. November 1979 mit Sicherheitsberater Brzezinski in Algier zusammentrafen, ohne vorher Khomeini über das geplante Treffen informiert zu haben, witterten die radikalen Kräfte in Iran Komplott und Kollaboration.

Am 4. November 1979 wurde die amerikanische Botschaft in Teheran gestürmt, die Botschaftsangehörigen als Geiseln gefangen genommen. Eine neue Eskalation in den amerikanisch-iranischen Beziehungen begann. Ein studentisches Sit-in bewirkte ein politisches Drama und eine internationale Krise, die das Selbstverständnis und die Außenpolitik der Weltmacht USA schwerwiegend beeinflußte und schließlich Präsident Carters Wiederwahl vereitelte. Die diplomatischen Bemühungen und Ressourcen von Dutzenden von Ländern und Regierungen wurden in Anspruch genommen. Schließlich führte die Geiselnahme zu dem verzweifelten Befreiungsversuch vom 24. April 1980, bei dem acht amerikanische Soldaten starben.

Die Geiselnahme hatte einen jahrhundertealten Konsens der Diplomatie verletzt, den alle Staaten der Welt bis auf wenige Ausnahmen anerkannt haben. Das diplomatische Corps eines jeden Landes genießt unbeschadet vom Zustand der Beziehungen der Länder untereinander Immunität. Deshalb war die Empörung über die Geiselnahme weltweit.

Die Forderung der öffentlichen Meinung in den USA nach Beendigung der monatelangen ergebnislosen Verhandlungen und nach Vergeltung stieg an. Folgendes Dilemma zeichnete sich ab: Entweder Fortsetzung der entehrenden Verhandlungen oder militärische Maßnahmen.

Innerhalb der Regierung war die Meinung verbreitet, daß militärische Vergeltungsmaßnahmen das Leben der Geiseln gefährden würden. Eine Blockade des Iran wurde allenfalls in Betracht gezogen, falls die Diplomaten mißhandelt oder abgeurteilt werden sollten. So entschied sich die Regierung Carter letztlich für den isolierten Versuch der Befreiung der Geiseln. Zeitweilig standen flankierende militärische Vergeltungsschläge zur Disposition. Die militärische Befreiungsaktion, die nur im engsten Führungskreis der Regierung geplant wurde, führte zu Meinungsverschiedenheiten. Außenminister Vance wandte sich von Anfang an gegen einen gewaltsamen Versuch, die Geiseln in Teheran zu befreien[11]. Er vertrat die Auffassung, durch die Geiselnahme sei die nationale Sicherheit der USA nicht bedroht, aber die militärische Rettungsaktion könnte dem nationalen Sicherheitsinteresse der USA schaden. Er hatte bereits vor der Aktion seinen Rücktritt erklärt, weil er als oberster Dienstherr des Außenministeriums keiner Aktion zustimmen konnte, die das Leben seiner Mitarbeiter in der Botschaft in Teheran gefährdet hätte. Am 24. April 1980 scheiterte der Versuch, die Geiseln zu befreien, unter tragischen Umständen. Es blieb nur wenig Trost in Brzezinskis Worten, „wenn man es nicht versucht hätte, obwohl man gekonnt hätte, wäre es für Amerika beschämend und unwürdig gewesen". Der Sturz des

Schah hatte die Außenpolitik der USA im Nahen und Mittleren Osten schwer erschüttert, aber das gescheiterte Rettungsunternehmen traf die Vereinigten Staaten tief. Das Selbstbewußtsein der Streitkräfte wurde erschüttert, ebenso der Glaube, daß mit überlegener Militärtechnologie ein Ausweg gefunden werden könnte.

Schließlich muß festgehalten werden, daß die Entlassung der Geiseln mit den verschiedenen Befreiungsstrategien kaum etwas zu tun hatte. Der Krieg des Irak gegen den Iran, die Aussicht, zum Schluß noch ein gutes Geschäft mit den USA bei Freilassung der Geiseln abschließen zu können, und nicht zuletzt die Befürchtung, daß der neu gewählte Präsident Reagan energischer die Dinge in die Hand nehmen würde, führten zur Freilassung. Auch waren die geopolitischen Umstände für eine Befreiung denkbar ungünstig. Trotzdem zeigten die Ereignisse, daß verhandlungspolitische Ansätze allein nur geringe Erfolgschancen hatten. Die moralisch-legalistische Tradition, in der die Regierung Carter handelte, und die Berufung auf die Wirksamkeit völkerrechtlicher Grundsätze, die in den Augen der iranischen Führung ja gerade Ausdruck westlicher Unterdrückung war, bot wenig Erfolgsaussichten.

Die mehrfachen öffentlichen Erklärungen zu Beginn der Geiselnahme, auf Anwendung oder Androhung von militärischer Macht völlig zu verzichten, machten alle diplomatischen Bemühungen druck- und wirkungslos. Die Regierung Carter stellte sich psychologisch nicht auf die Mullahs ein, sondern setzte auf die gemäßigten Gruppen und Kräfte um Bazargan, Bani Sadr und Ghotbzadeh. Aber die Geiselnahme diente dem gegenteiligen Zweck: Die moderaten Kräfte sollten machtpolitisch ausgebootet werden. Bazargan und Bani Sadr mußten flüchten, Ghotbzadeh, stets undurchschaubar, wurde später hingerichtet.

Es zeigte sich, daß allein die Betonung des guten Willens gegenüber einer fanatischen Macht nicht zum Erfolg führt, weil die Mullah-Theokratie nicht am guten Willen, sondern an der Erniedrigung der USA interessiert war. Konnte Carters Kompromißeinstellung überhaupt Entgegenkommen bewirken, oder wäre nicht vielmehr eine Politik der Stärke mit Androhung oder Anwendung von militärischer Gewalt erfolgreich gewesen?

Vor der sowjetischen Invasion in Afghanistan hätte die Planung für einen Befreiungsversuch mit einem militärischen Vergeltungsschlag koordiniert werden können, wie Brzezinski vorschlug. Bei erfolgreicher Befreiung hätte dann auf den Vergeltungsschlag verzichtet werden können; beim Scheitern hätte zum Beispiel durch Bombardierung der Ölraffinerien oder durch Seeblockade der Verhandlungsdruck auf den Iran aufrechterhalten werden können. Vielleicht wäre dann das Leben der Geiseln bedroht gewesen. Carter hatte seine Planungen fast ausschließlich auf die Erhaltung des Lebens und die Befreiung der Geiseln konzentriert. Dies war vielleicht die folgenreichste Entscheidung. Okkupiert vom Befreiungsgedanken gegenüber einer gegen Amerika haßerfüllten iranischen Führung, war der Präsident selbst zur Geisel geworden.

Die Regierung Carter griff aus Verzweiflung in der Schlußphase zu selbsterniedrigenden Vorschlägen. Sie versuchte, das militärische Scheitern noch in eine Freilassung der Geiseln umzufunktionieren. Harold Saunders wandte sich mit einem bizarren Verhandlungsvorschlag an den ägyptischen Journalisten und Diplomaten Mohamed Heikal, der ihn an die Iraner weiterleiten sollte: Die Geiseln sollten nach Täbris gebracht werden, wo inmitten der toten amerikanischen Soldaten und der Flugzeugwracks die Iraner den gerechten Sieg über die USA ausrufen sollten. Der Befreiungsversuch sollte die gescheiterte und teuflische Politik der USA symbolisieren, die Freilassung der Geiseln sollte die Großherzigkeit und das Mitgefühl der iranischen Revolution zeigen. Selbst für Heikal, der gewissen Zielen der iranischen Revolution aufgeschlossen gegenüberstand, war dieser selbsterniedrigende Vorschlag der Regierung Carter zuviel[12]. Nicht die Botschaftsangehörigen in Teheran allein, sondern die Außenpolitik der Regierung Carter wurden zur Geisel des Ayatollah Khomeini. Carter konnte sich aus dieser außenpolitischen Gefangenschaft nicht befreien.

Diese Entwicklung, die schließlich zu Carters Abwahl als Präsident führte, war nicht ohne Tragik. Seine Camp-David-Diplomatie steht für Geschicklichkeit, Mut und strategischen Weitblick. Seine zögernde widersprüchliche Haltung in der Iran-Politik, insbesondere bei der Geiselnahme, zeigte jedoch Schwäche. Fest steht, daß Carter im Nahen Osten seinen größten Triumph in Camp David erfuhr und seine größte Niederlage in Iran erlitt. Vielleicht relativiert sich in der historischen Distanz auch diese Bewertung: Der Sieger von Camp David war vermutlich weniger Carter als vielmehr Menachem Begin, dem es hinter dem Paravent schillernder Rhetorik gelang, seine politischen Interessen durchzusetzen. Wünschte Carter eine volle Anwendung der Abkommen von Camp David, so wurde er primär durch Begins kompromißlose Position der „restriktiven Einhaltung" zur Passivität verdammt.

In Iran lagen die Dinge etwas anders. Die Passivität und Unsicherheit des Schah boten für die USA bessere Chancen der Beeinflussung: Entweder eine langfristige Entscheidung für die neuen politischen Kräfte in Iran, wie von Vance und Mondale befürwortet, oder nachdrückliche Unterstützung für das Schah-Regime. Carter fehlten Herz und Verstand, sich zu entscheiden. Erst nach dem Einmarsch sowjetischer Truppen in Afghanistan sah er sich endgültig gezwungen, seine außenpolitische Passivität in der Nah- und Mittelost-Region aufzugeben.

Die Regierung Carter, welche die USA von der Traumatik der Vietnam-Erfahrung befreien wollte, wurde zum exponiertesten Opfer einer politischen Schlußfolgerung, nach der die Anwendung oder Androhung von Gewalt nach Vietnam per se unmoralisch geworden war. Die gescheiterte Befreiung der Geiseln von Teheran kennzeichnete, selbst wenn Carter persönlich dafür keine Verantwortung trug, doch eine tiefe tragische Konsequenz. Dort, wo Carter eigenes persönliches Profil zeigte wie in der Menschenrechtspolitik, war er erfolglos, dort, wo er Entschlossenheit signalisierte, war er nicht er selbst. So wirkte Carters ostentative Demonstration von Stärke für viele als ein Zeichen oder gar Eingeständnis von Schwäche. Der Adel der Menschenrechtsidee wurde dilettantisch verbraucht. Es blieb die Ohnmacht moralischer Prinzipien.

5. Die Haltung zur sowjetischen Invasion in Afghanistan

Das Schlüsseldatum der sowjetischen Afghanistan-Politik war nicht der 25. Dezember 1979, sondern der 18. April 1978, als ein kommunistischer Umsturz in Afghanistan von den Amerikanern ignoriert wurde. Als am 18. April 1978 die Sowjets ihren Einfluß in Kabul ohne amerikanische Reaktion ausdehnen konnten, war klar, daß die Regierung Carter wenig Interesse zeigte. Anti-sowjetischer Nationalismus, islamischer Fundamentalismus in Afghanistan, der unter dem Eindruck von Khomeinis Erfolg in Iran stärker wurde, und mehrere Krisen des Regimes in Kabul hatten die sowjetische Interessenlage erschwert.

Als dann die Sowjets im Dezember 1978 einen Freundschaftsvertrag mit Afghanistan abschlossen, ihre Militärhilfe und die Anzahl der Militärberater in Afghanistan rapide erhöhten, als im Februar 1979 der amerikanische Botschafter in Kabul, Dubs, erschossen wurde, als im April 1979 Außenminister Amin bei einem Putsch Premierminister wurde, als im September 1979 Taraki in einer Palastrevolte erschossen wurde und Amin Präsident wurde, als schließlich im November und Dezember 1979 die Sowjets ihre Truppen an der Grenze zu Afghanistan zusammenzogen, war eine Serie von Ereignissen abgelaufen, auf die die USA in irgendeiner Form hätten reagieren müssen. Die schamvoll geäußerten Bedenken der Regierung Carter, militärische oder politische Drohungen der USA würden eine sowjetische Invasion in Afghanistan beschleunigen, sind schwer verständlich. Außenminister Vance schenkte den Sowjets Glauben, sie seien ebenso vom Sturz des Regimes Daud und von der Machtübernahme des pro-sowjetischen Taraki-Regimes überrascht worden wie er selbst.

Auch die Beziehungen zur VR China, die seit 1979 eine neue intensivierte Qualität erhalten hatten, wurden nicht als Gegengewicht zur Sowjetunion genutzt. Deng, der die amerikanische Regierung vorab über die Strafexpedition gegen Vietnam im Februar 1979 informierte, warnte vor Passivität gegenüber der Sowjetunion angesichts deren direkter oder indirekter Übergriffe an ihrer Südgrenze. Wie schon Monate vorher der Schah, so warnte Deng im Februar 1979 vor einem sowjetischen Eingreifen in Afghanistan. Aber die Regierung in Washington war über die Entwicklung in Afghanistan ebenso geteilter Auffassung wie in der Iran-Politik. Während Sicherheitsberater Brzezinski den Präsidenten zu einer härteren Haltung und zu öffentlichen Warnungen vergeblich zu bewegen suchte, riet Außenminister Vance zu Zurückhaltung.

Carters Unentschlossenheit trug vermutlich auch dazu bei, die Politik der schleichenden Intervention der Sowjetunion in eine offene Invasion übergehen zu lassen. Die plötzliche und großangelegte Invasion in Afghanistan entsprach den langgehegten Befürchtungen von Sicherheitsberater Brzezinski. Als die Sowjetunion dann im Dezember 1979 in Afghanistan einmarschierte, hatte sie das Terrain der Entspannung verlassen und die Regeln der Entspannung endgültig gebrochen. Zum ersten Mal seit 1945 setzte die Sowjetunion Truppen ein, um ein Land außerhalb des Wirkungsbereichs der Breschnew-Doktrin zu besetzen und zu unterwerfen. 140 Staaten verurteilten daraufhin in der UNO wie auch auf der islamischen Konferenz in Islamabad im Juni 1980 die Invasion und forderten den Abzug der sowjetischen Truppen aus Afghanistan.

Angesichts der Tatsache, daß außerhalb des Warschauer Paktes fast alle Staaten der Welt die Invasion verurteilten, wirkte die Begründung von Generalsekretär Breschnew für den sowjetischen Einmarsch grotesk: „Gemeinsam mit seinen Helfershelfern begann der Imperialismus im Grunde genommen einen nicht erklärten Krieg gegen das revolutionäre Afghanistan... Die fortwährende bewaffnete Intervention und das weit gediehene Komplott der auswärtigen reaktionären Kräfte haben die reale Gefahr geschaffen, daß Afghanistan seine Unabhängigkeit einbüßt und zu einem imperialistischen Kriegsaufmarschraum an der Südgrenze unseres Landes gemacht wird ... Es kam der Augenblick, daß wir dem Ersuchen der Regierung des uns freundschaftlich verbundenen Afghanistan stattgeben mußten."[13]

Die Wirklichkeit sah anders aus: Nach dem Sturz von König Daud 1973 gab es Anzeichen, daß der Einfluß der Kommunistischen Partei und der Sowjets in Afghanistan zurückgedrängt wurde. Zwar war der wirtschaftspolitische Einfluß der Sowjetunion in Afghanistan seit den sechziger Jahren groß, aber es gab Befürworter für eine Politik der Blockfreiheit, die auch Kubas Einmischung in afrikanische Angelegenheiten kritisierten. Durch den Putsch im April 1978 versuchte die Sowjetunion, einer ihr genehmen kommunistischen Machtgruppierung wieder zur Macht zu verhelfen, weil die Politik der faktischen Einbindung Afghanistans in den sowjetischen Einflußbereich 1978/79 durch Unruhen gefährdet schien.

Die Sowjetunion schaffte durch die Invasion neue Tatbestände. Sie brach vertragliche Abmachungen mit den USA, die seit 1972 im Rahmen des Entspannungsdialogs beide Seiten zu außenpolitischer Zurückhaltung und Nichteingreifen verpflichteten, wie z. B. die amerikanisch-sowjetische Grundsatzerklärung vom 29. Mai 1972, in der es hieß, daß beide Seiten „bestrebt sind, Bedingungen herbeizuführen, unter denen alle Länder in Frieden und Sicherheit leben können und nicht Gegenstand einer Einmischung in ihre inneren Angelegenheiten von außen werden".

Die sowjetische Invasion zwang die Regierung Carter zu grundsätzlichen Überlegungen. Hatte der Präsident bisher die konzilianten Ratschläge seines Außenministers befolgt, so neigte er unter dem Eindruck der Doppelkrise in Iran und Afghanistan dazu, den machtpolitischen Forderungen von Sicherheitsberater Brzezinski zu folgen. Brzezinski hatte schon seit 1978 den Präsidenten zu energischen Reaktionen auf sowjetische Machtausweitung gedrängt. In Carters Reden am 17. März

1978 in der Wake Forest University und am 7. Juni 1978 in der Marine-Akademie in Annapolis wurde Brzezinskis Handschrift erkennbar: Carter verwies „auf die unheilvolle Neigung der Sowjetunion, ihre militärische Macht einzusetzen, um in örtliche Konflikte wie in Afrika einzugreifen“. Seine Schlußfolgerungen blieben jedoch vage: „Die Sowjetunion kann wählen zwischen Konfrontation und Kooperation“, erklärte er. Ein Wettstreit ohne Mäßigung und ohne gemeinsam anerkannte Regeln würde zu Spannungen führen, „ich glaube nicht, daß Herr Breschnew dies wünscht“. Die sowjetische Invasion in Afghanistan hatte diese Zweifel geklärt.

Ein weiteres Vordringen der Sowjetunion war nicht auszuschließen. Deshalb erklärte Präsident Carter am 23. Januar 1980: „Die Implikationen der sowjetischen Invasion könnten die ernsthafteste Bedrohung des Weltfriedens seit dem Zweiten Weltkrieg darstellen.“ Jetzt formulierte Carter eine neue Doktrin, die genau das Gegenteil seiner Menschenrechtsdoktrin darstellte. Er forderte, die Sowjetunion müsse einen konkreten Preis für ihre Aggression bezahlen. Er verhängte Sanktionen, deren Wirkung jedoch im Vergleich zum Tatbestand der Invasion recht dürftig schienen: Sowjetischen Schiffen wurde die Fanggenehmigung in amerikanischen Küstengewässern entzogen, technologische Ausrüstung und landwirtschaftliche Produkte wie Weizen und Mais aus den USA wurden für die Sowjetunion sanktioniert. Schließlich wurden die Olympischen Spiele 1980 in Moskau boykottiert. Diese Sanktionen dienten aber nur als Ersatz für militärische Vergeltungsmaßnahmen. Dabei hatte Carter auch langfristige Maßnahmen vor Augen. In Anlehnung an die Truman-Doktrin erklärte er: „Ein Versuch irgendeiner auswärtigen Macht, die Kontrolle über die Region des Persischen Golfes zu erlangen, wird als ein Angriff auf die lebenswichtigen Interessen der Vereinigten Staaten betrachtet werden. Und solch ein Angriff wird unter Einsatz aller notwendigen Mittel, einschließlich militärischer Macht, zurückgewiesen werden.“

Ein militärisches Aufbauprogramm zur Eindämmung des

sowjetischen Einflusses im Nahen und Mittleren Osten, besonders in der Golfregion, wurde vorbereitet. Die wesentlichen Grundlagen für das spätere Konzept des „Strategischen Konsens“ von Präsident Reagan wurden gelegt. Die alten Pläne, sich nicht militärisch im Nahen und Mittleren Osten und im Indischen Ozean zu engagieren, wurden korrigiert. Auf der Insel Diego Garcia entstand ein amerikanischer Stützpunkt. Verstärkte Präsenz der US-Kriegsmarine, AWACS-Systeme für Saudi-Arabien, eine Luftbrücke mit dem Nord-Jemen, Kooperation mit Ägypten sowie der rapide Ausbau der schnellen Eingreifreserve unterstrichen die neuen außenpolitischen Leitlinien. Aber in Pakistan und in Saudi-Arabien wurden die Grenzen dieser neuen Strategie deutlich. Die Staaten der Nah- und Mittelostregion, ausgenommen Ägypten und der Oman, waren nicht gewillt, sich in einen anti-sowjetischen strategischen Konsens einbinden zu lassen.

Der Zusammenbruch der amerikanischen Rolle in Iran, die sowjetische Intervention in Afrika, die Invasion in Afghanistan und die sowjetische Rüstung führten in der Regierung Carter zu einer Kehrtwendung um 180 Grad. Eine schnelle Eingreifreserve, eine neue Nuklearstrategie auf der Grundlage intensivierter Rüstung und einer verfeinerten Nukleardoktrin, eine Militarisierung der amerikanischen Rolle im Nahen und Mittleren Osten waren das Letzte, was Präsident Carter zu Beginn seiner Präsidentschaft geplant hatte, nun aber selbst entwickeln mußte. Damit wurden die ursprünglichen Prioritäten der Carter-Doktrin I, Menschenrechte und Entspannung, völlig umgekehrt: Eine Forcierung der militärischen Anstrengungen mit dem Ziel der Eindämmung wurden zur neuen Grundlage der Carter-Doktrin II, wie er sie in seiner Rede vom 23. Januar 1980 begründete. Sollte nach der Menschenrechtsdoktrin I das Verhältnis zur Sowjetunion in den globalen Überlegungen Carters zurücktreten, so wurden nun alle außenpolitischen Überlegungen dem Primat der Eindämmung der Sowjetunion nach- bzw. zugeordnet. Wirtschafts- und Militärhilfe wurden von nun an nicht mehr nach menschenrechtlichen, sondern unter strategischen Überlegungen vergeben. Auch die Beziehungen zur VR China, die bisher ohne anti-sowjetische Spitze ausgebaut wurden, veränderten sich. Als Verteidigungsminister Brown im Januar 1980 nach Peking reiste, wollte Präsident Carter „nicht-tödliche“ Militärhilfe anbieten. Aber wie schon Präsident Zia ul Haq von Pakistan die angebotene Militärhilfe von 400 Millionen Dollar nach der Invasion in Afghanistan als ‚Erdnüsse‘ abgelehnt hatte, reagierte die chinesische Führung beim amerikanischen Angebot zurückhaltend. Die VR China und Pakistan wollten nicht plötzlich als Gegengewicht in die amerikanisch-sowjetische Machtrivalität eingespannt werden.

Der Niedergang in den Beziehungen zur Sowjetunion wurde schon vor Carters Amtszeit deutlich. Aber es fiel in Carters Verantwortung, daß er angesichts wachsender Aggressivität der Sowjetunion immer noch auf deren guten Willen setzte, gleichzeitig aber durch seine Menschenrechtsrhetorik die Sowjetunion herausforderte. Carter konnte Macht und Moral nicht miteinander verknüpfen, sondern formulierte sie so gegensätzlich aus, daß man von einer Carter-Doktrin I und einer Carter-Doktrin II spechen muß. Dies war eine völlig neue Erfahrung: Während einer Präsidentschaft wurden zwei gegensätzliche außenpolitische Philosophien formuliert.

Carter mußte erkennen, daß nicht durch Moral, sondern durch strategische Präsenz der USA die sowjetische Macht einzudämmen war. Nach drei Jahren idealistischer Menschenrechtsrhetorik entdeckte Carter im Scherbenhaufen die Realpolitik: „Wir müssen die strategische Bedeutung Afghanistans begreifen. Ein von den Sowjets besetztes Afghanistan bedroht sowohl Iran und Pakistan und ist ein Sprungbrett zur Herrschaft über ein gut Teil des Erdöls in der Welt ... diese Situation verlangt sorgfältige Überlegungen, gute Nerven und entschlossenes Handeln – nicht nur in diesem Jahr, sondern auf viele Jahre hinaus. Sie erfordert kollektive Anstrengungen, um dieser neuen Bedrohung der Sicherheit im Persischen Golf und in Südwestasien zu begegnen.“

Aber Carters neue außenpolitische Stärke wirkte für viele

genau so dilettantisch wie seine alte Menschenrechtspolitik. Zu lange hatte er militärische Maßnahmen unterlassen und auf Rüstungskontrolle gesetzt. Deshalb wirkte der neue harte Carter unwirklich und unglaubhaft. Die gescheiterte Befreiung der Geiseln von Teheran und die amerikanische Machtlosigkeit bei der sowjetischen Invasion in Afghanistan kennzeichneten somit, selbst wenn Carter persönlich dafür keine Verantwortung trug, eine tiefe Konsequenz. Dort, wo Carter eigenes persönliches Profil zeigen wollte, wie in der Menschenrechtspolitik, war er erfolglos. Dort, wo er Entschlossenheit signalisieren wollte, war er nicht er selbst.

Sicherheitsberater Brzezinski, das realpolitische Gewissen Carters, gesteht mit Blick auf Afghanistan offen ein: „Ich verstand sein Verlangen, in die Geschichte wie Präsident Wilson einzugehen, fügte aber hinzu, daß ‚bevor Sie ein Präsident Wilson sein wollen, müssen Sie für einige Jahre als ein Präsident Truman handeln' ... Wären wir bald härter gewesen, hätten wir uns um die Art von Konsultationen rechtzeitig bemüht, wie ich sie oft empfohlen hatte, vielleicht wäre den Sowjets dann nicht diese Art von Fehlkalkulation unterlaufen ... Es wäre besser gewesen, wenn die Sowjets durch ein klareres Verständnis über unsere Entschlußkraft zuerst abgeschreckt worden wären." [14]

Auf diesem Hintergrund ist auch Brzezinskis Versuch unübersehbar, die Carter-Doktrin II in die Tradition der Truman-Doktrin von 1947 zu stellen: „Die Truman-Doktrin war Modell für die Carter-Doktrin ... Nach der sowjetischen Invasion von Afghanistan drängte ich Präsident Carter ausdrücklich, Präsident Trumans historische Haltung nachzuahmen. Die wachsende Verwundbarkeit von Saudi-Arabien machte eine solche umfassende strategische Antwort notwendig ... Der für die Truman- und Carter-Doktrin beidermaßen entscheidende Punkt war, der Sowjetunion klarzumachen, daß der Einfall sowjetischer Streitkräfte in ein Gebiet von außerordentlicher Wichtigkeit für amerikanische Interessen die Auseinandersetzung mit den USA beschleunigen würde, und daß dann die Vereinigten Staaten selbst die freie Wahl hätten, wie sie darauf antworten würden."

Substanz und Zielsetzung der Carter-Doktrin II wurden in den USA begrüßt. Vielleicht wäre durch eine Befreiung der Geiseln auch unter Opfern Carter erneut gewählt worden. Vielleicht hätte er in einer zweiten Amtsperiode eine reife Politik entwickeln können. Diese Chance blieb ihm jedoch versagt. Aber mit der Carter-Doktrin II wurden neue wichtige politische Prämissen formuliert. Eine Carter-Doktrin ohne Carter wurde zum Wunsch der Stunde. So standen die neuen Ideen der Nah- und Mittelost-Politik der Regierung Reagan nicht in der Tradition von Camp David, sondern basierten auf den Schlußfolgerungen des Debakels in Iran und der amerikanischen Ohnmacht angesichts der sowjetischen Invasion in Afghanistan. Unter Reagan sollten die amerikanische Nah- und Mittelost-Politik der vergangenen Jahre sowie das Verhältnis zur Sowjetunion eine grundsätzliche Überprüfung erfahren.

6. Die Entwicklung der Beziehungen zu Westeuropa

Die Westeuropäer hatten die Menschenrechtskampagne von Präsident Carter mit Skepsis betrachtet. Die Spannungen stiegen an, als der amerikanische Präsident aus eigenen Wirtschaftsinteressen die Bundesrepublik davon abhalten wollte, Kernreaktoranlagen nach Brasilien zu liefern. Als am 10. März 1978 Präsident Carter ein Gesetz unterzeichnete, das den Export amerikanischen Kernbrennstoffs, besonders seine Verwendung in europäisch gefertigten Atomkraftwerken, einer totalen Kontrolle der USA unterwerfen wollte und damit gültige Exportverträge kündigte, stieg der Unmut. Nicht einmal 1965, als Präsident Johnson die von der Bundesrepublik besonders verfochtene MLF aufgab, war die Kritik in Westeuropa so heftig wie angesichts der amerikanischen Daumenschrauben, um amerikanische Nuklearexporte zu sichern. Als der amerikanische Dollar als internationale Leitwährung weiter abfiel und die Europäer, allen voran die Bundesrepublik, aufgefordert wurden, im internationalen Währungssystem eine Art Lokomotive zu spielen, verstärkten sich die westeuropäischen Bedenken gegenüber der Regierung Carter.

Zum schweren Mißverständnis kam es bei der Diskussion um die sogenannte Neutronenwaffe. Nach langen Diskussionen beschloß Präsident Carter im April 1978 eine Vertagung der Entscheidung über den Bau von Sprengköpfen bzw. Artilleriemunition mit erhöhter Strahlen- und verminderter Druckwirkung, so die korrekte Umschreibung des geplanten ER-RB (Enhanced Radiation, Reduced Blast)-Gefechtskopfes.

Die europäischen Partner hatten die USA seit Jahren gedrängt, strahlungsarme Nuklearwaffen speziell für das europäische Gefechtsfeld zu entwickeln. Diese ER-RB-Gefechtsköpfe mit 80 bis 120 km Reichweite als Verteidigungswaffe zur weiträumigen Panzerabwehr, eine taktische Waffe für das Gefechtsfeld, sollte die Abschreckung des westlichen Bündnisses erhöhen. Bundeskanzler Schmidt, der auf die wachsende Überlegenheit der sowjetischen Mittelstreckenraketen durch die Stationierung der SS 20 hingewiesen hatte, erklärte am 28. Oktober 1977 vor dem IISS in London: „Die Neutronenwaffe ist daraufhin zu prüfen, ob sie als ein zusätzliches Mittel der Abschreckungsstrategie, als Mittel zur Verhinderung eines Krieges, für das Bündnis von Wert ist. Wir sollten uns aber nicht auf diese Prüfung beschränken, sondern auch untersuchen, welche Bedeutung und welches Gewicht dieser Waffe in unseren Bemühungen um Rüstungskontrolle zukommt."

Schmidts Plan, die Stationierung der Neutronenwaffe rüstungskontrollpolitisch einzusetzen, um die Stationierung der SS-20 zu verringern oder vollständig zu verhindern oder die Neutronenwaffe in die MBFR-Verhandlungen einzubringen, wurde durch Carters Unentschlossenheit, aber auch durch eigenes Zaudern, verhindert.

Carters Entscheidung muß auch auf folgendem Hintergrund gesehen werden: Er tat alles, um ein SALT-II-Abkommen mit der Sowjetunion nicht zu gefährden[15]. Deshalb stoppte er im Juni 1978 die Planung für den B-1-Bomber, negierte zunächst die Aufstellung der SS 20, verzögerte das Marschflugkörper-Programm sowie die Entwicklung des Trident-Atom-U-Bootes und stoppte vorübergehend die Produktion der neuen Generation der Minuteman-Raketen.

Carter wollte als Präsident der Abrüstung und Entspannung in die Geschichte eingehen, nicht als ein Mann, der Bomben einführte, die Menschen töten, aber Gebäude intakt lassen. Er war von Anfang an gegen die Neutronenwaffe und repräsentierte damit den neuen moralisch-theologischen Zeitgeist, wie er ähnlich in der SPD von Eppler und Bahr formuliert wurde. Diese Grundeinstellung in der SPD und in der Regierung Carter macht deutlich, daß die Bundesregierung bei der Einführung der Neutronenwaffe einen schweren Stand hatte, zumal in der öffentlichen Meinung der moralisierende Zeitgeist an Einfluß gewann. Allein schon die Dämonisierung der Sprache war typisch für die Entwicklung der Kontroverse um die „Neutronenbombe".

Die Regierung Schmidt hätte deshalb am liebsten die Pläne zur Stationierung der Waffe ohne eigenes Zutun als Entscheidung der amerikanischen Regierung ausgeführt. Sie betonte deshalb, daß sie nicht an einer Entscheidung über die Produktion mitwirke, und daß sie prinzipiell für die Lagerung der Waffe auf deutschem Boden nur eintrete, wenn auch andere Westeuropäer so beschließen wollen. Es sollte für die Bundesrepublik keine Sonderrolle geben. Präsident Carter zog aber den Antrag auf Zustimmung der Westeuropäer, auf den sich die europäischen Verbündeten eingestellt hatten, in letzter Stunde am 7. April 1978 gegen den Rat seines Verteidigungsministers, seines Außenministers und seines nationalen Sicherheitsberaters zurück. Er hatte sich statt dessen mit seinen Beratern Hamilton Jordan und Jody Powell und seinem UNO-Berater Andrew Young besprochen. Auch die Befürwortung durch die Vereinigten Stabschefs sowie ein letztes Telegramm von Helmut Schmidt konnten Präsident Carter nicht umstimmen. Aber Carters Versuch, Rüstungskontrolle durch Verzicht auf Neutronenwaffen zu fördern, wurde von Breschnew abgelehnt.

Keine Entscheidung legte Carters fehlende Bündnisinteressen so offen. Nicht Politik, sondern Anti-Nukleartheologie wurde durch Präsident Carter begünstigt. Dieser Trend, der nüchterne Realpolitik erschwerte, schlug sich seit Mitte der siebziger Jahre in weiten Kreisen der Bevölkerung zunächst im Protest gegen die Kernkraftwerke nieder. Er wurde durch die Opposition gegen die Neutronenwaffe breiter. Eine gefährliche Entwicklung in Westeuropa und den USA bahnte sich an: Beschlossen wurde von den Politikern nicht mehr, was sicherheitspolitisch nötig, sondern was lediglich innenpolitisch auf dem kleinsten gemeinsamen Nenner durchsetzbar schien. Viele Politiker versäumten in der zweiten Hälfte der siebziger Jahre, der jungen Generation in Amerika und in Westeuropa klarzumachen, daß das atlantische Bündnis kein atlantischer Supermarkt ist, sondern auf Stärke und gemeinsamen politischen Werten beruht, die ebenso deutlich gemacht werden müssen wie die sicherheitspolitischen Anforderungen.

Leider zeigte das westliche Bündnis bei der Einschätzung der militärischen Macht der Sowjetunion zu wenig Geschlossenheit. Rüstungsoptionen wurden verzögert, rüstungskontrollpolitische Positionen aufgegeben. Die Sowjetunion wurde nicht unter rüstungskontrollpolitischen Druck gesetzt. Man ließ eine ungünstige Verschiebung der militärischen Balance zu und wich gleichzeitig vor dem Druck in der öffentlichen Meinung zurück. Man vergrößerte den Raum für eine moralisierende, ja dämonisierende Argumentation gegenüber einer Waffe, die gerade auf dem europäischen Gefechtsfeld angesichts der massiven Übermacht der sowjetischen Panzerverbände eine abschreckungs- oder rüstungskontrollpolitische Funktion hätte wahrnehmen können.

Das Debakel um die sogenannte Neutronenwaffe führte allerdings zu einer verbesserten Koordination und zu größerer Aufmerksamkeit der amerikanischen Regierung für die europäische Sicherheitslage. Im Frühjahr 1977 wurde eine Arbeitsgruppe auf hoher Ebene, die sogenannte High-Level-Group, eingesetzt, die dann die Stationierung von 572 neuen weiterreichenden taktischen Nuklearwaffen (LRTNF) empfahl. Das Ergebnis war der NATO-Doppelbeschluß vom Dezember 1979.

Mit dieser Entscheidung wurde in der Geschichte der Rüstungskontrolle ein neuer Ansatz gewählt. Erstmalig wurde die angekündigte Modernisierung der Mittelstreckenraketen des Westens von der Haltung der Sowjetunion abhängig gemacht. Sie hatte es in der Hand, ob es zur Nachrüstung oder zu vereinbarter Abrüstung kommen würde.

Bundeskanzler Schmidt hatte in seiner Rede vor dem IISS am 28. Oktober 1977 auf die destabilisierende Wirkung der sowjetischen Aufrüstung im Mittelstreckenraketenbereich durch die SS-20-Raketen hingewiesen. Die Sowjetunion versuchte, die nuklear-strategische Parität durch neue Überlegenheit ihrer Mittelstreckenraketen in Europa zu modifizieren. Angesichts dieser Entwicklung beschlossen am 12. Dezember 1979 alle NATO-Staaten – außer Frankreich –, 572 nukleare Mittelstreckenflugkörper ab Ende 1983 in Westeuropa zu stationieren, wenn nicht vorher in Verhandlungen mit der Sowjetunion ein befriedigendes Ergebnis erreicht werden sollte. Amerikanisch-westeuropäische Turbulenzen bahnten sich nur wenige Wochen später erneut an. Die Westeuropäer kritisierten das Verhalten der Sowjetunion, hatten aber Sorge um negative Folgen für die europäische Entspannung. Nur mit Mühe konnten sich Staaten wie die Bundesrepublik und England zu einem Boykott der Olympischen Spiele im Sommer 1980 in Moskau durchringen. Präsident Carters Reaktion auf die sowjetische Invasion in Afghanistan hatte zu Unmut bei den Westeuropäern geführt. Er hatte amerikanische Sanktionen und Vergeltungsmaßnahmen ohne vorherige Konsultation der Bündnispartner verkündet und schien auf die europäischen Entspannungsinteressen wenig Rücksicht zu nehmen. Auch war die Regierung Carter verärgert, weil die Westeuropäer seinem entschlossenen Kurs der Sanktionen gegenüber der Sowjetunion nur unter Vorbehalt folgten.

Die Rede von Bundeskanzler Schmidt vom 6. März 1980 in New York ist Ausdruck subtiler, aber herber Kritik an Carter. Wenn Schmidt für die Erhaltung des Machtgleichgewichts plädierte, „weil bei Vernachlässigung die andere Weltmacht in die Lücke tritt“, wenn er Stabilität, Beständigkeit und Berechenbarkeit als Schlüsselelemente westlicher Politik betonte, wenn er davor warnte, daß Politik nicht zwischen arroganter Kraftmeierei und erniedrigendem Sich-Abfinden hin- und herschwanken darf und einen beständigen Kurs in den Ost-West-Beziehungen forderte, ohne daß sich deshalb das Gleichgewicht zugunsten der Sowjetunion verändern darf, wenn er all diese Kennzeichen als Attribute der Politik der Bundesrepublik heraustellte, kritisierte er unausgesprochen das Fehlen dieser Elemente in der Außenpolitik der Regierung Carter.

Der Kontrast zwischen einem selbstbewußten Bundeskanzler Schmidt und einem gedemütigten und ohnmächtigen Carter in Iran und bei der sowjetischen Invasion in Afghanistan schien krass. Der Bundeskanzler forderte ein abgestimmtes und arbeitsteiliges Vorgehen bei der Krisenbewältigung und eigenes maßvolles Handeln: „Wir sollten dort, wo heute Spannungen existieren, nicht etwa Spannungen hervorrufen. Vergessen wir doch nicht, was es bedeutet, daß die Zufahrtswege nach Berlin unbeeinträchtigt sind, daß seit der Konferenz von Helsinki hunderttausenden Deutschen, die bislang in der Sowjetunion oder in der Volksrepublik Polen oder in der DDR oder in anderen osteuropäischen Ländern lebten, die Ausreise aus diesen Ländern erlaubt wurde und sie zu ihren Familien in der Bundesrepublik kommen konnten. Allein im vergangenen Jahr erlangten etwa 50 000 Menschen auf diese Weise volle Menschenrechte und die Chance, mit ihrem eigenen Volk, das ihre Sprache spricht, zu leben. Diese und andere Gründe veranlassen uns, die Fortsetzung des Dialogs in Europa zwischen Ost und West zu wünschen ... Ich wiederhole: Entspannung läßt sich nur erreichen, wenn wir bereit und in der Lage sind, das Kräftegleichgewicht, das Gleichgewicht der militärischen Kräfte oder Faktoren zu erhalten ... All das beruht auf Konsultationen mit unseren Freunden ... und für mich ist Konsultation keine Einbahnstraße. Auch Solidarität kann nie Einbahnstraße sein. Sie ist immer Geben und Nehmen."

Diese Rede von Bundeskanzler Schmidt war ein brillantes Plädoyer für die Fortsetzung der Grundphilosophie des Harmel-Reports von 1967, wonach westliche Politik aus Entspannungsbereitschaft und zugleich aus militärischer und politischer Stärke bestehen müsse. Schmidt schien nicht selten an Carter zu verzweifeln, weil der amerikanische Präsident nicht militärische Stärke, als sie nötig war, nicht Entspannung mit Augenmaß, als sie möglich war, nicht Konsultation, als sie aus Bündnissolidarität angemessen war, praktizierte, sondern in Moralismus, Entspannungseuphorie oder „Bestrafungspolitik" verfiel.

Helmut Schmidt war ein Glücksfall für die Bundesrepublik und für Europa. Zusammen mit Giscard d'Estaing versuchte er, das politische Machtvakuum an der Spitze der atlantischen Allianz auszufüllen. Sein außenpolitisches Erbe besteht nicht – wie bei Willy Brandt – in einer kompakten Vertragspolitik, sondern liegt in der Weltpolitik weit verstreut.

Am Ende der Regierung Carter war die atlantische Allianz in Unordnung: Die politische Führung hatte sich offenkundig von den USA nach Westeuropa verlagert. Das Tandem Giscard d'Estaing und Helmut Schmidt dominierte. Beide hegten an der Führungskunst von Präsident Carter erhebliche Zweifel. Beide drängten zugleich in eine Maklerrolle zwischen den USA und der Sowjetunion[16]. Sie waren nach Afghanistan und nach der Polen-Krise im Winter 1980 die ersten, die den Ost-West-Dialog in Moskau wieder aufnahmen. Es ist nicht ohne Ironie, daß Schmidts Kritik am Moralisten Carter in seiner eigenen Partei als Bumerang wieder auftauchte. Dabei ist allerdings nie deutlich geworden, ob der linke Anti-Amerikanismus in der SPD, wie er sich später in der Kritik an der Regierung Reagan niederschlug, Carters Moralvorstellungen bzw. seine Anti-Nukleartheologie zum eigenen Ausgangspunkt nahm oder vielmehr Carters Schwäche ausnutzte. Auf jeden Fall war es eine komplexe Wechselwirkung.

Die amerikanische Regierung und die europäischen Verbündeten schienen unterschiedlicher Auffassung über die Herausforderung der sowjetischen Macht. Auf beiden Seiten des Atlantiks entwickelten sich unterschiedliche Meinungen über die Bilanz der Ost-West-Entspannung. In den USA hatte sich seit Mitte der siebziger Jahre die entspannungspolitische Skepsis aufgrund von Carters Menschenrechtspolitik verstärkt. Die Sowjetunion hielt weder militärische Parität ein noch reagierte sie positiv auf Verhandlungsangebote. Sie suchte politischen Machtgewinn, vor allem dann, wenn Carters Verzicht auf machtpolitisches Kalkül eigenen Ambitionen entgegenkam.

Die heftige Reaktion der USA auf den Einmarsch in Afghanistan war im Grunde eine nach außen projektierte Enttäuschung über die eigene Unfähigkeit, mit den westlichen Verbündeten eine langfristig ausgewogene Politik zu betreiben. Dahinter steckte auch ein neuer Trend bei den politischen Führungen in den westlichen Demokratien: populär und angepaßt, schnell auf öffentliche Meinungstrends reagierend – das entsprach der Vox populi der zweiten Hälfte der siebziger Jahre.

Carter entsprach diesem neuen moralischen Trend. Er glich einem Mann, der mit einem neuen Führerschein direkt in einen Formel-I-Rennwagen einstieg, um dann wenigstens den europäischen Teil der Rennstrecke – dank westeuropäischer Vorsorge – mit begrenztem Schaden zu durchfahren, bevor er das Rennen beenden mußte. Dank westeuropäischer Zurückhaltung wurde der europäische Entspannungsdialog weniger in Mitleidenschaft gezogen als die globale Détente Americana, die in Vietnam, in Afrika und in Afghanistan und bei SALT II begraben wurde. Die Entspannungspolitik der Großmächte bot andere Gefahren der Fehlkalkulation und Enttäuschung als das europäische Konzept, das im wesentlichen als ein System von kommunizierenden Röhren verstanden werden kann: Westeuropa und vor allem die Bundesrepublik war in dem Umfang bereit, den Herrschaftsbereich der Sowjetunion und der DDR vor allem anzuerkennen, in dem die DDR und die Sowjetunion Freizügigkeit gewähren würden. Oder anders ausgedrückt: In dem Maß, in dem die Sowjetunion und die DDR bereit sein würden, die Qualität der Grenzen zu verbessern, in dem Maß würde die Bundesrepublik bereit sein, die Grenzen und den sowjetischen Herrschaftsbereich anzuerkennen.

Diese Formel bildete auch einen komplexen Kompromiß zwischen West- und Osteuropa. Auch im Schatten der Konfrontation der beiden Großmächte nach Zusammenbruch der Großmacht-Détente blieben die Grundelemente der europäischen Entspannungspolitik bestehen. Damit wurde Entspannung faktisch teilbar: Während die Entspannungspolitik der USA auf das globale Verhalten der Sowjetunion abgestellt war, konzentrierte sich das westeuropäische Entspannungskonzept regional auf Europa. Es hatte transnationalen Charakter, das heißt, es war auf Freizügigkeit und Kooperation zwischen West- und Osteuropa abgestellt.

Ein wesentliches Ergebnis der westeuropäischen und westdeutschen Entspannungspolitik war ihre Abkoppelung – im Positiven und im Negativen – vom globalen Kontext der Détente. Der Vorteil besteht darin, daß die europäische Entspannung auch bei einem neuen Kalten Krieg zwischen beiden Supermächten nicht automatisch mit vereisen muß, sondern daß besonders die Westeuropäer – fest im westlichen Bündnis verankert – vorsichtig als Vermittler nach Osten auftreten können. Andererseits entstehen auch Gefahren: Die Westeuropäer geraten in den USA in den Verdacht der Anpassung, wie umgekehrt die USA bei den Westeuropäern als übertrieben konfrontativ wirken. Gemeinsames westliches Bindeglied im Entspannungskonzept war und ist die Rüstungskontrolle und eine neue Bereitschaft, die Ost-West-Beziehungen vertraglich zu fixieren. Aber Rüstungskontrolle hat sich bei SALT, bei den INF-Verhandlungen und bei den MBFR-Gesprächen vom Symbol zum Paravent und Ablenkungsmanöver der Sowjetunion entwickelt.

Unbestreitbare Erfolge der Entspannungspolitik überdeckten jedoch die wachsenden Probleme der militärischen Sicherheit. Ja, für viele schien eine naive Version von Entspannung militärische Sicherheit sogar überflüssig zu machen. Länger als die Amerikaner hofften die Westeuropäer vergeblich auf befriedigende Ergebnisse bei der Rüstungskontrolle. Die Entwicklung bis 1984 scheint dem Realismus und der Härte der Regierung Reagan Recht zu geben. Rüstungskontrolle war von den Sowjets nur dann erwünscht, wenn sie ihre eigene militärische Sicherheit verstärkt, die des Westens aber möglichst schwächte. Unsicherheit machte sich in Europa breit, weil die Sowjetunion in ihrem Herrschaftsbereich als Antwort auf Carters Menschenrechtsdoktrin ihren Unterdrückungsapparat ausbaute. Carters Entspannung, als höhere Moral verstanden, verfälschte den fraglichen Interessenansatz und deformierte ihn zu einer plumpen und stumpfen Waffe beim Ringen um Entspannung.

Die zweite Gemeinsamkeit zwischen Westeuropa und den USA, nämlich die Entspannungspolitik mit dem Osten in Verträge zu gießen, wurde von Carter zu wenig genutzt, um eigene Interessen zu verdeutlichen. Während die USA den Verträgen und Abkommen geringe Bedeutung beimaßen, hat die Sowjetunion den Verträgen und Abkommen als Grundlage der Ost-West-Entspannung großen Wert zugemessen. Selbst bei größter politischer Bedrängnis und Schwäche, wie angesichts der Invasion sowjetischer Truppen in Afghanistan, zeigte Breschnew politische Dreistigkeit: „Die ganze Summe der Schritte der amerikanischen Administration im Zusammenhang mit den Ereignissen im Afghanistan beweist, daß Washington erneut, wie vor Jahrzehnten, versucht, mit uns in der Sprache des Kalten Krieges zu sprechen. Dabei zeigt die Administration Carter ihre Verachtung für wichtige zwischenstaatliche Dokumente und beeinträchtigt die bestehenden Verbindungen ... Es fällt schwer, auch nur aufzuzählen, wieviel Verträge, zwischenstaatliche Abkommen, Vereinbarungen und gegenseitige Übereinkommen, die zwischen unseren beiden Ländern in bezug auf die Beziehungen in verschiedenen Bereichen erzielt wurden, in der letzten Zeit von der Regierung Präsident Carters willkürlich und einseitig verletzt wurden." Unter Berufung auf die Verträge und Abkommen bezichtigte er die Regierung Carter des

Bruchs der Entspannungspolitik, während 100 000 sowjetische Soldaten in Afghanistan einmarschierten!

Selbstbewußt erklärte Breschnew: „Wenn man mit all diesen Angriffen auf unsere Politik uns einer Festigkeitsprobe unterziehen will, so bedeutet das eine vollständige Ignorierung der Erfahrungen der Geschichte. Als der erste sozialistische Staat der Welt 1917 geboren wurde, bat unser Volk niemanden um Erlaubnis. Es wird auch jetzt selbst entscheiden, nach welchen Gesetzen es zu leben hat." Auch der Keil zwischen Westeuropa und den USA wurde von Breschnew präzis gesetzt: „Die Grundinteressen der europäischen Völker sind jedoch untrennbar mit der Entspannung verbunden. Die Europäer haben bereits aus eigenen Erfahrungen ihre wohltuenden Früchte kennengelernt. Sie, die Bewohner eines Kontinents, der wiederholt von zerstörenden Kriegen befallen wurde, sind durchaus nicht bereit, auf Wunsch von Politikern in Übersee den Weg von Abenteuern zu gehen. Es ist kaum anzunehmen, daß sich in Europa Staaten finden, die es wünschten, die Früchte der Entspannung vor diejenigen zu werfen, die bereit sind, sie mit Füßen zu treten."[17]

Drohungen und Verlockungen von Breschnew blieben nicht ungehört. Die Westeuropäer übten nach der Invasion der Sowjetunion in Afghanistan viel Zurückhaltung. Die USA und die westeuropäischen Regierungen waren im Prinzip über Tragweite und Folgen der Invasion für das Ost-West-Verhältnis gleicher Meinung. Beide Seiten waren sich über die Notwendigkeit einer starken Reaktion mit abschreckender Wirkung im klaren. Die Differenzen entstanden nicht über die Frage, ob, sondern vielmehr wie der Sowjetunion geantwortet werden sollte. Während bei der Regierung Carter, beim Kongreß und der amerikanischen Öffentlichkeit der Aspekt der Bestrafung vorrangig war, suchten die Westeuropäer vielmehr nach einer langfristigen Strategie, bei der beide Aspekte, militärische Stärke, aber auch Fortsetzung des Entspannungsdialogs, gesichert werden konnten. Dies kam in dieser Situation einer Quadratur des Kreises gleich. Eine Form von europäischem

Neo-Isolationismus wurde erkennbar. Der Vorwurf der Europäer, die USA hätten überreagiert, war in dieser Situation schwer verständlich. Was hätte man in Westeuropa geantwortet, wenn die USA gar nicht auf die sowjetische Invasion in Afghanistan reagiert hätten?

Auch schimmerte Provinzialismus durch. Man klammerte sich in Westeuropa an Entspannungsruinen, aus denen einzig das Berlin-Abkommen und der Moskauer Vertrag herausragen, ansonsten aber weder Freizügigkeit noch Abrüstung, sondern Abgrenzung und Aufrüstung von der anderen Seite praktiziert wurden. Melancholie oder Hoffnung auf Verbesserung des Entspannungsklimas waren jedoch nur schwer vereinbar mit einer neuen machtpolitischen Realität der Sowjetunion. Waren Verträge, Abkommen und Verhandlungen nicht verkümmert? Die unterschiedlichen Perspektiven im Atlantischen Bündnis über die Einschätzung der sowjetischen Macht sollten sich während der Regierung Reagan noch vertiefen. Als Carter das Weiße Haus verließ, war die atlantische Welt in Turbulenzen geraten.

VI

Die Außenpolitik der Regierung Reagan

Präsident Reagan verstand auf dem Hintergrund der Desaster von Iran und Afghanistan und der Enttäuschung über die Entspannungspolitik seine Wahl vor allem als außenpolitisches Mandat. Amerikas Macht und Ansehen sollte wiederhergestellt werden. Aufrüstung, Stärke und Anti-Kommunismus wurden zu drei herausragenden Kennzeichen der Außenpolitik der Regierung Reagan.

Folgende Prämissen, die von seinem Vorgänger infrage gestellt worden waren, wurden von Präsident Reagan wieder ins Zentrum der außenpolitischen Überlegungen gestellt: Drohung und Anwendung von Gewalt sind zur Wiederherstellung der politischen Balance und zur Eindämmung der kommunistischen Machtausdehnung notwendig. Die Wiederherstellung von militärischer Stärke wurde vorrangig, Rüstungskontrolle wurde diesen Überlegungen nachgeordnet. Ansteigende internationale Unordnung, größere westliche Verwundbarkeit, Expansion und wachsende militärische Macht der Sowjetunion bestimmten die amerikanischen Überlegungen. Ein neuer strategischer Konsens wurde zum zentralen Bestandteil der amerikanischen Außenpolitik der ersten vier Jahre. Nach strategischer Passivität sollten die USA neue Aktivität zeigen: Die USA wollten sich gegen weitere Machtausdehnung der Sowjetunion nach Vorbild der Invasion von Afghanistan wappnen. Mögliche Subversionen durch revolutionäre Gruppen, die mit sowjetischer Unterstützung z. B. in einem Ölstaat an die Macht kommen könnten, sollten ebenso verhindert werden wie Umsturz oder Angriff durch einen Stellvertreter der Sowjetunion mit sowjetischen Waffen und Beratern. Besonderes Augenmerk galt möglicher Machtübernahme in einem Staat durch ein Regime, das – zwar noch nicht von der Sowjetunion abhängig –, durch revolutionären Anti-Amerikanismus die Sowjetunion zur Unterstützung auffordert und Schritt für Schritt von der Sowjetunion abhängig werden könnte.

1. Die Beziehung zur Sowjetunion

Die verstärkte Fähigkeit der Sowjetunion, in den Beziehungen zu Staaten, vorwiegend in der Dritten und Vierten Welt, direkt, wie im Fall Afghanistan, oder indirekt, durch Stellvertreter wie Kuba, in Angola, El Salvador und Nicaragua einzugreifen, war Ursache für Enttäuschung und Frustration über die Entspannungspolitik der siebziger Jahre. Der sowjetische Versuch, bei der Revolution in Iran Anti-Amerikanismus zu schüren und für die eigenen Interessen auszunutzen, hatte den wachsenden Unmut der Amerikaner weiter gesteigert. Auch die indirekte Intervention der Sowjetunion in Polen seit Dezember 1981 förderte eine anti-sowjetische Stimmung, die die USA durchflutete. Mangelhafte außenpolitische Zurückhaltung der Sowjetunion hatte in den Augen vieler Amerikaner die Vertragsgrundlagen der frühen siebziger Jahre zu wertlosem Papier degradiert, denn Ziel der sowjetischen Außenpolitik ist nach Auffassung der Reagan-Administration „die Förderung der Gewalttätigkeit als Instrument des Wandels ... Moskau unterstützt weiterhin den Terrorismus und den Stellvertreterkrieg".

Die Politik gegenüber der Sowjetunion wurde von folgenden Überlegungen getragen: Wiederherstellung der militärischen Balance, Eindämmung der sowjetischen Expansionsbemühungen, Verhandlungen mit der Sowjetunion von einer Position der Stärke sowie Aufrüttelung der politischen Lethargie in den USA und bei den Alliierten. Diese Maßnahmen waren notwendig.

Die Sowjetunion hatte bis 1980 ein gigantisches Rüstungsprogramm entwickelt. Die Regierung Reagan sah sich im Zugzwang, in Amerika gewaltig nachzurüsten. Bis 1986 will Präsident Reagan insgesamt 1.600 Mrd. Dollar für Rüstung ausgeben. Sozialleistungen wurden radikal vermindert. Abgesehen von der Frage nach dem politischen Nutzen dieses neuen gigantischen Rüstungsprogramms stellte sich das Problem, ob militärische Stärke nicht auf ein brüchiges gesellschaftliches Fundament gestellt wurde, denn der Faktor der sozialen Stabilität wurde außerordentlich strapaziert. Angesichts des steigenden Haushaltsdefizits, der hohen Zinsraten und der gesamtwirtschaftlichen Besorgnisse wurden in den USA Zweifel an den sicherheitspolitischen Maßnahmen der Regierung Reagan deutlich.

Mit Präsident Reagan hatte ein einschneidender Wandel in der Militärstrategie stattgefunden: Eskalationsdominanz wurde zum Schlüsselbegriff in zweifacher Weise. Zum einen sollte durch erhebliche Rüstungsanstrengungen auf allen Bereichen eine „vertikale" Eskalationsdominanz erreicht werden. Von der untersten Ebene eines lokalen Konflikts, dem mit der neuen „schnellen Eingreifreserve" begegnet werden sollte, bis hin zur neuen nuklearstrategischen Stärke sollte das Fenster der Verwundbarkeit auf allen Konfliktebenen geschlossen werden. Zum zweiten sollte auch eine „horizontale" Eskalationsdominanz erreicht werden. Verteidigungsminister Weinberger forderte, daß die USA nun gleichzeitig in drei verschiedenen Regionen – Asien, Europa und Persischer Golf – für Konflikte gewappnet sein müßten [1].

Auf dem Hintergrund der amerikanischen „Nuclear-Freeze"-Bewegung entstand eine intensive Kontroverse über das strategische Rüstungsprogramm. Im Dezember 1982 verweigerte der Kongreß der Regierung Reagan die Zustimmung für das ohnehin geschrumpfte Stationierungsprogramm der MX-Raketen. Eine überparteiliche Expertenkommission, die Scowcroft-Kommission, von Präsident Reagan eingesetzt, kam schließlich zu dem Ergebnis, daß nur 100 MX-Raketen in den schon bestehenden Abschußsilos für die Minuteman-Raketen stationiert werden sollten. Langfristig wurde eine Abkehr von schweren Interkontinental-Raketen, wie MX, und die Entwicklung von kleinen mobilen und nur mit einem Sprengkopf ausgerüsteten Langstreckenraketen, wie Midgetman, gefordert, die – im Unterschied zu MX – die Gefahr eines präventiven Erstschlags von anderer Seite verringern sollten. Dabei stellt Christoph Bertram die Frage, ob nicht langfristig der Trend zur Verwundbarkeit landgestützter Interkontinental-Raketen überhaupt aufgehalten bzw. nur verzögert werden kann [2].

Unter dem Einfluß der Westeuropäer begann die Regierung Reagan schließlich im November 1981 bzw. im Mai 1982 mit den Abrüstungsverhandlungen. Am 18. November 1981 legte Präsident Reagan den amerikanischen Vorschlag für die am 30. November begonnenen Verhandlungen über die nuklearen Mittelstreckenraketen vor, nachdem die Bemühungen der NATO, wie sie im NATO-Doppelbeschluß vom Dezember 1979 vorgesehen waren, ohne Erfolg geblieben waren. Mit der sogenannten Null-Option von Präsident Reagan, die in enger Abstimmung mit den westeuropäischen Verbündeten entwikkelt wurde, sollte den Kritikern des Doppelbeschlusses der Wind aus den Segeln genommen werden.

Auch die Sowjetunion trat für eine Null-Option ein, aber sie schrieb die Null anders: Die USA sahen die Erfordernisse zur Nachrüstung in Europa nur dann als hinfällig an, wenn die Sowjetunion alle Mittelstreckenraketen (SS 4, SS 5, SS 20) abbaut. Die Sowjetunion hingegen forderte ‚Null' beim Westen, erklärte aber, daß sie selbst nur einen Teil ihrer Nuklearwaffen mittlerer Reichweite in Europa reduzieren würde. Damit bestritt sie Westeuropa das Recht, durch amerikanische Mittelstreckenraketen die sowjetische Macht und den geographischen Vorteil der Sowjetunion auszugleichen. Die Absicht hinter dem sowjetischen Moratoriumsvorschlag ist eine Zone minderer Sicherheit für Westeuropa.

Auch gilt es zu bedenken, daß die für Rüstungskontrolle optimale Lösung des Problems, also die Null-Option auf beiden Seiten, nicht unbedingt die optimale Lösung für das Kräfteverhältnis und die Sicherheit Westeuropas darstellte. Für die Sicherheit der Länder im Westen des Kontinents, die im Schatten der russischen Raketen und Bomben, Panzer und Kanonen liegen, den Raketen aus Westrußland mit einer Warnzeit von wenigen Minuten ausgesetzt, ist es unerläßlich, daß eine wirksame Gegendrohung die militärische Kalkulation der sowjetischen Führung zuverlässig beeinflußt.

Die Fragwürdigkeit der sowjetischen Position zeigte sich auch darin, daß die Sowjets schon 1980, als erst ein Teil der SS 20 gefechtsbereit war, vom Bestehen eines Gleichgewichts sprach, aber noch 1984 so tat, als hätten die derzeit 378 SS 20 keine Bedeutung für die weitere Verschiebung des Gleichgewichts gehabt. Abgesehen davon, daß im nuklearen Mittelstreckenbereich die Sowjetunion derzeit einen überwältigenden Vorsprung genießt, der zwischen 4 : 1 und 6 : 1 liegt, ist zu berücksichtigen, daß bei den Verhandlungen die neue Raketengeneration der Sowjetunion (SS 21, SS 22, SS 23), deren Reichweiten zwischen 120 und 1000 km liegen und die doppelt so zielsicher sind, nicht erfaßt wurde.

Es war tragisch für die westliche Entspannungspolitik der siebziger Jahre, daß sie den Faktor ‚Militärische Sicherheit' vernachlässigt hat. Nur ein Land hat – auf seine Weise – die Logik des Harmel-Reports verstanden: die Sowjetunion. Sie hat militärische Sicherheit und politische Entspannung niemals als gegensätzlich, sondern immer als untrennbar verstanden, wobei sie der militärischen Sicherheit stets Vorrang eingeräumt hat.

Außerdem hat das sowjetische Politbüro niemals Anlaß für die Annahme gegeben, daß es willens sei, den Vereinigten Staaten in der Dritten Welt auf der Basis der Gegenseitigkeit Konzessionen zu machen. Die Sowjetunion erkennt keine Region der Welt und kein Land als legitime Einflußsphäre der USA an. Ein entsprechendes Einvernehmen wäre nach Auffassung der Sowjetunion dasselbe, als wollte man die Entspannung mit der Erhaltung des Status quo gleichsetzen, wodurch „der Imperialismus in den Gebieten, die weiterhin zu seiner Einflußsphäre gehörten, ungehindert seine Tyrannei fortsetzen könnte.“ [3]

Die sowjetische Außenpolitik beinhaltet in Wahrheit eine neue Definition der Koexistenz. Im Sinne der sowjetischen Praxis der siebziger Jahre bedeutet dies Fortsetzung des sowjetkommunistischen Imperialismus mit allen Mitteln, ausgenommen die der militärischen Konfrontation mit den westlichen Industriestaaten, insbesondere mit den USA. So erklärte Breschnew auf der Konferenz der Warschauer-Pakt-Staaten im Frühjahr 1974: „Wir Kommunisten müssen eine Zeitlang mit den Kapitalisten zusammenarbeiten. Wir brauchen deren Landwirtschaft und Technologie, aber wir werden unsere Rüstungsprogramme fortsetzen und Mitte der achtziger Jahre in der Lage sein, zu einer wesentlich aggressiveren Außenpolitik zurückzukehren, um in unseren Beziehungen zum Westen die Oberhand zu gewinnen.“ Mit Blick auf Europa soll Breschnew gegenüber der tschechoslowakischen Führung im Februar 1977 erklärt haben: „Im Jahre 1985 werden wir die meisten unserer Ziele in Westeuropa erreicht haben, und die Umkehrung des Kräfteverhältnisses wird dann so einschneidend sein, daß wir unseren Willen immer, wenn es nötig ist, durchzusetzen imstande sein werden.“ [4]

Aus diesen Äußerungen ergibt sich die Schlußfolgerung, daß aus machtpolitischen und ideologischen Gründen der sowjetische Drang zur Offensive seinem Wesen nach nicht zu sättigen ist. Wann immer sich Vorteile bieten, müssen sie ergriffen werden; der Wunsch, den Einfluß der USA im Weltsystem zu verdrängen und zu ersetzen, bildet die Hauptantriebskraft sowjetischer Politik. Diese erweist sich zum einen als dauerhaft und ist zum anderen nur selten einem Kompromiß zugänglich.

Dahinter steht freilich auch die Befürchtung, daß, wenn die Sowjetunion in dem weltweiten Kampf gegen die Vereinigten Staaten nicht weiter nach vorne drängt, sie möglicherweise selbst im Konkurrenzstreben zurückfällt.

Diese letzte Überlegung scheint seit Beginn der Regierung Reagan an Einfluß gewonnen zu haben. Die ursprünglichen Erwartungen in der Sowjetunion an die Regierung Reagan konzentrierten sich zunächst auf die Hoffnung, daß die Unkalkulierbarkeit der Carter-Jahre überwunden werden könne und daß, nach dem Vorbild Nixons, die antikommunistische Rhetorik der Regierung Reagan bald einer pragmatischen Mischung aus Stärke und Verhandlungsbereitschaft weichen würde. Dieser Glaube entsprach sowjetischem Wunschdenken: Nachdem man militärische Parität und partielle Überlegenheit im Kontrast zu amerikanischer Schwäche zeigen konnte, sollte die Koexistenz nach sowjetischem Muster routinemäßig weitergeführt werden – möglichst im Rahmen der Rüstungskontrolle bei SALT und MBFR –, während die sowjetische Rüstung mit Druck vorangetrieben wurde.

Die amerikanische Regierung hat diese Absichten gründlich durchkreuzt: Mit Druck hat sie (selbst unter Berücksichtigung der Abstriche des Kongresses) ein aufwendiges Rüstungsprogramm in Bewegung gesetzt, das jetzt schon Wirkung zeigt.

Das Streitkräfteprogramm sowie die größere Krisenbereitschaft der USA, aber auch die Modifizierungen in der Nuklearstrategie mögen hypothetisch außenpolitische Zurückhaltung bei der sowjetischen Führung gefördert haben. Die sowjetische Rüstung ist aber durch diese Politik der Regierung Reagan sicher beschleunigt worden, sowjetische Bereitschaft zur Rüstungskontrolle hat man dadurch vermutlich nicht gefördert.

Hatte Breschnew noch zu Beginn der Regierung Reagan im Januar 1981 die Perspektive der Entspannung geradezu beschworen, so ist mittlerweile klar geworden, daß die Zeiten der Détente der siebziger Jahre, bei der die Sowjetunion auf ökonomische, militärische und politische Gewinne setzen konnte, vorüber sind.

Für den Stopp der machtpolitischen Ausdehnung der Sowjetunion seit 1980 hat die Regierung Reagan allerdings einen hohen und unpopulären Preis zahlen müssen: Es entstand der Eindruck einer übermäßigen Militarisierung der amerikanischen Außenpolitik. Reagans Ankündigung, die strategischen Nukleararsenale zu modernisieren und langfristig durch kühne, auf Jahrzehnte projektierte Anti-Raketensysteme vor sowjetischem Angriff schützen zu wollen, zielt außerdem auf drastische Veränderung einer in Ost und West bislang geteilten Sicherheitsauffassung ab: Wer zuerst schießt, stirbt als zweiter. Dabei hat sie – wenn auch rhetorisch und bündnispolitisch nicht sonderlich geschickt – die klassischen Prämissen der Militärstrategie verändert. Auch die waffentechnologischen Bemühungen in Richtung Zielgenauigkeit, Verringerung der Warnzeiten, Mobilität der Abschußeinrichtungen sowie mißverständliche Äußerungen über eine nukleare Kriegführungsfähigkeit der USA zeigen amerikanische Dynamik und Stärke, die für die Westeuropäer nicht nur beruhigend wirken.

Aber kritische Westeuropäer müssen ebenso zur Kenntnis nehmen, daß seit dem Amtsantritt von Ronald Reagan die Sowjetunion keine außenpolitischen Landgewinne verbuchen konnte – weder direkt noch durch Stellvertreter. Amerikanische Stärke zwingt die Sowjetunion zu außenpolitischer Vorsicht, die Sicherung der eigenen Interessen hat Vorrang. Die potentiell gefährliche Situation in Polen, zunächst durch eine geschickte Krisendiplomatie provisorisch gebannt, bei der aber ein falscher Schritt, eine unüberlegte Provokation zu Explosion oder Revolution führen kann, zwingt zur Zurückhaltung im eigenen Herrschaftsbereich und an der westeuropäischen Front. Die ökonomischen und politischen Kosten des nun fast fünfjährigen Krieges in Afghanistan, die Kosten der Hilfe an Kuba und an die Verbündeten in Mittelamerika, in Vietnam und Afrika zwingen ebenso zur Zurückhaltung wie die labile innenpolitische Übergangsphase und die Immobilität der politischen Führung nach dem Tod Breschnews und Andropows, die auch Tschernenko zu einer Führung zwingen, bei der er von seinen Getreuen fest untergehakt wird.

Die Regierung Reagan hat der sowjetischen Führung militärisch Hindernisse in den Weg gelegt, politisch aber hat sie den regionalen und globalen Zielen der Sowjetunion bisweilen unfreiwillig in die Hände gearbeitet. Reagan hat vielleicht das Fenster der militärischen Verwundbarkeit schließen können, er hat aber das Fenster der politischen Verwundbarkeit bei seinen anti-sowjetischen Reden weit aufgerissen. Im Unterschied zur Regierung Reagan beherrscht die sowjetische Führung die Friedensrhetorik exzellent.

Der Versuch der Regierung Reagan, das komplexe Ost-West-Geflecht auf den amerikanisch-sowjetischen Bilateralismus zurückzuschneiden, wurde von Maßnahmen begleitet, die die eigene Bevölkerung, den Kongreß und vor allem die Verbündeten von der Notwendigkeit einer radikalen Umorientierung überzeugen sollte. Ökonomische Zwänge, innen- und außenpolitische Kritik sowie ausbleibende greifbare Erfolge, aber auch kritisches Umdenken innerhalb der Regierung haben dazu geführt, daß zwar die ideologische Grundausrichtung, der militante Anti-Kommunismus fortwirkt, daß aber auch taktische Anpassung an die komplexen Realitäten versucht wird. Diese Kluft zwischen Glaubensmaximen und tatsächlicher Politik in der Außenpolitik der Regierung Reagan hat verschiedene Auswirkungen gezeigt. Der Riß zwischen der radikalen Weltsicht und dem tatsächlichen außenpolitischen Verhalten wurde nicht selten offenkundig. Auf alle Sorgen gibt es zwar ideologische oder theatralische Antworten, diese sind aber außenpolitisch nicht einlösbar. Sie dienen, wie in den USA deutlich wurde, lediglich dem innenpolitischen Hausgebrauch und der Machtabsicherung, seitdem die Wiederherstellung von Amerikas Ehre als Reaktion auf die entstandenen Demütigungen der siebziger Jahre gefordert wurde. Hat Reagan das Land in eine Wolke von Selbstvertrauen eingehüllt, oder zeigt sich tatsächlich Stärke? Die Regierung und ein großer Teil der Bevölkerung glauben, mit beiden Beinen fest auf diesen Wolken stehen zu können.

Theatralische Elemente der Außenpolitik von Reagan stehen dabei in krassem Gegensatz zur außenpolitischen Tatenlosigkeit. Die amerikanische Unterstützung für afghanische Rebellen zeichnet sich nicht gerade durch Dynamik aus und steht in krassem Gegensatz zur markanten Rhetorik. Während die Worte Reagans zur Latein- und Mittelamerika-Politik ebenfalls manchen erzittern lassen, passierte zeitweilig ein mit Waffen und Munition vollgeladener sowjetischer Frachter nach dem anderen den Panamakanal in Richtung Nicaragua, um für anti-imperialistische und anti-amerikanische Aktionen gerüstet zu sein. Die Regierung Reagan schaute durchs Fernglas zu. Die daraufhin erfolgte Verminung der Häfen Nicaraguas durch die CIA glich einer unüberlegten Handlung kleiner Jungen, die beim Kriegsspiel aus Versehen in die Erwachsenenwelt geraten sind.

Auch mit Blick auf die Sowjetunion und Osteuropa blieb die Haltung der Regierung Reagan doppelbödig. Nach der rhetorischen Unterstützung einer Demokratisierung von unten in Osteuropa und in der Sowjetunion gab sie verschämt Wirtschaftshilfe und Weizenlieferungen an die dortigen Regierungen, die es ja zu stürzen gilt. Hierbei wird eine Sehnsucht nach amerikanischer Hegemonie sichtbar, wie sie zur Zeit des Kalten Krieges vorhanden war.

2. Die Beziehungen zu Westeuropa

Während der Amtszeit von Präsident Reagan setzten sich die transatlantischen Krisen fort. Ein atlantischer „Stahlkrieg", amerikanische Hochzinspolitik, Diskussionen über die Weltwirtschaftspolitik, Handelsembargo, das westeuropäische Erdgas-Röhrengeschäft mit der Sowjetunion, die Polen-Krise, amerikanische Rüstung, NATO-Doppelbeschluß und Anti-Amerikanismus-Tendenzen, aber auch Meinungsverschiedenheiten über den Nahen Osten und Lateinamerika wurden zu Streitpunkten, die den Zusammenhalt der Allianz auf eine harte Probe stellten.

Während die Sowjetunion auf dem Hintergrund massiver Nuklearrüstung für viele eine eindrucksvolle Rhetorik der Entspannung und des Friedens entwickelte, unterminierte die Regierung Reagan von Anfang an ihre Sicherheitspolitik durch unglückliche, unpassende und unbedachte Rhetorik. Zwar war es verständlich, daß die Regierung Reagan gegenüber der Sowjetunion eine härtere Sprache führte, aber für viele entstand dabei der Eindruck von unnötiger Militanz und Aggressivität, der der Politik der Regierung Reagan nicht gerecht wurde. Mangelndes Fingerspitzengefühl und unzureichende Konsultation wurden deutlich, als Reagan im August 1981 die Produktion der Neutronenwaffe ankündigte und im Oktober 1981 erklärte, er könne sich den Einsatz von taktischen Nuklearwaffen durchaus vorstellen, ohne daß eine der Großmächte auf den Knopf drücken würde, also die Großmächte vor Nuklearangriffen geschützt blieben. Es entstand der Eindruck, als ob in Europa ein begrenzter Nuklearkrieg möglich wäre. Als Außenminister Haig im November 1981 Reagans Aussage exemplarisch bestätigte, „daß Nuklearwaffen eingesetzt werden könnten, um der anderen Seite zu demonstrieren, daß sie die Toleranzschwelle eines konventionellen Angriffs überschritten habe", nützte auch der Widerspruch von Verteidigungsminister Weinberger nichts. Der Präsident selbst steigerte die Verwirrung, als er mit Bezug auf die Haig/Weinberger-Kontroverse öffentlich eingestand, daß Widersprüche über einen nuklearen Warnschuß als Teil der NATO-Strategie bestehen.

Auch die Diskussion über nukleare Kriegführungsstrategien sowie unausgegorene Pläne über kombinierte Luft-/Landkriegsstrategien in Europa wirkten auf die Westeuropäer alarmierend. Nicht die Sowjetunion, sondern vielmehr die Westeuropäer wurden von amerikanischen Strategieüberlegungen abgeschreckt. Verbarg sich hinter Reagans Rhetorik der Anspruch, Amerikas Führungsrolle im Bündnis nach dem Vorbild der fünfziger Jahre wiederherzustellen? Reale Bevormundung, eingehüllt in eine Rhetorik amerikanischer Verantwortung, sowie die Treue zum Bündnis anstatt Ostpolitik, wurden anfänglich zu einer Alternative stilisiert, die eine Form des Ost-West-Verhältnisses wiederzubeleben versuchte, welche mit den Realitäten der achtziger Jahre ebensowenig zu vereinbaren waren wie mit der dualen NATO-Philosophie von Sicherheit und Entspannung. So wurden die ersten beiden Jahre der Regierung

Reagan zu einer harten Bewährungsprobe atlantischer Solidarität. Antikommunistische Kraftmeierei, die abwertende Haltung gegenüber den westeuropäischen Entspannungsinteressen, der Versuch, das westeuropäisch-sowjetische Erdgas-Röhrengeschäft mit allen Mitteln zu verhindern, die amerikanisch-westeuropäischen Unstimmigkeiten bei der Einschätzung der Polen-Krise, in der Einschätzung der globalen Rolle der Sowjetunion und ihrer sogenannten Stellvertreter sowie das Zögern der Regierung Reagan, Rüstungskontrollverhandlungen zu beginnen, markierten die herausragenden Konfliktstoffe.

Wie unter Präsident Carter waren politische Konsultationen lückenhaft. Aber jetzt wurde Westeuropas durchlöchertes Entspannungsnetz durch Reagans anfängliche Konfrontationspolitik angespannt. Letztlich mußte die Regierung Reagan in vielen Punkten nachgeben. Die ideologische Konfrontationsrhetorik wich einer Sprache, die auch Entspannungsbereitschaft signalisierte. Sie deutete sich in der Rede von Präsident Reagan vom 19. November 1981 an und wurde an der Jahreswende 1983/84 deutlicher.

Auch zeigte Präsident Reagan bei seiner Europareise in London und in Westberlin sowie auf den Gipfeltreffen der westlichen Regierungschefs in Ottawa im Juli 1981 und in Versailles im Juli 1982 politischen Weitblick und Verständnis für die ökonomischen und entspannungspolitischen Interessen der Westeuropäer. Die Regierungschefs der sieben wichtigsten europäischen Staaten der nichtkommunistischen Welt waren übereingekommen, „gegenüber der UdSSR und Osteuropa ein vernünftiges und nuanciertes wirtschaftliches Vorgehen einzuschlagen im Einklang mit unseren politischen und sicherheitspolitischen Interessen“. Sie hatten ihren Willen außerdem erneuert, sie würden sich „protektionistischem Druck und handelsverzerrenden Praktiken widersetzen“, um Stabilität und Beschäftigung sowie Handel und Wachstum zu fördern. Kaum war jedoch Präsident Reagan in die USA zurückgekehrt, verfügte seine Regierung Ausgleichszölle gegen europäische Stahlimporte. Der Präsident verbot ohne Konsultation mit den Verbündeten amerikanischen Firmen und deren ausländischen Lizenznehmern Zulieferungen zum geplanten Erdgas-Röhrengeschäft.

War die Gipfelerklärung von Versailles ebenso wie die Bonner NATO-Erklärung eine Bestätigung der gemeinsam beschlossenen Politik, den kommunistischen Machtblock in ein weltweites System wachsender wirtschaftlicher Interdependenzen einzubinden, so führte die Embargomaßnahme der Regierung Reagan zu wirtschaftspolitischer Konfrontation mit dem Osten. Doppelte Moral wurde deutlich bei der Verhängung von Sanktionen durch die Regierung Reagan. Als am 15. Oktober 1982 die Regierung Reagan die Ausfuhr technischen Materials für die Erdgas-Röhren in Höhe von 3 Mill. Dollar verhindern wollte, erklärte er, daß das Weizenembargo, unter Präsident Carter eingeführt, aufgehoben würde. Die Sowjetunion konnte von den USA Getreide beziehen, Europa hingegen sollte das Geschäft mit der Sowjetunion erschwert werden. Erst als die Westeuropäer geschlossen zu ihren vertraglichen Verpflichtungen standen, gaben die USA im November 1982 ihren Widerstand gegen das Erdgas-Röhrengeschäft auf.

Transatlantische Probleme entstanden auch während der Polen-Krise. Die Reagan-Administration versuchte, durch wirtschaftlichen Druck die Sowjetunion in Polen zur Mäßigung zu bewegen: Das Ende des Kriegsrechts und der Unterdrückung, die Freilassung der Gefangenen und die Wiederherstellung der in der Schlußakte von Helsinki verbrieften Rechte, die die Unabhängigkeit der Gewerkschaft Solidarität und der Kirchen schützte, waren die Ziele.

Im Verlauf der amerikanisch-westeuropäischen und amerikanisch-deutschen Konsultationen beim Besuch des Bundeskanzlers im Januar 1982 in Washington wurden schließlich gemeinsame Einschätzungen deutlich. Der Versuch der amerikanischen und westeuropäischen Regierungen, ihre Rhetorik und Sprachregelung auf einen Nenner zu bringen, kann aber nicht darüber hinwegtäuschen, daß die Reaktion des Westens auf die Entwicklung in Polen eine Folge von unkoordinierten Maßnahmen war, die weder die polnische Situation verbesserten noch die Sowjetunion vor Einmischung abschreckten noch die Glaubwürdigkeit des Westens verstärkten.

Während Reagan die sowjetische Regierung für die Repressionspolitik in Polen durch Sanktionen bestrafen wollte, zeigten die Westeuropäer angesichts der nur indirekt nachweisbaren Handschrift der Sowjetunion bei der Formulierung des Kriegsrechts in Polen im Dezember 1981 Zurückhaltung. Fast schien es, als ob nicht das polnische Schicksal, sondern das der westlichen Einigkeit auf dem Spiel stand. Die Frage, ob die Sowjetunion mit dem Aufmarsch von knapp 60 Divisionen rings um Polen, durch langfristige Vorbereitung bei der Verkündung des Kriegsrechts, durch wirtschaftliche Unterstützung der Regierung Jaruzelski und durch massiven Druck nur direkt oder indirekt beteiligt war, ob Jaruzelski, wie deutsche Politiker behaupteten, ein Patriot oder – wie viele Polen und die Regierung Reagan erklärten – ein Verräter sei, glich dem Streit um des Kaisers Bart.

Die zweite Streitfrage in der Allianz nach Umfang und Inhalt der Sanktionen berührte allerdings fundamentale Interessenunterschiede zwischen den USA und Westeuropa. Reagan wollte durch Sanktionen die Sowjetunion bestrafen, während etwa der Bundesregierung daran gelegen war, die Beziehungen zur Sowjetunion und zu Polen aus wirtschaftspolitischen und grundsätzlichen Entspannungsinteressen nicht zu belasten. So ähnelte die Lage ‚nach Polen' eher ‚nach Afghanistan', nur mit dem Unterschied, daß in Europa selbst die Sowjetunion – wenn auch indirekt – intervenierte. Diese Intervention diente außerdem nicht der Machtausdehnung, sondern der Wiederherstellung der sogenannten Volksdemokratie in Polen. Sie zeigte auch, daß die Dialektik der Entspannung nicht gesetzmäßig eingehalten werden konnte, sondern nun ihre eigene Dynamik entwickelte: Der Aufstieg und die Attraktivität der unabhängigen Gewerkschaft Solidarnoć verwies auf den jahrzehntelangen Ruf und Wunsch nach Freiheit und Souveränität in den Staaten Osteuropas. Unterdrückung war die Antwort. Die Reagan-

Administration und die westeuropäischen Regierungen wurden aber bei der Beurteilung der Entwicklung in Polen von Stereotypen beeinflußt, die sich an ähnlichen Krisenentwicklungen der fünfziger und sechziger Jahre orientiert hatten.

Die polnischen Reformbemühungen in Staat, Wirtschaft und Gesellschaft wurden vom Westen zu Beginn mit Faszination, Sympathie und mit Beklemmung beobachtet. Wie würde die Sowjetunion den Reformprozeß in Polen stoppen? In Polen und im Westen glaubte man nicht, daß die Sowjetunion einmarschieren würde. Dabei fällt auf, wie sehr wir in einer Vorstellung des Alles-oder-Nichts gefangen geblieben sind, die durch die Ereignisse der vergangenen vier Jahrzehnte in Osteuropa geprägt worden ist. Wir hatten uns daran gewöhnt, daß bei revolutionären Bewegungen in kommunistischen Staaten die aufbegehrenden Menschen alles wagen und dabei alles verloren. Die traurige Geschichte der Freiheitsbewegungen in kommunistischen Staaten Mitteleuropas hatte gezeigt, daß revolutionäre, eruptive Versuche im Stil klassischer Revolutionen von unten im Nuklearzeitalter und bei totaler Beherrschung durch die Kommunisten unmöglich geworden waren. Dabei schälte sich ein ehernes Gesetz für Reformen heraus, die nach Maßgabe der Breschnew-Doktrin in Mittel- und Osteuropa begrenzt toleriert wurden: Kommunistische Staaten versuchten entweder, ihre Außenpolitik nationaler und unabhängiger von der Führungsmacht Sowjetunion zu gestalten, wie im Falle Rumänien. Dabei mußte der innenpolitische Primat der Kommunistischen Partei aufrechterhalten werden. Andere Staaten, wie z. B. Ungarn, zeigten, daß innenpolitische, insbesondere Wirtschaftsreformen, in gewissem Umfang möglich sind, solange sich der außenpolitische Kurs des Landes strikt nach der Sowjetunion ausrichtet. Es war also nur entweder außen- oder innenpolitische Reform begrenzt möglich. Erst wenn sowohl innenpolitische Reformen in Wirtschaft, Staat und Gesellschaft den Primat der kommunistischen Ideologie bedrohten als auch die außenpolitische Einbindung im Warschauer Pakt-System in Gefahr geriet, antwortete die Sowjetunion mit rigiden Maßnahmen, wie zuletzt 1968 beim Einmarsch Warschauer-Pakt-Truppen in die Tschechoslowakei.

Die Sowjetunion überrumpelte aber alle, die so traditionell dachten, als am 13. Dezember 1981 der Kriegszustand in Polen von der Regierung Jaruzelski ausgerufen wurde und alle Reformansätze aufgehoben, Führer und Mitglieder der „Solidarität" verhaftet und das gesamte politische, kulturelle und gesellschaftliche Leben wieder in das Zwangskorsett des altbekannten Unterdrückungsapparates gepreßt wurde. Die machtpolitische Raffinesse der Sowjetunion bestand darin, mit Hilfe polnischer Militärs und Politiker den Eindruck zu erwecken, daß diese selbst die Unterdrückung in die Hand nahmen und damit die Entscheidung zur polnischen Angelegenheit erklärten. Indem die Sowjetunion Polen zwang, Polen zu unterdrücken, hatte sie sämtliche Risiken, wie z. B. einen Volksaufstand oder andere für sie gefährliche Entwicklungen, unterlaufen können. Der Nationalstolz der polnischen Armee wurde dadurch befriedigt, daß ihr die Arbeit der Massenverhaftung, wie 1970, erspart blieb, und daß das Kriegsrecht zur nationalen Ehrenpflicht erklärt wurde.

Die westeuropäischen Regierungen, gebannt auf die einzige Alternative – sowjetischer Einmarsch: ja oder nein? – blickend, waren angesichts der sich zuspitzenden kritischen Situation in Polen unfähig zu reagieren, weil dritte oder vierte Alternativen sowjetischen Verhaltens nicht oder zu spät einkalkuliert wurden.

Durch wirtschaftliche Sanktionen versuchte die Regierung Reagan, die sowjetische und die polnische Regierung unter Druck zu setzen. Dabei hatte sie ihre westeuropäischen Partner wissen lassen, daß sie im Einklang mit der politisch-militärischen Stärkung des westlichen Bündnisses und dem Ziel der Eindämmung des sowjetischen Expansionismus auch die Wirtschaftsbeziehungen mit der Sowjetunion nach sicherheitspolitischen Überlegungen auszurichten trachtete. Dabei richtete sie ihren Blick vor allem auf den Transfer hochtechnologischer Güter, durch den die Veralterung der Industriestruktur gebremst wurde. Die Verfechter von Sanktionen in der Regierung Reagan glaubten, daß die wirtschaftlichen Verflechtungen Westeuropas mit Osteuropa – die Kredite spielen dabei eine Schlüsselrolle – schon in einem solchen Maße gediehen sind, daß die politische Entscheidungskraft der Westeuropäer gelähmt wurde.

Aber die Glaubwürdigkeit der Sanktionspolitik der Administration Reagan wurde durch die Kluft zwischen Wort und Tat beträchtlich. Die Beteuerung von Außenminister Haig, Amerika werde, so lange die Unterdrückung in Polen anhalte, mit der Sowjetunion und Polen nicht „business as usual" betreiben, hielt den Realitäten nicht stand. Die Reagan-Administration nutzte den Handel nur begrenzt als Sanktionselement, aber das Finanzierungsinstrument des Handels, die Kredite, wurden nicht eingeschränkt. Auch die amerikanischen Weizenlieferungen blieben von der Sanktionspolitik der Reagan-Administration unangetastet.

Zu oft haben die USA auf sowjetische Aggressivität mit Sanktionen geantwortet, diese aber kommentarlos und ohne offensichtliche Wirkung zurückgezogen, wenn eigene ökonomische oder innenpolitische Interessen ein Aufheben der Sanktionen für wünschenswert erscheinen ließen. Mangelnder Zusammenhalt im westlichen Bündnis, tiefe Unterschiede in den westlichen Ländern über Sinn und Unsinn von Wirtschaftssanktionen gegenüber den sozialistischen Staaten, insbesondere gegenüber der Sowjetunion, lassen dieses Mittel – die Nachkriegsgeschichte belegt dies – als untaugliches Instrument der Ost-West-Auseinandersetzungen erscheinen.

Solange die USA selbst aus innenpolitischen Gründen nicht in der Lage sind, für sich allein eine konsequente Embargo-Politik als abschreckendes und berechenbares Element präventiv und glaubwürdig durchzuhalten, solange bleiben die Forderungen der Regierung Reagan moralisch-politisch, aber auch ökonomisch doppelbödig. Allenfalls wird die Vertragstreue in den Wirtschaftsbeziehungen gefährdet. Angesichts der wirtschaftlichen Probleme der westlichen Industrienationen kann wirtschaftliche Strangulierung die eigenen Wirtschaften negativ beeinflussen und innenpolitisch gerade die Gruppen und Kräfte, die ihr ursprünglich nahestanden, entfremden: die Farmer und vor allem die Privatwirtschaft. Die Verweigerung von Krediten der amerikanischen Regierung an die Sowjetunion war schon seit 1975 kein Thema mehr, nun aber versuchte die Regierung Reagan, Kredite der freien Wirtschaft an die Sowjetunion zu unterbinden. Es ist ein weiterer Irrtum anzunehmen, die ökonomischen und politischen Strukturen des Sowjetsystems ließen sich durch westlichen oder amerikanischen Einfluß ändern.

Trotz der unterschiedlichen Beurteilung zwischen Westeuropa und den USA darf nicht vergessen werden, daß durch keine Politik der Vergangenheit, ob durch Magnettheorie, ob durch Politik des „Roll-Back", ob durch Wirtschaftssanktionen oder durch Appelle zur außenpolitischen Zurückhaltung die Sowjetunion dazu bewegt werden konnte, ihre Vormachtstellung zu mildern oder gar aufzugeben.

3. Der NATO-Doppelbeschluß vom Dezember 1979

Nach schweren innenpolitischen Diskussionen und Demonstrationen wurde schließlich im Oktober und November 1983 von den Parlamenten Englands, Italiens, Belgiens sowie der Bundesrepublik die Stationierung der 464 Marschflugkörper und in der Bundesrepublik zusätzlich die Stationierung von 108 Pershing-II-Mittelstreckenraketen gebilligt, nachdem alle verhandlungspolitischen Versuche gescheitert waren, die Sowjetunion zu einer Null-Lösung oder zu einem angemessenen Kompromiß zu bewegen. Die Sowjetunion blieb kompromißlos und brach die Verhandlungen bezüglich der Reduzierung von Mittelstreckenraketen wie auch die über eine Reduzierung der strategischen Waffenarsenale (START) ab. Die USA und die NATO hingegen erklärten, daß sie weiterhin zu Rüstungskontrollverhandlungen bereit seien. Nach dem Tod von Juri Andropow im Februar 1984 wird vermutlich eine gewisse Zeit vergehen, bis die sowjetische Führung unter dem Nachfolger Tschernenko die Sicherheitspolitik der Sowjetunion zu einem verhandlungspolitischen Konzept für Rüstungskontrolle führen wird.

Für die NATO-Staaten brachte die Nachrüstung mehr Sicherheit. Der politische Zusammenhalt des Bündnisses hat sich verstärkt, Frankreich, das in dieser Angelegenheit nicht direkt betroffen war, gewährleistete Unterstützung. Die sowjetische Forderung nach Einbeziehung der Force de Frappe sowie der britischen Nuklearpotentiale war absurd angesichts der Tatsache, daß zum einen das strategische Kernwaffenarsenal Frankreichs und Englands zusammen nur aus 144 Sprengköpfen besteht, das sowjetische aber weit über 8000 ausmacht. Außerdem wurde in den INF-Verhandlungen nur über die Mittelstreckenraketenpotentiale gesprochen.

Die Stationierung von Marschflugkörpern und Pershing II bedeutet, daß nun auch erstmals Mittelstreckenraketen von Westeuopa aus die Sowjetunion bis kurz vor Moskau erreichen können. Der Sowjetunion wurde nicht erlaubt, sich gegenüber Westeuropa und gegenüber der Bundesrepublik ein Monopol bei landgestützten Mittelstreckenraketen zu sichern. Damit wurde die defensive Abschreckungsfähigkeit der NATO erhöht, denn im Falle eines Konflikts kann die Sowjetunion nicht mehr von der Annahme ausgehen, daß ein Nuklearschlag nur auf Westeuropa begrenzt bliebe.

Zu Recht betont Oberst i. G. Ludwig Jacob von der Führungsakademie der Bundeswehr in Hamburg, daß die höhere Verwundbarkeit Europas und der Bundesrepublik es zwingend notwendig macht, daß die Sowjetunion auch in das Schadensrisiko eines regionalen Konflikts angemessen mit einbezogen wird. Diese Einbeziehung kann aber weder durch konventionelle noch durch nukleare Gefechtsfeldwaffen geleistet werden, vielmehr ist eine weiterreichende nukleare Komponente notwendig, die sowjetisches Territorium erreichen und dort einen Schaden androhen kann, von wo die Aggression ausgehen könnte. Dazu eignen sich in Europa nur die weiterreichenden Nuklearsysteme Pershing II und Marschflugkörper.

Die Aufrechterhaltung einer gleichen Verwundbarkeit von NATO und Warschauer Pakt stellt daher ein wesentliches Element des militärischen und politischen Gleichgewichts in Europa dar. Nur wenn die Sowjetunion auf ihrem eigenen Territorium Schaden mit einkalkulieren muß, verringert sich die Gefahr der politischen Erpreßbarkeit durch Gewaltandrohung.

Selten ist in der Diskussion berücksichtigt worden, daß es hierbei weniger um das Problem des Krieges in Europa geht, sondern vielmehr um das der politischen Erpreßbarkeit durch militärische Überlegenheit im politischen Spannungsfall. Auch im Nuklearzeitalter bleibt die Fragestellung gültig: Wie läßt sich militärische Stärke in politischen Einfluß umsetzen? Es geht nicht um die klare Alternative Krieg oder Frieden, sondern um die subtile Situation des politischen Spannungszustandes, bei dem die Sowjetunion aus einer überlegenen militärischen Situation heraus dominieren möchte: „Der Aufwuchs der SS-20-Raketen eröffnet die Möglichkeit für politische Pressionen oder – in einem Konflikt – für militärische Optionen gegen Westeuropa und führt damit zur Gefahr der Abkoppelung des interkontinental-strategischen Potentials der USA. Dies ist für Westeuropa angesichts der unbestreitbaren konventionellen Unterlegenheit der NATO ein für unsere Sicherheit bedrohlicher Faktor, dessen Gefährlichkeit durch die weitere Auffächerung sowjetischer Nuklearoptionen durch SS-21/22/23-Raketen eine ansteigende Tendenz aufweist.“ [5]

Der defensive Charakter der Nachrüstung wird außerdem durch die geringe Anzahl von 108 Pershing II und 464 Marschflugkörpern deutlich. Nur die Aufmarschgebiete der sowjetischen Streitkräfte im Westen der Sowjetunion und ihre Reservestellungen sollen erreicht werden.

Die Stationierung vereitelt die sowjetischen Hoffnungen, Westeuropa von den USA politisch oder militärisch abzukoppeln.

Das Vorhaben der Sowjetunion, die Westeuropäer dahin zu bringen, ihren Lebensraum als Zone minderer Sicherheit zu akzeptieren, scheiterte am politischen Willen und an der Geschlossenheit der NATO. Es sei daran erinnert, daß die Sowjetunion Westeuropa niemals das gleiche Maß an Sicherheit zugestanden hat wie den Vereinigten Staaten. Jahrzehntelang hat die Sowjetunion versucht, Europa zur Geisel ihrer überlegenen Stärke zu machen. In der Erkenntnis, daß nur ein amerikanisches Engagement das europäische Gleichgewicht stabilisieren kann, hat sich die Sowjetunion darauf konzentriert, die militärische und politische Verbindung zwischen Europa und Nordamerika durch ein SS-20-Monopol zu durchtrennen, damit Westeuropa ohne westliches Mittelstreckenraketen-Gegengewicht der sowjetischen Macht allein gegenüberstehen sollte. Diese sowjetische Bemühung wurde durch die Stationierung mobiler SS-20-Raketen unterstrichen. Deshalb mußte die NATO dieses gewaltige Monopol der Sowjetunion brechen. Das sowjetische Konzept von der Überlegenheit der „Korrelation der Kräfte", das sie durch verschärfte Konfrontation, selektive Entspannungspolitik und mit Drohung, aber auch durch Verlockung und Schmeicheleien zu erreichen glaubte, war gescheitert. Die sowjetische Propaganda, das Schüren von Anti-Amerikanismus, Neutralismus und Pazifismus, wurde unglaubwürdig, denn die Sowjetunion als Verfechter von globalem Pazifismus erlaubt keinem einzigen ihrer Bürger individuellen Pazifismus und keinem einzigen Land innerhalb ihres Machtbereichs Neutralismus, geschweige denn Souveränität.

Es ist das Verdienst der Regierung Reagan, daß sie den Westeuropäern deutlich gemacht hat, daß nicht militärische Folgen des Ost-West-Konflikts, sondern die politischen Ursachen und Gegensätze zwischen Ost und West uns weiterhin beschäftigen müssen. Kritik am Stil amerikanischer Außenpolitik sollte gleichzeitig deutlich machen, daß wir in der Substanz mit den USA solidarisch sind und uns keine Position der Äquidistanz zwischen den USA und der Sowjetunion erlauben können. Aufgrund der trennenden Wertsysteme zwischen Ost und

West kann nicht Vertrauen, sondern nur eine gesunde Portion des Mißtrauens die Grundlage für eine realistische Sicherung der eigenen Interessen bilden. In Anlehnung an Mark Twains Worte über die Qualität der Musik von Richard Wagner – sie sei in Wirklichkeit besser, als sie klingt, – kann man auch zu der Feststellung kommen, daß die Substanz der Außenpolitik der Regierung Reagan, besonders gegenüber der Sowjetunion, besser ist als ihre Rhetorik. Die Außenpolitik der sowjetischen Führung klingt zwar verführerisch, in der Substanz jedoch widerspricht sie unseren politischen und ethischen Normen.

Zu Recht wies der amerikanische Botschafter in der Bundesrepublik, Arthur Burns, darauf hin, daß der Anti-Amerikanismus ein Symptom für umfassendere gesellschaftspolitische Probleme der westlichen Demokratien darstellt, nämlich die Abkehr von den Werten und Institutionen der Demokratie. Die Nachrüstung war ein Signal, den Trend der Anti-Nukleartheologie in Politik und Gesellschaft der westlichen Demokratien zu stoppen und umzukehren. Aus amerikanischer Sicht war die Bereitschaft der westeuropäischen Regierungen zur Nachrüstung auch ein Beweis der Bündnistreue und eine deutliche Absage an Parteien und Politiker, die nationale und neutrale Alleingänge und den Austritt aus der NATO propagieren. Einseitige Abrüstung oder der Verzicht auf Abschreckung bringen nicht Frieden, sondern gefährden diesen. Sie stärken die Position der Gewalttätigen und schwächen die der Friedfertigen. Einseitige Abrüstung oder der Verzicht auf Abrüstung machen Zugeständnisse der Vorrüstungen bei Abrüstungsverhandlungen überflüssig und führen daher eben nicht zu einer Welt mit weniger Waffen, sondern schaffen eine Situation, in der auf einer Seite ein immer größeres Übergewicht der Rüstung entsteht. Damit steigt die Gefahr, daß vielleicht eines Tages davon Gebrauch gemacht wird. Angesichts der geschichtlichen Erfahrung mit der sowjetischen Bereitschaft zum direkten oder indirekten Einsatz militärischer Überlegenheit ist eine Politik der einseitigen Abrüstung gefährlich.

Auch ist es nicht verständlich, den Widerstand gegen das

Recht des Verteidigers zu proklamieren, weil man sich gegenüber der Macht des potentiellen Angreifers ohnmächtig fühlt. Wer in diesem Zusammenhang Widerstand gegen parlamentarisch legitimierte Entscheidungen forderte, entzog der westlichen Sicherheitspolitik die Grundlage und ersetzte die demokratisch legitimierte Entscheidung der Mehrheit durch den Protest der Straße.

Die Sowjetunion hatte den neuen und mutigen Ansatz zu Rüstungskontrolle, der dem Doppelbeschluß zugrundelag, nicht zu Rüstungskontrolle, sondern zunächst zu einseitiger Vorrüstung in der Hoffnung genützt, der Westen würde nicht nachrüsten. So wie die Sowjetunion schon in den siebziger Jahren die Zurückhaltung der USA in der Nuklearrüstung und die neue amerikanische Politik der Parität als Schwäche der Vereinigten Staaten mißverstand und zum einseitigen Vorteil ausnutzte, so verkalkulierte sie sich auch angesichts der Zurückhaltung der NATO, die dem Doppelbeschluß zugrundelag: Statt ab 1977 Rüstungskontrolle mit zu tragen, erhöhte die Sowjetunion bis April 1984 die Zahl der SS-20-Abschußrampen auf 378. Davon sind im europäischen Raum der Sowjetunion ca. 250 aufgestellt und gegen die europäischen NATO-Staaten gerichtet. Weitere SS-20-Stellungen östlich des Urals sind im Bau. Mit den 378 SS-20-Raketen kann die Sowjetunion 1134 nukleare Gefechtsköpfe von je rd. 150 Kilotonnen einsetzen. Allein mit ihren ca. 250 SS-20-Raketen im europäischen Teil der Sowjetunion kann sie mehr als 700 Ziele mit einem Schlag bekämpfen. Die Lage stellt sich noch bedrohlicher dar, wenn man berücksichtigt, daß diese SS-20-Systeme nachladefähig und die Stellungen auf Bevorratung eines Nachladebestandes eingerichtet sind. Werden den SS-20-Gefechtsköpfen die Gefechtsköpfe der noch vorhandenen SS-4- und SS-5-Raketen hinzugerechnet, dann hat sich die Zahl der Gefechtsköpfe auf sowjetischen landgestützten Mittelstreckenraketen seit 1976 mehr als verdoppelt, unter der Annahme einer einmaligen Nachladekapazität sogar mehr als verdreifacht. Zusätzlich gibt es Hinweise, daß die Sowjetunion SS-12/22-Raketen in der DDR und CSSR stationiert. Diesem sowjetischen Potential hat die NATO bis heute nichts Vergleichbares entgegenzusetzen.

Trotz der Stationierung von Pershing II und Mittelstreckenraketen bleibt Europas Sicherheit prekär. Aber das westliche Bündnis hat deutlich gemacht, daß die Ost-West-Beziehungen vor allem in Europa über die Raketenfrage hinaus andere, weitere Maßnahmen zur Entspannung erforderlich machen. Der Westen hat der Sowjetunion das – so Bundeskanzler Kohl – bisher umfassendste Abrüstungsangebot der Geschichte unterbreitet:

– Bei den Verhandlungen über strategische Interkontinentalwaffen haben die USA angeboten, nicht nur die Trägersysteme drastisch zu verringern, sondern vor allem auch die Zahl der Gefechtsköpfe der land- und seegestützten Raketen um 40 % zu vermindern.
– Bei den INF-Verhandlungen haben die USA den Sowjets vorgeschlagen, gemeinsam auf eine ganze Waffenkategorie zu verzichten, d. h. auf alle landgestützten Mittelstreckenraketen in Ost und West.
– Bei den Wiener MBFR-Verhandlungen über den gegenseitigen und ausgewogenen Truppenabbau in Mitteleuropa haben die Vereinigten Staaten gemeinsam mit der Bundesrepublik und den übrigen westeuropäischen Partnern einen umfassenden Vertragsentwurf eingeführt. Hierdurch soll eine überprüfbare Verringerung der Land- und Luftstreitkräfte beider Bündnisse auf 900 000 Soldaten auf jeder Seite im Reduzierungsgebiet sichergestellt werden.
– Im Genfer Abrüstungsausschuß bemüht sich der Westen um ein Abkommen, das Produktion und Lagerung aller chemischer Waffen nachprüfbar verbietet. Präsident Reagans Initiative vom April 1984 unterstreicht das Problem der C-Waffen und gab Impulse für Abrüstung.
– Am 17. Januar 1984 begann in Stockholm die Konferenz über sicherheits- und vertrauensbildende Maßnahmen und Abrüstung in Europa. Diese Konferenz geht ebenfalls auf eine Initiative des westlichen Bündnisses zurück[6].

1980 wurden aus Europa einseitig 1000 nukleare Gefechtsköpfe und laut Beschluß vom 30. Oktober 1983 werden weitere 1400 Atomsprengköpfe aus Westeuropa abgezogen. Den laut NATO-Doppelbeschluß vorgesehenen 572 Systemen stehen also insgesamt ca. 3000 Systeme gegenüber, die abgezogen werden (da für jede neue Pershing II oder jeden neuen Marschflugkörper ebenfalls ein anderes Nuklearsystem abgezogen wird). In den vergangenen Jahren hat sich somit das Nuklearpotential des Westens nicht verstärkt, sondern verringert.

Aber Sicherheit und ein stabiles Gleichgewicht in Europa hängen weniger von den Waffenpotentialen selbst ab, diese reflektieren nur den politischen Willen, den Grad der Stabilität der politischen Struktur in Europa. Eine stabile Struktur in Europa kann ein gewisses Maß an militärischem Ungleichgewicht aushalten, aber das militärische Gleichgewicht kann noch so fein in Balance gehalten werden, es nützt nichts, wenn die politische Lage labil oder konfrontativ zu geraten droht.

1984 fragen sich viele, ob wir die Nachkriegsordnung verlassen haben und in eine Periode eintreten, die der von 1908–1914 oder der von 1933–1939 ähnelt. Dabei müssen drei Entwicklungslinien, die für sich oder auch parallel auftreten können, besonders sorgfältig beobachtet werden:

1. Wachsende Instabilität in Europa, eine pessimistische Erstarrung, wie von Richard Löwenthal angedeutet, könnte die Sowjets in Versuchung führen, bei geringem Risiko die Offensive zu ergreifen.
2. Amerikanische Ungeduld und Verachtung für die westeuropäischen Demokratien könnte neo-isolationistische Tendenzen in den USA wie vor dem Ersten und Zweiten Weltkrieg fördern und sowjetische Fehlkalkulationen in Europa begünstigen.
3. Wachsende Instabilität und Unzufriedenheit sowie Unruhe und Freiheitsbestrebungen in Osteuropa könnten zu Konflikten und sowjetischen Überreaktionen führen, vor allem, wenn in Osteuropa verschiedene Funken sich gegenseitig entzünden.

Es ist tragisch, daß die letzte Möglichkeit die wahrscheinlichste darstellt, aber vom Westen am geringsten zu beeinflussen ist. Die erste und zweite Gefahr kann durch unsere eigenen Fähigkeiten gebannt werden.

Die Diskussion um den NATO-Doppelbeschluß warf auch ein Licht auf gefährliche Tendenzen innerhalb des deutschen Parteiensystems, besonders auf die sicherheitspolitische Argumentation innerhalb der SPD. Der Verlust der Regierungsverantwortung der sozialdemokratisch geführten Bundesregierung im Oktober 1982 war auch darauf zurückzuführen, daß Bundeskanzler Schmidt seine Sicherheitspolitik in der SPD nicht mehr durchsetzen konnte. Zu Recht betonte Karl Kaiser: „Das sowjetische Ziel ist ein neues politisches System in Europa, das durch die Erosion der amerikanisch-europäischen Kooperation und wachsende Abhängigkeit von der Sowjetunion entsteht. Dies ist eine entscheidende Frage nationalen Interesses, nämlich der Selbstbestimmung der Bundesrepublik Deutschland, bei der man nicht kampflos sowjetische Positionen übernehmen oder dagegen gerichtete Bemühungen innenpolitisch untergraben darf. Dies ist von der sozialdemokratischen Regierung unter Helmut Schmidt so erkannt worden; sie betrieb deshalb den Doppelbeschluß, der von der Partei gebilligt wurde. In einem mehrjährigen Prozeß wurde jedoch die Ablehnung aus der SPD stärker und entwickelte sich zu einer Wende. Die Position Helmut Schmidts wurde faktisch ins Gegenteil verkehrt."

Der Abschuß eines koreanischen Verkehrsflugzeugs durch die Sowjetunion im September 1983, der 269 Menschen das Leben kostete, fiel mit dem Höhepunkt der innenpolitischen Diskussion über den NATO-Doppelbeschluß zusammen. Dieser Zwischenfall führte zu weltweiter Empörung und Verurteilung des sowjetischen Vorgehens und belastete, wenn auch kurzfristig, die amerikanisch-sowjetischen Beziehungen. Die sowjetische Regierung gab zunächst den Abschuß nicht zu, begründete ihn aber später unter Vorspiegelung falscher Tatsachen. Entscheidend war bei diesem Vorfall die erschreckende Mißachtung des menschlichen Lebens. Kein Staat hat das Recht, in Friedenszeiten ein Flugzeug abzuschießen, das versehentlich vom Kurs abkommt. Auch das Argument, es hätte sich um ein amerikanisches Aufklärungsflugzeug gehandelt, überzeugte nicht. Beim Abschuß des koreanischen Jumbo-Flugzeugs war jenes besagte Aufklärungsflugzeug der USA seit mehr als einer Stunde gelandet, 2400 km vom Abschuß des koreanischen Flugzeugs entfernt. Dieser Vorfall wurde auch von den USA heftig verurteilt, und entsprechende Sanktionen folgten. Auch wenn die politischen Auswirkungen nur vor kurzfristiger Dauer waren, so warf der Vorfall ein Schlaglicht auf folgende Tatsachen, die gerade in Europa nicht immer angemessen registriert werden:

„Tatsache ist, daß Gewalt und Lügen reguläre Instrumente der sowjetischen Politik sind. Sowjetische Regierungsvertreter verhalten sich immer wieder so, als wäre die Wahrheit lediglich eine Funktion von Gewalt, als wäre die Wahrheit nur so, wie sie es darstellen, als wäre die Gewalt ein Instrument, auf das man in außenpolitischen Angelegenheiten zuerst zurückgreift. Die Sowjets besetzen Afghanistan und beschuldigen die Vereinigten Staaten der Einmischung in innere Angelegenheiten eines anderen Landes. Sie schaffen mit ihren SS-20 eine massive neue Verwundbarkeit in Europa und beschuldigen die NATO des Versuchs, das Gleichgewicht der Kräfte zu stören.“ [7]

Der brutale Abschuß des koreanischen Zivilflugzeugs am 1. September 1983 darf nicht vergessen werden, weil kein Ereignis der letzten Jahre die grundlegenden Unterschiede zwischen der Sowjetunion und den westlichen Demokratien in bezug auf Gesellschaftssystem, Entscheidungsprozeß und der Einstellung gegenüber dem Leben des Einzelmenschen so deutlich demonstriert hat.

In Westeuropa wird vermutlich die Bereitschaft der Reagan-Administration unterschätzt, gegenüber der Sowjetunion härter vorzugehen, und – wenn nötig – dies auch allein zu tun.

Westeuropa und schon gar nicht die Bundesrepublik können aus dem Ost-West-Konflikt durch Neutralität oder einseitige Abrüstung aussteigen. Diese Haltung ist naiv und parasitär zugleich: „Während wir im Stillen mit dem amerikanischen Interesse rechnen, unsere Freiheit zu beschützen, ohne daß wir dabei mithelfen, erwägen wir kaum den Widerspruch einer parasitären Taktik, die durch egoistische Absonderung diejenige Macht schwächt, auf deren Stärke sie sich gleichzeitig verläßt – erwägen nicht, daß listiges Schaukeln zur Dummheit wird, wenn dadurch das tiefliegende Boot zu kentern droht, in dem wir als freies Volk mit allen anderen freien Völkern gemeinsam sitzen." [8] Gesinnungsethik, so hatte Max Weber schon lange erkannt, ist kein Fiaker, den man beliebig halten lassen kann, um nach Befinden ein- oder auszusteigen. Oder steht hinter dem diffusen, narzißtischen und sich selbst bemitleidenden Moralismus in der Bundesrepublik nicht im Kern der Wunsch nach einem schwachen Amerika, das sich zunehmend außenpolitisch erschöpft?

Neben den potentiellen Konfliktlinien, die der politische Kurs der Reagan-Administration im Verhältnis zu Westeuropa in sich birgt – Forderung nach Aufstockung des Verteidigungsetats, nach stärkerer Kontrolle des Osthandels, nach stärkerer Unterstützung der USA durch Westeuropa bei Krisen außerhalb des NATO-Bereiches –, hat die Reagan-Administration deutlich gemacht, daß Entspannungspolitik nicht zum Sklaven der öffentlichen Meinung werden darf, die ja häufig eher dem Wünschenswerten und dem Gefühl folgt, das um so stärker ist, je mehr Leidenschaft und Unsicherheit hinzukommen.

Eine überzeugende Politik der Stärke und der Entspannung bedarf jedoch auch der Diplomatie. Es kann nicht nur um die Erhöhung der Rüstung gehen, wichtig ist die Wiederherstellung des Primats der Politik, dessen Hauptinstrument die Diplomatie darstellt. Weder steriler Moralismus noch Rüstung allein machen eine sinnvolle Politik aus. Nicht Kreuzzuggeist und öffentlicher Schlagabtausch von Propagandapositionen, nicht die Alternative zwischen Recht und Unrecht, sondern politische und rhetorische Klugheit ist gefordert. Die Außenpolitik der Reagan-Administration wird in den USA und in Westeuropa dann auf Zuspruch stoßen und die innenpolitischen Grundlagen der Bündnissolidarität auf beiden Seiten des Atlantiks festigen können, wenn sie das Konzept von Sicherheit und Entspannung langfristig ausgewogen verfolgt.

Aus europäischer Sicht stellen sich die Probleme von Sicherheit und Entspannung anders als aus amerikanischer dar. Die Westeuropäer können bis heute in ihren Beziehungen zu den Staaten Osteuropas und zur Sowjetunion ein gewisses Maß an Entspannungselementen entwickeln und aufrechterhalten, wenngleich auch seit Mitte der siebziger Jahre unübersehbar ist, daß die kommunistischen Regierungen durch eine Politik der Abgrenzung oder durch Nichtbeachtung der vertraglichen Grundlagen das Wesen der Entspannung unterminieren. Einerseits wird das Bemühen der Reagan-Administration, den USA in der Weltpolitik wieder zu Ansehen und Macht zu verhelfen, von den Westeuropäern verstanden. Andererseits haben die Westeuropäer ein stärkeres und greifbareres Interesse an Entspannung mit den Staaten Osteuropas als die USA. Sie sehen diese durch die neue konfrontative Rhetorik der amerikanischen Regierung bisweilen gefährdet.

Hinter diesen aktuellen Problemen in den transatlantischen Beziehungen während der Regierung Reagan verbirgt sich jedoch ein entscheidender Strukturwandel, der zu unterschiedlichen Auffassungen über die Einschätzung der sowjetischen Macht geführt hat. E. O. Czempiel verweist zu Recht auf folgendes Dilemma: „Für Westeuropa handelt es sich noch immer um den traditionellen Ost-West-Konflikt, dessen Zentrum trotz einiger Ausfransungen in die Dritte Welt eindeutig in Mitteleuropa liegt und der hier seine größte Gefährlichkeit aufweist. Deswegen kann er nur durch eine Politik des Gleichgewichts und der Rüstungskontrolle beruhigt, aber nicht durch Aufrüstung und Konfrontation gewonnen werden. Für die Vereinigten Staaten hingegen ist längst ein ganz anderer Konflikt entstanden. Sie sehen sich durch die Sowjetunion global herausgefordert, perzipieren eine Auseinandersetzung mit der aufkommenden zweiten Supermacht um Einfluß- und Machtpositionen in der Welt. Weil nur sie weltweite Interessen haben, verspüren nur die Vereinigten Staaten diese Herausforderung."

Diese Unterschiede sind am Beispiel Afghanistan und Iran deutlich geworden. Auch die Kritik der Regierung Thatcher und die kühle Distanz der Regierung Kohl sowie anderer westeuropäischer Staaten bei der Landung amerikanischer Truppen in Grenada im November 1983 verweisen auf dieses Problem. Zu Recht gab Unterstaatssekretär Eagleburger zu bedenken: „Das britische Bemühen, die Falkland-Inseln wieder zu erlangen, stellte die Vereinigten Staaten vor eine schwierigere Entscheidung, als die meisten Europäer es wahrhaben wollten. Und doch haben wir unsere Entscheidung damals getroffen. Vor einigen Monaten hatte ich Veranlassung, an diese Entscheidung zu denken, als wir nämlich die Erfahrung machen mußten, daß unsere europäischen Freunde bei der Landung unserer Marine-Infanteristen auf Grenada schnell und öffentlich bei der Hand waren, diese Aktion zu verurteilen. Wo war zu diesem Zeitpunkt die Solidarität des Bündnisses? Wo war die Erkenntnis, daß die Vereinigten Staaten vielleicht gerechtfertigt handelten, als sie das schützten, was ihrer Meinung nach ihre nationalen Interessen waren? Hätten unsere Freunde nicht zumindest mit ihrem Urteil warten können, bis die sich abzeichnende Situation klarer wurde?"

Es ist kein Zufall, daß Unterstaatssekretär Eagleburger, der im Außenministerium für die Grenada-Aktion politisch zuständig war, nur wenige Monate nach der enttäuschenden Haltung der Westeuropäer eine erweiterte Rolle der USA in Asien und im pazifischen Raum ankündigte. Es ist ein gravierender Unterschied, ob die Regierung Reagan allein aus ökonomischen und strategischen Gründen die pazifische Komponente ihrer Außenpolitik ausbauen will, oder ob dieser Schritt durch Enttäuschung und Ressentiments über westeuropäisches Unverständnis gegenüber der Aktion in Grenada – neben anderen Kritikpunkten – ausgebaut wird.

Neo-Isolationismus und Moralismus sind, so scheint es hierbei, keine genuin amerikanischen Attribute. Sie schimmern auch in der westeuropäischen Politik in Form von Provinzialismus und doppelter Moral durch. Auch ist in den vergangenen Jahren deutlich geworden, daß die amerikanisch-westeuropäischen Unterschiede weitgehend von der Frage unabhängig geworden sind, ob republikanische oder demokratische Präsidenten in den USA oder sozialdemokratische oder christdemokratische Regierungen in der Bundesrepublik am Ruder sind. Es gibt keine konservativ/republikanische oder sozialdemokratisch/demokratische transatlantische Gemeinsamkeit mehr wie in den fünfziger Jahren, sondern einen klaren Trend zu größerer Selbsteinschätzung und Stärke Westeuropas und der Bundesrepublik. Es war die Leistung von Helmut Schmidt, Margaret Thatcher und Giscard d'Estaing, daß sie diesen Trend vorsichtig und doch westeuropäisch selbstbewußt förderten. Bisher haben die USA dieses Problem der Anpassung an die neuen transatlantischen Realitäten nicht lösen können. Gleichzeitig hat Westeuropa aber seiner Neigung zur Nabelschau zu oft nachgegeben. Trotzdem zeigen alle Meinungsumfragen, daß die Gemeinsamkeit der atlantischen Welt diesseits und jenseits des Atlantiks von überwältigenden Mehrheiten der Bevölkerungen getragen wird. Konflikte im NATO-Bündnis von sechzehn Staaten sind nicht Ausdruck von Krisen, sondern von Souveränität und Demokratie. Rivalität und Wettbewerb sind Zeichen von Freiheit und Souveränität. Westeuropas Risiko liegt allerdings in Tendenzen des Neutralismus, Westeuropas Chance hingegen liegt in der Stärkung seines politischen Profils und seiner Eigenständigkeit innerhalb des Bündnisses. Außerdem haben die West-, aber auch die Osteuropäer die Chancen der Entspannung offensichtlich besser genutzt als die Großmächte, die beide zuerst zuviel Euphorie und dann den fast zwangsweisen Umschlag in konfrontativen Antagonismus nicht vermeiden konnten. Beständige Führung, Konsultation, Anerkennung der Dualität von Stärke und Entspannung sowie der genuin europäischen Interessen sind Voraussetzung für eine Europapolitik der USA, die auch nach Ablauf der Regierung Reagan bis 1984 nicht erfüllt werden konnte.

4. Lateinamerika

Der wachsende sowjetische Einfluß in Zentralamerika über den „sowjetischen Stellvertreter“ Kuba bildet eine der Hauptsorgen der Vereinigten Staaten. Guatemala, Nicaragua und El Salvador bilden die derzeitigen Hauptprobleme. Das Dilemma der amerikanischen Politik in Lateinamerika besteht darin, daß eine Wahl zwischen gut und böse, zwischen moralisch und unmoralisch, nicht möglich ist. Vielmehr werden Entscheidungen zwingend, die nur die Wahl zwischen schlimm und schlimmer offenlassen. Es mag zwar sein, daß es auf der von den USA unterstützten Seite mehr gute und demokratische Politiker gibt als auf der anderen, aber es fehlen die wirklich über jeden Zweifel erhabenen demokratischen Politiker. Zweideutigkeit erzeugt aber seit Vietnam eine außenpolitische und moralische Stimmungslage, die die Amerikaner verwirrt, weil es schwerfällt, die Guten und die Bösen klar zu unterscheiden. Aufgrund der Konfusion über die wirklichen Möglichkeiten für Veränderung wuchs die Kritik am amerikanischen Engagement in El Salvador. Ein Teil der furchtbaren Auswirkungen des Bürgerkrieges in El Salvador geht auf das Konto der rechtsextremen Todeskommandos, die von der Regierung Duarte nicht kontrolliert werden konnten. Man fragt sich in den USA, ob in den drei oben genannten Ländern – heute eine der explosivsten Regionen des Erdballs – Chancen verpaßt worden sind, um mit wirtschaftlichen, sozialen und politischen Reformen rechtzeitig Änderungen zu schaffen, damit Revolutionen überflüssig werden. Die Reagan-Administration versucht durch Entsendung von Militärberatern, Waffenlieferungen und finanzieller Unterstützung in El Salvador und anderswo, einen Sieg der Aufständischen zu vereiteln. Gleichwohl vermögen die Regierungstruppen bei materieller und zahlenmäßiger Überlegenheit den Gegner nicht zu schlagen. In den USA und in Westeuropa fragt man sich, ob die amerikanische Regierung in El Salvador nicht mit Kompromiß und Diplomatie sowie verstärkter ökonomischer Hilfe mehr erreichen könnte.

Die Reaktion der Regierung Reagan auf die regionale Friedensinitiative der Contadora-Gruppe – Mexiko, Venezuela, Columbien und Panama – vom 17. Juli 1983 war ambivalent. Einerseits war die Regierung Reagan überzeugt, daß die Forderung der Contadora-Gruppe nach regionaler Zusammenarbeit zur Stabilisierung beitragen kann. Andererseits forderte diese Initiative den Rückzug aller fremden Truppen aus der Region. Kubanischer Truppenrückzug aus Nicaragua sowie Abzug der amerikanischen Militärberater aus El Salvador und Honduras sollten ebenso erreicht werden wie ein Stopp der Waffenlieferungen und Nichteinmischung in die inneren Angelegenheiten.

Die Regierung Reagan befürchtet, daß die Respektierung des marxistischen Regimes in Nicaragua und der Rückzug eigener Militärberater aus El Salvador zu weiteren Einflußverlusten der USA in der Region führen könnte. Glaubwürdigkeit und Prestige wurden somit erneut zu wünschenswerten, aber schwer definierbaren Kriterien erhoben, die schon in Vietnam, in Iran und in Angola weder den Status quo erhalten noch Kompromißlösungen hervorbringen konnten.

Ob in El Salvador, in Guatemala und in Nicaragua wichtige strategische Interessen der Vereinigten Staaten auf dem Spiel stehen, hängt von der präzisen Definition der Interessen ab. Die Ungewißheit über die Weiterentwicklung in El Salvador, Guatemala und in Nicaragua stellt die Regierung Reagan vor schwere Entscheidungen. Ziel ist die Beseitigung des kubanischen „Krebsgeschwürs" in der Region, die Vermeidung eines Bürgerkrieges in Guatemala, die Neutralisierung des revolutionären Regimes in Nicaragua sowie freie Wahlen in El Salvador und Nicaragua. Falls Nicaragua sich unter dem Regime der Sandinistas eindeutig auf Kuba stützen sollte und zu einer Drehscheibe marxistisch-revolutionären Einflusses in Mittelamerika würde, entstünde für die USA auf Dauer eine so prekäre Situation, daß militärische Überlegungen für die Lösung des Problems auftauchen könnten. Gleichzeitig zwingt die elementare Verletzung der Menschenrechte in den meisten mittelamerikanischen Staaten die Regierung Reagan zu Zurückhaltung gegenüber den Militärregimes. Die Entwicklung in Nicaragua zeigt aber, daß seit dem Sturz des Somoza-Regimes nicht politischer Fortschritt und Pluralismus, nicht ökonomischer Aufstieg, sondern totalitäre Verhärtung im Innern, staatliche Willkür, Schwarzmarkt und Kapitalflucht, gärende Unzufriedenheit über Arbeitslosigkeit, eine hohe Inflationsrate sowie Unterdrückung Platz gegriffen haben.

Aber wo Kennedy in seiner „Allianz für den Fortschritt" staatliche Initiativen betonte, setzte Reagan auf die Kräfte des freien Marktes und der privaten ökonomischen Initiativen. Präsident Reagan betonte, daß die Wirtschaftshilfe der USA die militärische Unterstützung für Staaten in Lateinamerika um ein Fünffaches übersteigt. Gleichzeitig lehnte Reagan eine politische Verhandlungslösung in El Salvador ab. Nicht der Kompromiß, sondern die Niederlage der Guerillas wird gesucht.

Der Bericht der Kissinger-Kommission über Mittelamerika symbolisierte das Bestreben der Regierung Reagan, ihre Lateinamerika-Politik zu dynamisieren und gleichzeitig auf eine breite innenpolitische Grundlage zu stellen. Sie folgte den wesentlichen Empfehlungen der Kissinger-Kommission und empfahl Wirtschaftshilfe in Höhe von 5,9 Mrd. Dollar von 1985 bis 1989 sowie die Ermächtigung, 2 Mrd. Dollar an Darlehen zu gewähren. Insgesamt 376 Millionen Dollar waren als Militärhilfe für El Salvador und 200 Millionen Dollar als Verteidigungshilfe für das übrige Mittelamerika für 1984/85 geplant. Dabei macht die Militärhilfe der Regierung Reagan weniger als ein Drittel der Wirtschaftshilfe aus.

Viele westeuropäische Parteien und Regierungen spielen mit ihrer Kritik an der amerikanischen Mittelamerika-Politik keine glückliche Rolle.

In Westeuropa herrscht ein übertriebener Glaube, daß durch Förderung der sozialen Gerechtigkeit die Probleme in Mittelamerika gelöst werden könnten. Dabei werden die komplizierten Fragen der wirtschaftlichen und politischen Entwicklung, aber auch die der Sicherheitsinteressen der USA vernachlässigt.

Nicht selten ist in der öffentlichen Meinung bei manchen Regierungen in Westeuropa ein Bild von den USA vermittelt worden, das einfach schwarz-weiß gemalt wird: Die USA sind reaktionär, Lateinamerika ist revolutionär. Ob die amerikanische Politik in Zentralamerika eine neue kooperative Vision verwirklichen oder neue, alptraumartige Verstrickungen bringen wird, läßt sich nicht vorhersagen. Fest steht, daß die Regierung Reagan entschlossen ist, revolutionäre Umwälzungen von links in einer Sphäre, die sie seit Jahrhunderten traditionell dem nordamerikanischen Einfluß zuordnet, nicht zuzulassen. Dabei sieht die amerikanische Regierung die Hauptgefahren für die Region sowohl in den spezifischen sozialen Problemen der einzelnen Staaten als auch im kommunistischen Bazillus, der durch die Sowjetunion sowie durch die Stellvertreter Kuba und Nicaragua in die Länder Lateinamerikas getragen werden kann.

Ein weiteres Ereignis verdient Aufmerksamkeit: die Haltung der Regierung Reagan zum argentinisch-britischen Falkland-Konflikt. Als Argentinien im April 1982 die britischen Falkland-Inseln besetzte, geriet die Regierung Reagan in ein Dilemma: Die argentinische Militärjunta unter General Galtieri hatte von der Regierung Reagan eine Schlüsselrolle für die Eindämmung linksrevolutionärer Bewegungen in Lateinamerika erhalten. Das Lob für Fortschritt bei der Verwirklichung von Menschenrechten in Argentinien stand im Widerspruch zu den Realitäten, stärkte aber die Überlegungen der Junta, daß nach der Schaffung eines Fait accompli auf den Falkland-Inseln die USA und England sich der Besetzung der Malvinen im April 1982 nicht widersetzen würden.

Nachdem alle Vermittlungsversuche von Außenminister Haig gescheitert waren, die britischen Seestreitkräfte im Mai 1982 die Falklands zurückerobert hatten und Präsident Reagan schließlich die Politik von Premierministerin Thatcher als einen Kreuzzug für Recht und Freiheit unterstützte, war die Lateinamerika-Politik der USA in Bedrängnis geraten. Zum ersten Mal stand Lateinamerika geeint hinter den argentinischen Forderungen. Rechts- und Linksdiktaturen und Oligarchien verurteilten einhellig die britische Rückeroberung und die Haltung der USA. Die Lateinamerika-Politik der USA erlitt einen Rückschlag. Der anti-kommunistische Konsens zwischen den USA und Argentinien wurde von der Junta zur Verfolgung eigener regionaler Machtansprüche genutzt. Dieser Mißbrauch des Konzepts des strategischen Konsens wurde vollends im Nahen Osten deutlich.

5. Die Nahost-Politik

Nicht im Rückblick auf Camp David, sondern in der Erinnerung an das Debakel der USA im Iran vollzog die Regierung Reagan einen Wandel in der Nah- und Mittelost-Politik. Hauptsäulen für das Konzept des strategischen Konsens bildeten die Länder Israel, Ägypten und Saudi-Arabien, die als strategisches Bollwerk gegen den sowjetischen Einfluß im Nahen Osten dienen und die Interessen der USA garantieren sollten. Die anfängliche pro-arabische Note im Konzept des strategischen Konsens der Regierung Reagan und der Verkauf des AWACS-Systems an Saudi-Arabien hatte Israel politisch und militärisch verunsichert. Deshalb verlangte Premierminister Begin bei seinem Besuch in Washington im September 1981 als Ausgleich für das arabische AWACS-Geschäft verstärkte Militärhilfe und den Ausbau der Beziehungen zwischen beiden Staaten zu einer engeren bilateralen Allianz [9]. Am 30. November 1981 wurde schließlich zwischen den Verteidigungsministern Weinberger und Sharon ein strategischer Konsens in einem Abkommen fixiert, das dem neuen amerikanischen Konzept zu entsprechen schien. Beide Länder fürchteten sowjetischen Einfluß. Israel sieht jedoch im Unterschied zu den USA die Hauptbedrohung durch die Araber als vorrangige Gefahr. Für Israel bot diese gemeinsame Abmachung eine Möglichkeit, die amerikanische Strategie eng an die eigene zu binden.

Nach dem Angriff auf den irakischen Reaktor im Sommer 1981 hätte die Regierung Reagan das offizielle Konzept des strategischen Konsens gegenüber Israel neu überdenken müssen. Nicht Vertiefung der strategischen Beziehungen durch Abkommen, sondern Distanz und kritisches Einwirken auf den neuen aggressiven Kurs der israelischen Regierung wäre notwendig gewesen. Nach der Annexion Jerusalems am 30. 9. 1980, nach den Angriffen auf den Süd-Libanon und auf den irakischen Kernreaktor bedeutete die Annexion der Golan-Höhen einen weiteren schweren Schlag gegen den Camp-David-Friedensprozeß.

Zwar zeigte der Rücktritt der USA von der gemeinsamen amerikanisch-israelischen Vereinbarung zunächst wenig konkrete Auswirkungen, aber der Schritt besaß symbolische Bedeutung. Die USA hatten noch nie so kritisch auf Aktionen Israels reagiert. Die israelische Reaktion auf amerikanische Sanktionen war heftig. Die USA behandelten Israel „wie eine Bananenrepublik und die Israelis wie 14 Jahre alte Kinder." Israel sei „kein Vasall und werde seine legitimen Interessen wahrnehmen". Israel verwahrte sich maliziös gegen jegliche Art von Bestrafung: „Wir haben die Geschichte des vietnamesischen Krieges gelesen ... die USA haben kein moralisches Recht, uns zu belehren." [10] Im Juli 1981 konnte der amerikanische Sonderbeauftragte Habib einen Waffenstillstand für den Libanon aushandeln, der bis zum Ausbruch des Krieges 1982 hielt.

„Friede für Galiläa" lautete das offizielle israelische und zunächst begrenzte Kriegsziel, als die Israelis am 6. Juni 1982 im Libanon einmarschierten. Sie überrannten syrische Truppen und zerstörten am 9. Juni die syrischen Luftabwehrraketen im Bekaa-Tal. Die Regierung Reagan hatte gegenüber der israelischen Invasion eine zunächst abwartende Position bezogen. Punktuelle Kritik am militärischen Vorgehen der Israelis kann jedoch nicht darüber hinwegtäuschen, daß die amerikanische Regierung stillschweigend einige zentrale politische Vorstellungen der Israelis teilte. Wie schon der Yom-Kippur-Krieg 1973, so erschien auch die Libanon-Krise als Schmelztiegel, um den Friedensprozeß neu zu formen. Seit Monaten war der Druck der öffentlichen Meinung – nicht nur in den USA – gewachsen, die amerikanische Regierung müsse endlich im Nahen Osten diplomatische Initiativen ergreifen. Nachdem Israel an seiner Nordgrenze keine unmittelbare Gefahr mehr von palästinensischen Angriffen drohte, wollten die USA Israel zu Verhandlungen im Rahmen von Camp David drängen. Auch sah die Regierung Reagan vielleicht eine Chance, daß durch die israelischen Aktionen die PLO an den Verhandlungstisch „gebombt werden könnte". Aber die Regierung Begin setzte auf militärische und politische Vernichtung der PLO. Nach dem von Botschafter Habib ausgehandelten Waffenstillstand und Abzugsplan für die PLO vom 20. 8. 1982 entwickelte sich die Lage im und um den Libanon jedoch nicht im Sinne der amerikanischen Vorstellungen.

Im Libanon-Krieg von 1982 entwickelte sich der David Israel zum neuen Goliath des Nahen Ostens, der ein kleines Land besetzte und dessen Hauptstadt zerstörte, ohne daß Israels Existenz bedroht gewesen wäre. Mit der Strategie der Täuschung strebte Israel nicht nur nach Zerstörung der PLO und nach der Sicherung seiner Nordprovinzen, wie offiziell erklärt wurde, sondern die Regierung Begin besetzte fremdes Territorium und suchte andauernden politischen Einfluß, auch um den Preis der territorialen und politischen Zerstückelung oder Auflösung des kleinen Landes. Erstmals führte Israel keinen Verteidigungs-, sondern einen Angriffskrieg und schreckte nicht davor zurück, die amerikanischen Friedenstruppen wie auch die amerikanische Diplomatie zu provozieren. Weil die Regierung Reagan die israelischen Sicherheitsbedürfnisse im Konzept des strategischen Konsens nicht mit dem vorrangig politischen Problem der Autonomiefrage auf der Westbank und im Gaza-Streifen koppelte, stellte sie – gewollt oder ungewollt – der israelischen Regierung einen Blankoscheck aus. Sie versäumte, die Ratio des arabisch-israelischen Friedensprozesses – Land gegen Sicherheit und Anerkennung – zur Grundlage des gemeinsamen strategischen Konzepts zu machen, statt dessen stellte sie die Ratio des Abkommens vorrangig auf die wenig wahrscheinliche antisowjetische Gemeinsamkeit ab. Nicht allein der militärischstrategische Primat der USA vor politischen Optionen gibt Anlaß zur Kritik, sondern daß die Natur der militärisch-strategischen Bedrohung auf irreale Prämissen gestellt wurde. Es war ja den Vereinigten Staaten im vergangenen Jahrzehnt aufgrund diplomatischer Überlegungen gelungen, sowohl eine militärische Bedrohung der Sowjetunion als auch deren diplomatisches Mitspiel im Nahen Osten auszuschließen. Auf diesem Hintergrund wird deutlich, daß die Nahost-Politik der Regierung Reagan in ihrer ersten Phase all das vernachlässigte, was Klugheit und Geschicklichkeit der amerikanischen Nahost-Politik der siebziger Jahre ausgemacht hatte. Statt dessen wurde mit dem Konzept des strategischen Konsens die Interessenvielfalt der Staaten im Nahen und Mittleren Osten in ein völlig unangemessenes Korsett geschnürt. Während arabische Staaten wider Willen eingeschnürt wurden, weigerte sich Israel und stülpte statt dessen den USA selbst ein strategisches Korsett über, das die USA einschnürte. Nixon, Ford und Carter verstanden Eindämmung primär als politisches Konzept, um die Konfliktherde in der Region einzudämmen und die USA an einer regionalen Friedensstruktur Schritt für Schritt mit umfassender Perspektive zu beteiligen. Die Regierung Reagan hingegen behandelte den Camp-David-Friedensprozeß wie auch arabische Friedensinitiativen mit Nachlässigkeit. Statt dessen bemühte sie sich um einen strategischen Konsens, der alle brisanten Konfliktformationen im Nahen Osten und der Golfregion einebnete und auf Supermachtsebene transformierte. Das komplizierte innerarabische Machtbalancesystem und der arabisch-israelische Konflikt wurden dabei übergangen. Nicht die Sowjetunion, sondern die arabischen Staaten wurden von der amerikanischen Politik abgeschreckt.

Mit seiner Initiative vom 1. 9. 1982 wollte Präsident Reagan den Friedensprozeß reaktivieren. Die Grundlage wurde durch den rechtlichen Rahmen und durch die politischen Perspektiven des Camp-David-Abkommens festgelegt. Es enthielt genügend Spielraum für alle Parteien, um in Verhandlungen einzutreten. Reagans Vorschläge waren deshalb auf Kompromiß zugeschnitten, Maximalpositionen sollten von allen Seiten aufgegeben werden:

- Die Palästinenser sollten die Existenz Israels, aber auch die Tatsache anerkennen, daß für einen eigenen souveränen Palästinenser-Staat kein Raum vorhanden ist. Statt dessen plädierte Reagan für die sogenannte Jordanische Option: der endgültige Status der von Israel besetzten Gebiete müsse in Verhandlungen festgelegt werden. Es war die feste Absicht der USA, die Selbstregierung der Palästinenser auf der Westbank und im Gaza in Assoziation mit dem Königreich Jordanien anzustreben.
- Die Israelis sollten ihre Besiedlungspolitik revidieren, weil sie das Haupthindernis bei der Suche nach einem Frieden darstellt. Die Israelis wurden aufgefordert, politische Autonomie zu gewähren.

Die Kontrolle Israels über die besetzten Gebiete einerseits und die arabischen Forderungen nach einem souveränen Palästinenser-Staat andererseits bildeten Scylla und Charybdis im Nahen Osten, die Präsident Reagan mit seinem Vorschlag zu umschiffen suchte. Reagan versuchte, mit seiner Initiative sowohl der inneren als auch der äußeren Seite des Sicherheitsproblems die Verhandlungsschärfe zu nehmen, indem er mit Rücksicht auf israelische Interessen die Errichtung eines unabhängigen Palästinenser-Staates ebenso ausschloß wie mit Rücksichtnahme auf arabische Interessen die mögliche Annexion oder permanente Kontrolle durch Israel. Versuchte Präsident Reagan unter Berufung auf Camp David, Israel zu Verhandlungen zu bewegen, so erklärte die Regierung Begin unter Berufung auf Camp David, die USA hätten mit diesem Vorschlag vom 1. September die Grundlagen von Camp David verlassen. Die Crux von Camp David besteht demnach darin, daß beide Seiten völlig konträre Auffassungen über Inhalt und Interpretation von Camp David haben. Analog zum Berlin-Abkommen vom September 1971, das allerdings weniger Dissens beinhaltet, könnte man von Positionen sprechen, nach denen die USA eine ‚volle

Anwendung', Israel dagegen eine ‚strikte Einhaltung' von Camp David fordern.

In Übereinstimmung mit Camp David forderte der amerikanische Präsident die friedliche und geordnete Übertragung der inneren Verwaltung auf die palästinensischen Einwohner in der zweiten Phase von Camp David. Israels Befürchtungen, daß dabei dem palästinensischen Terrorismus Tür und Tor geöffnet werde, wurde in Reagans Überlegungen Rechnung getragen. Die Jordanische Option repräsentiert die unerfüllte Grundidee von Camp David. Sie ist zugleich Verbindungsstück zwischen Kissingers Schritt-für-Schritt-Diplomatie und Präsident Carters Camp-David-Konzept. Sie wurde zum herausragenden Kontinuitätsmerkmal der Nahost-Politik von Präsident Reagan, ließ jedoch die Frage nach dem endgültigen politischen Status offen. Reagans Initiative blieb elastisch und konzentrierte sich auf eine herausragende Rolle von König Hussein. Premierminister Begin hingegen wandte sich gegen die Jordanische Option, weil bei einer jordanisch-palästinensischen Föderation ein völlig unkontrollierbares palästinensisches Terroristenlager voller Sowjetwaffen im Westjordan und Gaza entstehen könne.

Als Reaktion auf Präsident Reagans Initiative kündigte König Hussein seine Bereitschaft an, mit der PLO über eine Konföderation zwischen Jordanien und einem zu bildenden Palästina zu verhandeln. Diese Gespräche blieben bis heute ohne Ergebnis. Das Ausbleiben weiterer Fortschritte im Nahen Osten hängt zentral mit den innenpolitischen Besonderheiten der USA zusammen. Abgesehen von der engen Symbiose fundamentaler Interessenperzeptionen in den USA und in Israel gilt jedoch ein zweites: Das amerikanische Regierungssystem der Checks und Balances erlaubt auf dem oben geschilderten Hintergrund keine grundsätzlichen Veränderungen gegenüber Israel. Hinzu kommt die unbefriedigende Tatsache, daß außenpolitische Kontinuität gerade mit Blick auf die Nahost-Politik schwer realisierbar erscheint: Jeder Präsident benötigt ein Jahr zur Einarbeitung, im zweiten Jahr hindern ihn die Kongreßwahlen an einer Initiative, die von Israel Konzessionen verlangen könnte. Im dritten Jahr beginnen die eigenen innenpolitischen Wahlkampfüberlegungen, die Nahost-Politik zu beeinflussen, so daß im vierten Jahr Initiativen weitgehend ausgeschlossen werden können. Erst im fünften Jahr, also zu Beginn einer zweiten Amtsperiode, kann sich ein amerikanischer Präsident in der Regel genügend Freiraum für ein ausgewogenes Nahost-Konzept verschaffen.

Trotz der Brüche und Widersprüchlichkeiten im Entscheidungsprozeß zeichnet sich die Substanz der amerikanischen Nahost-Politik durch bemerkenswerte Kontinuität aus: Der Grundsockel amerikanischer wirtschafts- und energiepolitischer Interessen blieb in den vergangenen Jahrzehnten unbeschädigt. Er konnte in Krisen und Turbulenzen gewahrt werden, wie auch sowjetischer Einfluß eingedämmt werden konnte. Aber der Preis für die diplomatische Exklusivität der USA im Nahen Osten ist Stillstand bei den arabisch-israelischen Friedensbemühungen. Zu Beginn der Regierung Reagan wurde nicht mit der vergangenen Nahost-Politik gebrochen, aber die Prioriäten wurden drastisch verändert. Wie der erste falsche Schritt beim Aufstehen Unglück für den Rest des Tages bringen kann, so brachte das Konzept des strategischen Konsens der Regierung Reagan Mißerfolge; Logik und Prämissen für die weiteren Schritte waren auf Fehlleistung programmiert, wie die Entwicklung von 1980 bis 1984 gezeigt hat. Die Regierung Reagan zog die paradoxe Schlußfolgerung, daß nach dem amerikanischen Versagen im Iran negative Folgen für die amerikanische Politik im Zentrum des Nahost-Konflikts gezogen werden müßten: Nicht mehr der Primat der Diplomatie von Camp David, sondern neue militär-strategische Prioritäten schienen zu dominieren. Israel konnte konsequent seine regional-imperialen Ziele erfolgreicher ansteuern. Die sträfliche Vernachlässigung der Autonomieverhandlungen im Rahmen von Camp David wurde von der Regierung Reagan vorexerziert.

Nach der israelischen Eskalationsspirale, die im Einmarsch in den Libanon im Sommer 1982 ihren Höhepunkt erreichte, eilte Reagan mit seiner Initiative vom September 1982 zu spät ans

Rednerpult. Sie entpuppte sich außerdem als rhetorisches Feuerwerk.

So stehen heute der amerikanischen Nahost-Politik weniger Optionen zur Verfügung, vielmehr ist sie mit Dilemmata konfrontiert, die sich durch dilettantische Politik der Regierung Reagan verstärkt haben. Die Interessenverknüpfung der USA mit dem schwächsten Akteur im Libanon, der Regierung Gemayel, hat die USA in eine Sackgasse geführt. Amerikas Truppen im Libanon standen von Anfang an vor dem Dilemma, daß ihr geringer Umfang keine Stabilisierung der Region bewirken konnte, aber eine Verstärkung der Truppen auf innenpolitische Kritik in den USA gestoßen wäre. Die Terroranschläge auf die amerikanische Botschaft im April 1983 und auf das Hauptquartier der amerikanischen und französischen Friedenstruppen im Oktober 1983 in Beirut, bei denen insgesamt über 300 Menschen starben, verweisen auf die schwierige Position der USA im Libanon-Konflikt.

Die Struktur des Nahen Ostens, insbesondere die der arabischen Welt, hat sich als Interessenfeld der USA verändert. Seit der innerarabischen Polarisierung zwischen Ägypten und der Ablehnungsfront gibt es keine herausragende arabische Führungsmacht mehr, die heute, wie zu Nassers Zeiten, in der arabischen Welt einen unbestrittenen Vorrang einnimmt. In der Folge haben sich mehrere Machtzentren und Koalitionen herausgebildet, wobei Ägypten und Saudi-Arabien mit dem Golf-Rat eine, Syrien und die PLO sowie der Iran die zweite und Jordanien und der Irak die dritte Machtkoalition bilden. Aber das Machtsystem des Nahen Ostens ist im Vergleich zum europäischen Kräftekonzert des 19. Jahrhunderts ungleich komplexer und ähnelt den Wanderdünen der Wüste, während das – wirklich komplexe – alte europäische Gleichgewichtssystem des 19. Jahrhunderts retrospektiv im Vergleich stabil wirkt.

Im übrigen haben die USA ihre eigene Stärke im Nahen und Mittleren Osten minimalisiert und die der Sowjetunion nicht selten überhöht eingeschätzt. Das Messen von Stärke mit militärischen Daten übersieht die relativ starke diplomatische, politische und ökonomische Macht der USA in der Region, die dank einer brillanten Nahost-Politik der siebziger Jahre von Nixon, Kissinger, Ford und Carter aufgebaut werden konnte. Nur geographisch und militärisch hat die Sowjetunion Vorteile. Trotz dieser beiden Nachteile haben die USA eine gute Ausgangsposition in einer Region, in der die Doktrin des Marxismus-Leninismus geringe Attraktivität besitzt, wenn die USA sich diplomatisch und ökonomisch glaubwürdig um eine Maklerrolle bemühen und eine Politik der Abschreckung und Eindämmung nicht lautstark verkünden, sondern gelassen und flexibel anwenden. Die USA müssen auch im Nahen Osten wieder lernen, nicht als militärischer Gigant, sondern als politische Großmacht zu handeln. Nur so können arabischer Radikalismus und sowjetische Einflußnahme eingedämmt, aber auch die Festungsmentalität der Israelis aufgebrochen werden.

Zusammenfassung

Die Amtsperioden seit Kennedy gleichen einem Sturzbach von abgebrochenen oder gescheiterten Präsidentschaften. Kennedy wurde 1963 ermordet, Johnson trat 1968 von einer erneuten Kandidatur zurück, Nixon mußte 1974 wegen Watergate sein Amt aufgeben, Ford konnte nur zwei Jahre regieren, und Carter scheiterte schließlich wegen der Iran-Krise.

Damit verbunden waren außenpolitische Kursschwankungen, die im Unterschied zur europäischen Politik deutlich hervortreten. Bundeskanzler Schmidt beispielsweise erlebte während seiner Amtszeit vier amerikanische Präsidenten. Beim Vergleich der Außenminister wird der Kontrast noch deutlicher. Außenminister Genscher hat während seiner Amtszeit bisher mit fünf amerikanischen Amtskollegen verhandelt. Vergleicht man den personalen Wandel in der amerikanischen mit der Kontinuität in der sowjetischen Politik, so wird der Unterschied kraß. Seitdem Außenminister Gromyko 1957 – vor 27 Jahren! – Außenminister wurde, hat er mit neun amerikanischen Amtskollegen verhandelt: Dulles, Herter, Rusk, Rogers, Kissinger, Vance, Muskie, Haig und Shultz.

Diese Vergleiche sind eindrucksvoll, aber doch vordergründig. Immerhin tragen auch sie zur Erklärung der außenpolitischen Kursschwankungen der USA bei. Kontinuität war gewährleistet – so scheint es – allein durch Henry Kissinger, der einen Großteil der letzten 25 Jahre amerikanischer Außenpolitik prägte. Zuerst im zweiten und dritten Glied als zeitweiliger Berater der Regierungen Kennedy und Johnson und dann entscheidend in den Jahren 1969 bis 1976. Er hat die siebziger Jahre der amerikanischen Außenpolitik und der Weltpolitik wie kein zweiter geprägt. Nach 1976 allein durch seinen Schatten, dem kein amerikanischer Außenminister oder Nationaler

Sicherheitsberater entrinnen konnte. Kissingers Groll oder Lob erregte nach 1976 bisweilen mehr Aufmerksamkeit als Entscheidungen und Äußerungen führender außenpolitischer Akteure.

In der historischen Distanz droht Kissinger seine Nachfolger im Amt zu Randfiguren der Geschichte zu degradieren. Sicherheitsberater Brzezinski und Außenminister Haig schienen besonders von seinem übermächtigen Vorbild verfolgt zu sein. Mißlungene Imitation und außenpolitische Hektik waren die Folge. Kissinger war ein Glücksfall für die amerikanische Außenpolitik. Aber als Realist europäischer Schule war seine begrenzte Wirkung in den USA vorprogrammiert. Die amerikanische Eigenschaft, außenpolitische Macht abzulehnen, wenn sie sich nicht mit Moral verbinden läßt, ließ Kissingers Stil in der Neuen Welt nicht heimisch werden. Eigene Fehler kamen hinzu, die auf den grundsätzlichen Wandel von Amerikas Stellung in der Welt hinweisen.

Die bipolare Weltsicht des Kalten Krieges war seit Beginn der sechziger Jahre nicht mehr in Einklang mit den multipolaren Entwicklungen zu bringen. Europa, der Nahe, Mittlere und Ferne Osten, Afrika und Lateinamerika suchten Raum für eigene kontinentale und regionale Entwicklungen. Nixons und Kissingers Politik im Rahmen einer pentagonalen Welt war zwar ein wichtiger Schritt zur Anpassung, konnte aber nicht in Richtung Kooperation der beiden Supermächte mit Blick auf eine gemeinsame globale Verantwortung ausgebaut werden. Die Sowjetunion ließ sich in diese Politik nicht einbinden. Gleichzeitig muß daran erinnert werden, daß amerikanischer Einfluß gegenüber den Regimes der Dritten und Vierten Welt nur begrenzt sein kann, wie die Entwicklung im Nahen Osten gezeigt hat. Bei gegensätzlichen Interessen zwischen den Supermächten droht außerdem die Gefahr der Intervention oder des Konflikts.

Im Unterschied zum Kalten Krieg werden die Ost-West-Beziehungen sowie die Weltpolitik heute nicht nur vom amerikanisch-sowjetischen Bilateralismus bestimmt, sondern es treten mehr Mitspieler auf. Internationale Politik ist heute, seitdem in den vergangenen Jahrzehnten die Anzahl der Staaten von knapp 50 auf ca. 150 gestiegen ist, unübersichtlich geworden. Die Unübersichtlichkeit hat auch den Einfluß der Sowjetunion auf die Weltpolitik vermindert und glücklicherweise dazu geführt, daß amerikanische Machteinbuße nicht notwendigerweise sowjetischen Gewinn bedeutet. Bedrückend bleibt jedoch die Tatsache, daß Vietnam, Iran, Angola und der Libanon einen Weg gegangen sind, als ob die Amerikaner dort nie gewesen wären. Schärfer als bisher stellt sich die Frage, ob die Amerikaner von der klassischen Position der Parteinahme abrücken sollten, um öfters und deutlicher eine Vermittlerposition anzustreben. Trotzdem: Nach wie vor ist der Ost-West-Gegensatz bestimmend. Seine Vernachlässigung kann zu schwerwiegenden Konsequenzen für die amerikanischen Interessen führen, wie die Regierungszeit Carter gezeigt hat. Andererseits haben die USA bei der Auswahl der Mittel und Methoden der Eindämmung nicht immer eine glückliche Figur gezeigt. Übertriebene Gutgläubigkeit und naive Moralisierung einerseits sowie unangemessene Militarisierung andererseits bilden demnach die außenpolitische Scylla und Charybdis amerikanischer Außenpolitik. Die Präsidenten Johnson, Carter und Reagan personifizieren die Gefahr der Kursschwankungen am deutlichsten. Nur zwei Präsidenten haben Stärke und Verhandlungsbereitschaft anspruchsvoll und geglückt miteinander verknüpfen können. So ist es kein Zufall, daß Kennedy und Nixon die beiden einzigen außenpolitischen Präsidenten der vergangenen 25 Jahre waren, die anderen Präsidenten jedoch ohne außenpolitische Erfahrung und ohne Fortune agierten. Während Carter lernen wollte, aber zu wenig außenpolitischen Instinkt entwickelte, scheint Präsident Reagan vorrangig auf außenpolitischen Instinkt zu bauen. Die Politik der Stärke muß auf dem Hintergrund der notwendigen Machtdemonstration nach den enttäuschenden außenpolitischen Jahren der Regierung Carter gesehen werden. Erst eine außenpolitische Krise wird zeigen, ob Reagan Format hat. Bisher ist seine Amtsperiode – außenpolitisch gesehen – substanzarm geblieben. Sie zeigte nur Auswirkungen auf das Klima, das im Verhältnis zur Sowjetunion zum Teil vereisen mußte. Außenpolitische Klugheit zeigt sich erst bei der Wahl des Zeitpunktes, die Dinge aufzutauen.

Nicht nur in Europa, sondern besonders in den USA findet Politik unter dem Damoklesschwert der Popularität und Moral statt. Beide Maßstäbe sind richtig und für Demokratien unverzichtbar. Sie ersetzen aber nicht notwendige Sachkompetenz. Nicht Anpassung an die Vox populi, sondern ein innerer Kompaß, außenpolitischer Instinkt und – wenn nötig – Mut zur Unpopularität tut gerade auf dem schwierigen Feld der Außenpolitik not. Hier darf guter Wille nur unter Freunden, muß aber kritische Distanz und Mißtrauen gegenüber dem potentiellen Gegner dominieren. Dieser Form von innenpolitischer Anpassung an einen neuen außenpolitischen Realismus entspricht die Forderung nach einer Anpassung nach außen –, an die neuen Gegebenheiten der internationalen Politik. Die USA können nicht mehr – wie zur Hochzeit der Pax Americana der späten vierziger und frühen fünfziger Jahre – erwarten, daß sich der Rest der Welt ihnen anpaßt. Diese einmaligen Strukturbedingungen sind nicht wiederherstellbar. Das wird vermutlich auch die Regierung Reagan im Laufe der Zeit feststellen. Die USA müssen vielmehr umgekehrt stärker als bisher sich den veränderten außenpolitischen Bedingungen anpassen. Im Bündnisdreieck Westeuropa und Japan sind die USA Primus inter pares, müssen aber die regionalen Eigenbedingungen stärker berücksichtigen. In den europäischen Entspannungslabyrinthen sollten sie sich mit dem Beifahrersitz begnügen, denn die Tücken des Geländes sind den Europäern vertrauter. Gegenüber der Sowjetunion muß im Verbund mit den Freunden Stärke und Verhandlungsbereitschaft parallel verfolgt werden. Die Nixon-Jahre, als atlantische Kooperation am solidesten und amerikanisch-sowjetische Interessenverknüpfung brauchbar war, sollten Vorbild sein.

In der ersten Hälfte der siebziger Jahre konnten inhaltliche Konflikte über die Einschätzung der sowjetischen Macht, über die Struktur und Strategie der NATO, über Kernelemente der

Entspannung in Grenzen gehalten werden, weil gerade in den Methodenfragen der europäisierte Stil der Nixon/Kissinger-Diplomatie eine Garantie für Kontinuität, Berechenbarkeit und nüchterne Interessenpolitik lag und damit eine gemeinsame Basis für atlantische Abstimmung vorhanden war. Neben den tiefgreifenden außenpolitischen Machteinbußen der USA seit Mitte der siebziger Jahre, die auch die antikommunistische Rhetorik der Regierung Reagan verständlich machen, führten dann aber diese extremen Pendelschwünge in Stil und Substanz, wie sie seit Carter und Reagan aufgetreten sind, zu schweren atlantischen Turbulenzen.

Die Tatsache, daß die Regierung Reagan sich bisher nicht in die Tradition der Nixon/Kissinger-Außenpolitik gestellt hat – weder substantiell noch personell – belastet die amerikanische Außenpolitik auch weiterhin mit folgender Hypothek: Es fehlt der historische, ja der philosophische Bezugspunkt. An welche Traditionen der amerikanischen Außenpolitik möchte denn die Regierung Reagan anknüpfen? Carter und Reagan stehen beide in politischer Äquidistanz zur Außenpolitik der Nixon/Kissinger-Jahre. Beide wehrten sich gegen eine Europäisierung der amerikanischen Diplomatie. Das Ergebnis war eine paradoxe Moralisierung und eine neue Kreuzzugsmentalität, die sowohl Carter als auch Reagan, jeder auf seine Weise, personifizieren. Die Tragik dieser seltsamen Pendelschwünge liegt darin, daß atlantische Gegensätze im diplomatischen Stil sich verschärft haben. Westeuropäern war Carters Art und Weise der Außenpolitik ebenso unverständlich, wie Reagans Elemente der Militarisierung Unbehagen auslösten.

Wachsende Eigenständigkeit der Westeuropäer, der Drang nach einer Vermittlerfunktion im Ost-West-Konflikt, wird auf diesem Hintergrund erklärbar. Gewisse Chancen bei einer vergrößerten außenpolitischen Rolle der Westeuropäer, insbesondere der Bundesrepublik in dieser ambivalenten Lage, werden durch Risiken deutlich ausgeglichen.

Gegenüber der Dritten und Vierten Welt müssen die USA ihre ökonomische und politische Attraktivität verdeutlichen.

Militärische Stärke sollte bei drohender Ost-West-Komplikation lässig gehandhabt werden. Wer stark ist, braucht es nicht zu zeigen. "Talk softly and carry a big stick", diese alte Devise von Präsident Theodore Roosevelt muß auch heute gelten.

Die vergangenen 25 Jahre bieten ein Kaleidoskop von Krisen und Triumphen amerikanischer Außenpolitik. Die siebziger Jahre sind zum Beispiel ein großes Jahrzehnt amerikanischer Nahost-Politik. Aber die Region ist zu einem Krisenbogen geworden, der sich einem rationalen und vielleicht auch einem unilateralen Zugang der USA zur Lösung entzogen hat. Die Regierung Reagan hat hier eine sehr unglückliche Rolle gespielt. In Zentral- und Lateinamerika haben die Amerikaner kontinuierlich beachtliche Anläufe zur Hilfe und zur Krisenbewältigung gezeigt. Kuba scheint sich vorerst seit Herbst 1983 der Einmischung dank vorbeugender Maßnahmen der USA, wie zum Beispiel in Grenada, zu enthalten. Dies ist ein wichtiges Signal, aber die Probleme einer neuen Süd-Süd-Konfliktebene bleiben bestehen. Kuba und Vietnam zeigen Machtausdehnung, die nicht nur als sowjetisches Stellvertreter-Phänomen auftritt, sondern eine genuine Unruhe in den südlichen Armenhäusern und Gefängnissen der Dritten und Vierten Welt stiftet. Das ideologische Band der kommunistischen Ideologie ist längst zerrissen, wie der sino-sowjetische und der vietnamesisch-chinesische Konflikt zeigen. Rivalisierende Stellvertreterkriege innerhalb des sozialistischen Lagers fördern dessen Erosion, bedrohen aber auch die Interessen anderer. Konventioneller Krieg im Nuklearzeitalter, das ist das herausragende Phänomen. Außerhalb der atlantischen und der osteuropäischen Welt, die außer der nuklearen Stabilität wenig Gemeinsamkeit haben, ist Clausewitz' Diktum vom Krieg als Fortsetzung der Politik mit anderen Mitteln aktueller denn je. Hierbei drängt sich die Frage auf, ob Existenz und Gleichgewicht der Nuklearwaffen in Europa nicht Krieg verhindert haben.

Unter globaler Perspektive gibt es eine negative Gemeinsamkeit zwischen den beiden Supermächten. Beiden ist es nicht gelungen, unter einer kooperativen Perspektive regionale oder globale Konflikte einzudämmen, weil ihr Ziel, sich gegenseitig einzudämmen, Gemeinsamkeiten nur selten, zu selten, zugelassen hat. Andererseits müssen die USA, aber auch die Sowjetunion, in ihrem jeweiligen Einflußbereich sich anpassen. Die übrige Welt will nicht vor die Wahl zwischen Pax Americana oder Weltkommunismus gestellt werden, sondern sucht mehr Distanz zu beiden. Die Staaten, Subsysteme und Regionen suchen Souveränität und Beziehungen zum gegenseitigen Vorteil. Wenn der Westen und vor allem die USA ihre politische Attraktivität und ökonomische Überlegenheit in kluge Diplomatie umsetzen, gleichzeitig ein militärisches Gleichgewicht halten und Neutralität als Chance statt als Gefahr verstehen, bietet die Zukunft dem Westen größere Möglichkeiten als dem sozialistischen Lager.

Solange eine Staatenwelt existiert, die von Interessen- und Machtansprüchen und Ideologien geschüttelt wird, solange die sowjetische Führung durch Konflikt und Unterdrückung nach innen und außen ihre Herrschaft aufrechterhält, ist Vorsicht angezeigt. Einem Regierungssystem, das sich in Worten zum Fürsprecher für globalen Pazifismus macht, in der Tat jedoch keinem einzigen seiner Bürger individuellen Pazifismus, geschweige denn politische Freiheiten zugesteht, sollte mißtraut werden. Erst wenn wir den freien Bürger auch in der Sowjetunion finden, wird der Ost-West-Konflikt durchgestanden sein. Wer sich aus Angst anpaßt, hat ebenso verloren wie der, der aus Angst in gefährlichen Drohgebärden Zuflucht sucht. Gerade in einer Zeit, in der man individuell seine Ängste kultiviert, gilt das Wort von F. D. Roosevelt: „Wir haben nichts zu fürchten, außer der Furcht."

Es ist das Verdienst der Regierung Reagan, daß sie den Westeuropäern zu verdeutlichen sucht, daß nicht die militärischen Folgen des Ost-West-Konflikts, sondern die politischen und weltanschaulichen Ursachen uns bewegen müssen. Nicht Waffen, sondern die politischen Ziele von Menschen und Ideologien bilden die Ursachen für Krieg. Wettrüsten kann nur als Ersatz, Indikator oder Maßstab für politische Rivalitäten und

Spannungen nützlich sein, aber nicht die Ursachen für Krieg bilden. Deshalb kann Wettrüsten nur eingestellt bzw. aufgegeben werden, wenn der Grundcharakter, wenn die politischen Ursachen der Rivalität beiseite geräumt werden können. Rüstungskontrolle wird nur dann möglich werden, wenn das zugrundeliegende Machtverhältnis als gleichgewichtig, auf beiderseitiger Zustimmung beruhend, erhalten werden soll. Die intensive Abneigung gegen Krieg in der Friedensbewegung ist lobenswert, aber solange sie nicht gleichermaßen in Ost und West auftreten kann, bleibt sie ein untaugliches Mittel.

Kritik am Stil amerikanischer Außenpolitik sollte gleichzeitig zeigen, daß wir in der Substanz mit den USA solidarisch sind und uns keine Position der Äquidistanz zwischen den USA und der Sowjetunion erlauben können. Aufgrund der trennenden Wertsysteme zwischen Ost und West kann nicht Vertrauen, sondern nur eine gesunde Portion des Mißtrauens die Grundlage für eine realistische Sicherung unserer eigenen Interessen bilden.

Die Außenpolitik der Regierung Reagan ist besser als ihr Klang. Die Außenpolitik der Sowjetunion hingegen klingt nur verführerisch, in der Substanz jedoch widerspricht sie unseren politischen und ethischen Normen für das menschliche und staatliche Zusammenleben. Auf diesem Hintergrund wäre eine Sicht, amerikanische Anpassung und den Zwang zum Wandel einseitig zu betonen, jedoch einseitig und unzulässig, denn die Kontinuitätsmerkmale mit Blick auf die Interessen der USA, wie eingangs erörtert, sind von umfassender Bedeutung. Diese grundsätzlichen Interessen der USA konnten im Wesentlichen gewahrt werden, auch wenn zum Beispiel der Charakter der sowjetischen Herausforderung, aber auch das Problem der Rohstoffversorgung, sich gewandelt hat. So gesehen, stellen die letzten 25 Jahre amerikanischer Außenpolitik eine nicht zu unterschätzende Leistung dar, in einer Umwelt wachsender Unklarheiten und neuer regionaler Kräfte und Mitspieler Amerikas Interessenstruktur intakt und das außenpolitische Antlitz attraktiv zu halten.

Anmerkungen

Einleitung

1 Vgl. Gordon A. Craig, Die Supermacht und das Gute, in: FAZ, 7. 1. 1984.
2 John Quincy Adams' berühmte Rede vom 4. 7. 1821. Abgedruckt in: Norman A. Graebner, Ideas and Diplomacy, Readings in the Intellectual Tradition of American Foreign Policy, New York 1964, S. 88.
3 Vgl. Werner Hahlweg, Lenin und Clausewitz, in: Günter Dill, Clausewitz in Perspektive, Frankfurt 1980, S. 592 ff.
4 Vgl. hierzu: Arnold Wolfers, Ziele der Außenpolitik, in: Uwe Nerlich, Krieg und Frieden in der modernen Staatenwelt, Bd. I, Gütersloh 1966, S. 240 f.

Kapitel I

1 Kennedy am 20. April 1961 vor amerikanischen Chefredakteuren.
2 Vgl. hierzu: John Lewis Gaddis, Strategies of Containment, New York 1982, S. 218.
3 Vgl. Graham T. Allison, Essence of Decision, Boston 1971.
4 Vgl. William E. Griffith, The Sino-Soviet Rift, Cambridge, Mass., 1964, S. 41.
5 Vgl. Alfred Grosser, Das Bündnis, München 1978, S. 287 ff.
6 Vgl. Hans Stercken, Vive la France – vive l'Europe! Aus den Reden Charles de Gaulles, München 1969, S. 195 ff.
7 Vgl. Hans-Peter Schwarz, Die europäische Integration als Aufgabe der Zeitgeschichtsforschung, in: Vierteljahreshefte für Zeitgeschichte, Heft 4, 1983, S. 265 ff.
8 Kennedy am 17. 12. 1962.
9 Arthur Schlesinger, jr., The Imperial Presidency, New York 1974, S. 175.

Kapitel II

1 Zit. nach: Doris Kearns, Lyndon Johnson and the American Dream, New York 1977, S. 263.

2 Leslie H. Gelb, The Irony of Vietnam: The System Worked, Washington D. C. 1979, S. 100 ff.

3 Präsident Johnson am 25. 9. 1964. Vgl. Eric Goldman, The Tragedy of Lyndon Johnson, New York 1969, S. 235 f.

4 Vgl. Lyndon Johnson, Vantage Point, New York 1971, S. 579–589.

5 Vgl. Gaddis, Strategies of Containment, a. a. O., S. 263 Zu den Kosten des Vietnam-Krieges siehe auch: Allan Goodman, The Lost Peace, Stanford, Cal. 1978, S. 185.

6 Vgl. Gelb, The System Worked, a. a. O., S. 161.

7 So die klassische Formulierung in den gemeinsamen politischen Erklärungen von Nordvietnam und der VR China während der sechziger Jahre.

8 Vgl. John Newhouse, Cold Dawn, The Story of SALT, New York 1973, S. 130 ff.

Kapitel III

1 Vgl. hierzu und im folgenden: Christian Hacke, Die Ära Nixon/Kissinger 1969 bis 1974, Konservative Reform der Weltpolitik, Stuttgart 1983, S. 240 ff.

2 So Marie-Luise Näth, Das außenpolitische Instrumentarium: Klassische Diplomatie und revolutionäre Strategie, in: Franz Ansprenger u. a., Die Außenpolitik Chinas, München 1975, S. 166.

3 Vgl. Richard Nixon, Memoiren, Frankfurt 1981, S. 559.

4 Vgl. Henry Kissinger, Memoiren 1968 bis 1973, München 1979, S. 1274.

5 Kissinger am 19. September 1974 vor dem Außenpolitischen Ausschuß des Senats.

6 Kissinger am 3. Juli 1974 in Moskau.

7 Siehe Fußnote 5 dieses Kapitels.

8 Vgl. Grosser, Das Bündnis, a. a. O., S. 442.

9 Kissinger, Memoiren, a. a. O., S. 109.

10 Henry Kissinger, Memoiren 1973 bis 1974, München 1982, S. 172 ff.
11 Vgl. David P. Calleo, The Imperious Economy, Cambridge, Mass. 1982, S. 28 ff., S. 105 ff.
12 Vgl. William B. Quandt, Decade of Decisions, Berkeley 1977, S. 89 ff.

Kapitel IV

1 Vgl. Gebhard Schweigler, Von Kissinger zu Carter, München 1982, S. 249 ff., S. 269 ff.
2 Vgl. Seyom Brown, The Faces of Power, New York 1983, S. 437 ff.
3 Vgl. Gaddis, Strategies of Containment, a. a. O., S. 321.
4 Nixon, Memoiren, a. a. O., S. 895.

Kapitel V

1 Vgl. Sandy Vogelsang, American Dream, Global Nightmare, New York 1980.
2 Vgl. Friedbert Pflüger, Die Menschenrechtspolitik der USA, München 1983.
3 Vgl. Zbigniew Brzezinski, Power and Principle, New York 1983, S. 139 f., S. 182 f.
4 Lothar Rühl, Das SALT-II-Abkommen und die europäischen Interessen, in: Europa-Archiv Nr. 15, 1979, S. 462.
5 Vgl. Bernd Kubbig, Gleichgewicht oder Überlegenheit. Amerikanische Rüstungskontrollpolitik und das Scheitern von SALT II, Frankfurt/New York 1984.
6 Präsident Carter am 1. 10. 1979.
7 Verteidigungsminister Brown am 5. April 1979.
8 Vgl. hierzu und im folgenden ausführlich: Christian Hacke, Die Nahost-Politik der USA von 1969 bis 1984, Schriftenreihe des Forschungsinstituts der Deutschen Gesellschaft für Auswärtige Politik in Bonn, München, voraussichtlich 1985.
9 Brzezinski, Power and Principle, a. a. O., S. 443.
10 Vgl. Barry Rubin, Paved With Good Intentions, New York 1980.
11 Cyrus Vance, Hard Choices, New York 1983, S. 410.

12 Mohamed Haikal, The Return of the Ayatollah, New York 1982.
13 Breschnew am 13. Januar 1980.
14 Brzezinski, Power and Principle, a. a. O., S. 432.
15 „Erst durch Carter wurde die Kohäsion der Allianz gefährdet – und zwar gleich auf zwei Feldern. Zum einen warf er, gegen europäischen Rat, den Ford/Kissinger'schen SALT-II-Ansatz über den Haufen. Zum anderen forderte er die europäischen Regierungen nachdrücklich zu vermehrtem Deficit Spending auf und gab sich als naiver Inflationist – sowohl Paris als auch Bonn haben darauf zwangsläufig sauer reagiert. Amerika führte bald nicht mehr, vielmehr rang Carter um Anerkennung in Europa." Helmut Schmidt, Ein Schuß ins Schwarze, in: Die Zeit, 9. 3. 1984.
16 „Außenminister Cyrus Vance hatte nicht genug Einfluß auf die amerikanische Gesamtstrategie. Statt dessen wurde das atlantische Führungsvakuum zu einem erheblichen Teil durch die enge außenpolitische und ökonomische Kooperation zwischen Giscard d'Estaing und dem deutschen Bundeskanzler ausgefüllt." Ebda.
17 Vgl. Fußnote 14.

Kapitel VI

1 Vgl. den Jahresbericht 1983 des amerikanischen Verteidigungsministers.
2 Christoph Bertram, Der Kampf um den Konsens, in: Die Zeit, 15. 1. 1982.
3 So B. Pjadyschew, in: Za Rubezom, Nr. 45, vom 30. 10. 1975, S. 15, zit. nach: H. Gelman, Eine amerikanische Herausforderung? Die Globalpolitik der USA in der Sicht der sowjetischen Führung, in: U. Nerlich (Hrsg.), Die Einhegung sowjetischer Macht, Baden-Baden 1982, S. 100.
4 Vgl. C. S. Gray/D. Brennan, Gemeinsame Interessen als Grundlage für Rüstungskontrolle?, in: U. Nerlich, Sowjetische Macht und westliche Verhandlungspolitik im Wandel militärischer Kräfteverhältnisse, Baden-Baden 1982, S. 519 f.
5 So der Generalinspekteur der Bundeswehr, General Altenburg, Militärstrategische Überlegungen zur Sicherheit Mitteleuropas, in: Peter-Kurt Würzbach, Die Atomschwelle heben, Koblenz 1983, S. 122.

6 Vgl. die Rede von Bundeskanzler Kohl vor dem Deutschen Bundestag am 21. 11. 1983.
7 So die amerikanische UNO-Botschafterin Jeane Kirkpatrick.
8 Ludwig Dehio, Deutsche Politik an der Wegegabel, in: ders., Deutschland und die Weltpolitik im 20. Jahrhundert, München 1955, S. 153.
9 Vgl. hierzu und im folgenden ausführlich: Christian Hacke, Die Nahost-Politik der USA von 1969 bis 1984, a. a. O.
10 So Premierminister Begin im Dezember 1981.

Weiterführende Literatur

Die folgenden Hinweise sind absichtlich sehr begrenzt gehalten. Sie beziehen sich vorwiegend auf deutschsprachige Literatur. Wenn nötig, wird auf englischsprachige Bücher verwiesen.

1. Generelle Einführungen zur amerikanischen Außenpolitik seit dem Zweiten Weltkrieg:

George F. Kennan, American Diplomacy, 1900–1950, New York 1951.

Es ist fast skandalös, daß dieses klassische Werk, das bis 1976 einundzwanzigmal aufgelegt worden ist, noch immer nicht in deutscher Übersetzung vorliegt. Vom gleichen Autor liegen zwei wundervolle Memoirenbände von großartigem wissenschaftlichem, politischem und literarischem Niveau vor:

Memoiren eines Diplomaten, 1925–1950 (dtv-Taschenbuch), München 1983, sowie:

Memoiren, 1950–1963, Frankfurt/Main 1973.

Vgl. auch die wichtigsten Aufsätze der vergangenen 25 Jahre von Kennan, Im Schatten der Atombombe, Köln 1982,

des weiteren:

Raymond Aron, Die imperiale Republik, die Vereinigten Staaten und die übrige Welt seit 1945, Stuttgart 1975; Seyom Brown, The Faces of Power, Constancy and Chance in United States Foreign Policy from Truman to Reagan, New York 1983; John Lewis Gaddis, Strategies of Containment, New York 1982; Karl Kaiser, Hans-Peter Schwarz, (Hrsg.), Amerika und Westeuropa, Stuttgart 1977; Wilfried Loth, Die Teilung der Welt. Geschichte des Kalten Krieges 1941 bis 1955 (dtv-Taschenbuch), München 1980; John Spanier, American Foreign Policy since World War II, New York 1980; Alexander George, Richard Smoke, Deterrence in American Foreign Policy, New York 1974; Ernst-Otto Czempiel, Das amerikanische Sicherheitssystem 1945–1949. Eine Studie zur Außenpolitik der bürgerlichen Gesellschaft, Berlin 1966; Ernst-Otto Czempiel, Carl-Christoph Schweitzer (Hrsg.), Weltpolitik der

USA nach 1945, Bonn 1984; Daniel Yergin, Der zentrale Friede. Die Ursprünge des Kalten Krieges und der Teilung Europas, Frankfurt/M. 1977.

2. Die Außenpolitik der Regierungen Kennedy und Johnson
Graham T. Allison, Essency of Decision, explaining the Cuban Missile Crisis, Boston 1971; Leslie Gelb, Richard Betts, The Irony of Vietnam, The System Worked, Washington 1979; David Halberstan, The Best and the Brightest, New York 1972; Doris Kearns, Lyndon Johnson and the American Dream, New York 1977; John F. Kennedy, Der Weg zum Frieden, München 1964; ders., Dämme gegen die Flut, Frankfurt/Main 1964; Manfred Knapp, Die Stimme Amerikas, Auslandspropaganda der USA und der Regierung J. F. Kennedys, Opladen 1972; Walt W. Rostow, The Diffusion of Power 1957–1972, New York 1972; Herbert Schandler, The Unmaking of a President, Lyndon Johnson and Vietnam, Princeton 1977; Arthur Schlesinger, A Thousand Days, New York 1965.

3. Die Außenpolitik der Regierungen Nixon und Ford
Henry Kissinger, Memoiren 1968–1972, München 1979; ders., Memoiren 1973–1974, München 1982; Richard Nixon, Memoiren, Frankfurt/M. 1981; Christian Hacke, Die Ära Nixon/Kissinger 1969–1974, Konservative Reform der Weltpolitik, Stuttgart 1983; Seyom Hersh, The Price of Power, New York 1983; John Newhouse, Cold Dawn, The Story of SALT, New York 1973; William Saffire, Before the Fall, Garden City 1975; Jonathan Schell, The Time of Illusion, New York 1976; Hans-Peter Schwarz, Boris Meissner (Hrsg.), Entspannungspolitik in Ost und West, Köln 1979; Gebhard Schweigler, Von Kissinger zu Carter, München/Wien 1982; Peter Weilemann, Weltmacht in der Krise, Stuttgart 1982; Theodore White, Breach of Faith, The Fall of Richard Nixon, New York 1975; Gerald Ford, A Time to Heal, New York 1979; William Quandt, Decade of Decisions, American Foreign Policy toward the Arab-Israeli Conflict, 1967–1976, Berkeley 1977.

4. Die Außenpolitik der Regierung Carter
Zbigniew Brzezinski, Power and Principle, New York 1983; Michael Ledeen, William Lewis, Debacle, The American Failure in Iran, New York 1981; Barry Rubin, Paved with good Intentions,

The American Experience and Iran, New York 1980; Bernd Kubbig, Gleichgewicht oder Überlegenheit. Amerikanische Rüstungskontrollpolitik und das Scheitern von SALT II, Frankfurt/New York 1984; Friedbert Pflüger, Die Menschenrechtspolitik der USA. Amerikanische Außenpolitik zwischen Idealismus und Realismus 1972–1982, München/Wien 1983; Cyrus Vance, Hard Choices, New York 1983; Sandy Vogelsang, American Dream, Global Nightmare, The Dilemma of US-Human-Rights Policy, New York/London 1980; Strobe Talbott, Endgame. The Inside Story of SALT II, New York 1979; Norman Podhoretz, Der Riese taumelt, Stuttgart 1981; Haim Shaked, Itamar Rabinovich, The Middle East and the United States, New Brunswick 1980; Ernst-Otto Czempiel (Hrsg.), Amerikanische Außenpolitik im Wandel. Von der Entspannungspolitik Nixons zur Konfrontation unter Reagan, Stuttgart 1982.

5. Speziell zu den Beziehungen zwischen den USA und der Bundesrepublik Deutschland siehe:
Dieter Dettke, Allianz im Wandel, Amerikanisch-europäische Sicherheitsbeziehungen im Zeichen des Bilateralismus der Supermächte, Frankfurt/M. 1976; Manfred Knapp, Die USA und Deutschland 1918–1975. Deutsch-amerikanische Beziehungen zwischen Rivalität und Partnerschaft, München 1978; ders., (Hrsg.), Die deutsch-amerikanischen Beziehungen nach 1945, Frankfurt/M. 1975; ders. (Hrsg.), Von der Bizone zur politisch-ökonomischen Westintegration. Studien zum Verhältnis zwischen Außenpolitik und Außenwirtschaftsbeziehungen in der Entstehungsphase der Bundesrepublik Deutschland 1947–1952, Frankfurt/M. 1983; Werner Link, Deutsche und amerikanische Gewerkschaften und Geschäftsleute 1945–1975. Eine Studie über transnationale Beziehungen, Düsseldorf 1978; Roger Morgan, Washington und Bonn. Deutsch-amerikanische Beziehungen seit dem Zweiten Weltkrieg, München 1975; Elke Thiel, Dollar-Dominanz, Lastenteilung und amerikanische Truppenpräsenz in Europa. Zur Frage kritischer Verknüpfungen währungs- und stationierungspolitischer Zielsetzungen in den deutsch-amerikanischen Beziehungen, Baden-Baden 1979; Georg-Eckert-Institut (Hrsg.), Die Bundesrepublik Deutschland und die Vereinigten Staaten von Amerika, Braunschweig 1984; Reinhard Rode, Amerikanische Handelspolitik gegenüber West-

europa. Von der Handelsreform zur Tokio-Runde, Frankfurt/M./ New York 1980; Hans-Gert Pöttering, Adenauers Sicherheitspolitik 1955–1963. Ein Beitrag zum deutsch-amerikanischen Verhältnis, Düsseldorf 1975; Honoré M. Catudal, Kennedy in der Mauer-Krise. Eine Fallstudie zur Entscheidungsfindung in den USA, Berlin 1981.

Abkürzungsverzeichnis

AWACS	Airborne Warning and Control System
EA	Europa Archiv
FNLA	Frente Nacional de Libertacao de Angola
FRELIMO	Frente de Libertacao de Moçambique
IEA	Internationale Energie-Agentur
INF	Intermediate Nuclear Forces
IISS	International Institute for Strategic Studies
KSZE	Konferenz über Sicherheit und Zusammenarbeit in Europa
LRTNF	Long-range Theatre Nuclear Forces (Reichweite über 1000 km)
MC	Military Committee (Militärausschuß der NATO)
MBFR	Mutual and Balanced Force Reductions (beiderseitige und ausgewogene Truppenverminderungen)
MIRV	Multiple Independently Targetable Reentry Vehicle (von einer Rakete beförderter Mehrfachsprengkopf, dessen einzelne Sprengköpfe unabhängig voneinander in verschiedene Ziele gesteuert werden können)
MLF	Multilateral Forces (multilaterale Atomstreitmacht)
MNF	Multinational Forces (multinationale Atomstreitmacht)
MPLA	Movimento Popular de Libertacao de Angola
MX	Missile Experimental
OAU	Organization of African Unity
OPEC	Organization of Petroleum-Exporting Countries
PLO	Palestine Liberation Organization
RCA	Radio Corporation of America
SALT	Strategic Arms Limitation Talks (Verhandlungen zwischen den USA und der Sowjet-

	union über eine Begrenzung nuklear-strategischer Waffensysteme)
SLBM	Sea Launched Ballestic Missile (seegestützte Rakete, U-Boot-Rakete)
START	Strategic Arms Reduction Talks (Gespräche über die Reduzierung strategischer Waffen)
SWAPO	South West African People's Organization
UNITA	Nationale Union für die Unabhängigkeit Angolas

Zeittafel

	1960
8. 11.	John F. Kennedy gewinnt gegen den Republikaner Richard Nixon die Präsidentschaftswahlen
	1961
6. 1.	Chruschtschow definiert die sowjetische Strategie für nationale Befreiungskriege
30. 1.	Erfolgreicher Teststart einer Minuteman-Interkontinentalrakete aus einem verbunkerten Silo
15.–17. 4.	In der Schweinebucht von Kuba scheitert der Invasionsversuch von Exilkubanern mit amerikanischer Unterstützung
3.–4. 6.	Treffen zwischen Kennedy und Chruschtschow in Wien
13. 8.	Beginn des Mauerbaus in Berlin
11. 10.	Kennedy erklärt, daß eine kleine Gruppe von amerikanischen Militärberatern nach Südvietnam geschickt wird
	1962
8. 6.	Amerikanisch-sowjetische Vereinbarung über die gemeinsame friedliche Nutzung des Weltraums
15. 6.	Verteidigungsminister McNamara entwickelt in Ann Arbor, Michigan, eine Counterforce-Doktrin für die amerikanischen Nuklearstreitkräfte
4. 7.	Kennedy präsentiert in Philadelphia ein Programm für die Zusammenarbeit der USA mit Westeuropa
14.–28. 10.	Kuba-Krise
	1963
14. 1.	De Gaulle lehnt EWG-Beitritt Großbritanniens ab
24. 1.	Kennedy erklärt, daß die Thor- und Jupiter-Raketenbasen in Großbritannien, Italien und der Türkei durch seegestützte Polaris-Raketen ersetzt werden

10. 6. Kennedys Friedensrede vor der Universität Washington

20. 6. Amerikanisch-sowjetische Vereinbarung über die Errichtung eines „Heißen Drahts“ zwischen dem Weißen Haus und Kreml

5. 8. Atomteststopp-Vertrag zwischen USA, Großbritannien und der UdSSR

22. 11. John F. Kennedy wird ermordet. Nachfolger: Lyndon B. Johnson

1964

28. 1. Das erste Atom-U-Boot mit Polaris-A-3-Raketen wird in Dienst gestellt

2. 8. Zwischenfall im Golf von Tonkin

10. 8. Verabschiedung der Tonkin-Resolution

15. 10. Sturz Chruschtschows. Nachfolger: Leonid Breschnew als Erster Sekretär der KPdSU und Alexej Kossygin als Ministerpräsident

3. 11. Präsident Johnson gewinnt die Wahlen gegen den Republikaner Barry M. Goldwater

1965

8. 2. Erster amerikanischer Luftangriff auf Nordvietnam

28. 4. Intervention der USA in der Dominikanischen Republik

28. 7. Die USA erhöhen ihre Streitkräfte in Vietnam auf 125 000 Mann

1966

31. 1. Präsident Johnson läßt erneut Nordvietnam bombardieren

1. 7. Austritt Frankreichs aus der militärischen Integration der NATO

8. 11. Kongreßwahlen: Gewinne der Republikaner im Senat und Repräsentantenhaus, aber keine Änderung der demokratischen Mehrheiten in beiden Häusern

1967

27. 1. Unterzeichnung des Vertrages über die friedliche Er-

forschung und Nutzung des Weltraums (tritt am 10. 10. 1967 in Kraft)

2. 3. Johnson erklärt die Bereitschaft der USA zu Rüstungskontrollverhandlungen mit der Sowjetunion

5.–10. 6. Dritter israelisch-arabischer Nahost-Krieg

23.–25. 6. Gipfeltreffen zwischen Präsident Johnson und dem sowjetischen Ministerpräsidenten Kossygin in Glassboro/USA

18. 9. Verteidigungsminister McNamara erläutert in San Francisco das nuklear-strategische Konzept der wechselseitigen gesicherten Zerstörung

16. 11. Der außenpolitische Senatsausschuß beschließt, daß bei Einsatz amerikanischer Truppen im Ausland zukünftig der Präsident die Zustimmung des Kongresses einholen muß.

12.–14. 12. Auf der Ministerratstagung der NATO in Brüssel wird die Strategie der flexiblen Antwort (MC 14/3) offiziell bestätigt. Im Harmel-Bericht wird die Dualkonzeption von militärischer Sicherheit und Entspannung festgelegt

1968

21. 1. Clark M. Clifford wird in der Nachfolge von McNamara Verteidigungsminister

23. 1. Kaperung des US-Spionageschiffes Pueblo durch nordkoreanische Streitkräfte

31. 3. Präsident Johnson unterbreitet Nordvietnam erneut Friedensangebote, Einstellung des Bombardements und Verzicht auf eine erneute Präsidentschaftskandidatur

13. 5. Beginn der Pariser Vietnam-Verhandlungen

24.–25. 6. NATO-Ministerratstagung in Reykjavik: Signal für Truppenverminderung

1. 7. Präsident Johnson kündigt die Aufnahme von SALT-Gesprächen mit der UdSSR an

1. 7. Unterzeichnung des Vertrages über Nichtverbreitung von Kernwaffen in Washington, London und Moskau (5. 3. 1970 in Kraft getreten)

21. 8. Einmarsch von Truppen des Warschauer Paktes in die Tschechoslowakei

31. 10.	Präsident Johnson gibt die Einstellung der Bombenangriffe auf Nordvietnam bekannt
5. 11.	Richard Nixon gewinnt die Präsidentschaftswahlen gegen den Demokraten Hubert Humphrey
12. 11.	Verkündung der Breschnew-Doktrin
2. 12.	Nixon ernennt Henry Kissinger zum Nationalen Sicherheitsberater
	1969
23. 2.	Beginn der ersten Europareise von R. Nixon
2. 3.	Gefechte zwischen sowjetischen und chinesischen Grenztruppen am Ussuri
25. 7.	Präsident Nixon präsentiert die sogenannte Nixon-Doktrin auf der Insel Guam
19. 9.	Präsident Nixon gibt den Abzug von 60 000 Mann aus Südvietnam bekannt
17. 11.	Beginn der SALT-Verhandlungen in Helsinki
9. 12.	Der Rogers-Plan für einen Frieden im Nahen Osten scheitert
	1970
22. 1.	Nixon kündigt die Vietnamesierung des Krieges an
18. 2.	Erster Jahresbericht von Präsident Nixon im Rahmen der Nixon-Doktrin
16. 4.	Die SALT-Verhandlungen beginnen in Genf
20. 4.	Abzug weiterer 150 000 Mann aus Südvietnam
30. 4.	Intervention amerikanischer und südvietnamesischer Truppen in Kambodscha, die erst im Juni wieder abgezogen werden
12. 8.	Unterzeichnung des Moskauer Vertrages zwischen der UdSSR und der Bundesrepublik Deutschland
23. 9.	Beendigung der syrischen Intervention in Jordanien durch amerikanischen Druck
25. 9.	Beilegung des Cienfuegos-Zwischenfalls. Die Sowjetunion verzichtet darauf, sowjetische U-Boote mit Langstreckenraketen kubanische Häfen anlaufen zu lassen
27. 10.	Zweite Europareise von Präsident Nixon
7. 12.	Unterzeichnung des Warschauer Vertrages zwischen der VR Polen und der Bundesrepublik Deutschland

1971

11. 2.	Unterzeichnung des Vertrages über das Verbot, Kernwaffen auf dem Meeresboden zu lagern
1. 4.	Indienststellung des ersten Atom-U-Bootes mit Poseidon-Raketen (mit MIRV-Sprengköpfen)
8. 4.	Abzug weiterer 100 000 Mann aus Südvietnam
10. 6.	Aufhebung der Handelsbeschränkungen gegenüber der VR China
13. 6.	Beginn der Veröffentlichung der sogenannten Pentagon-Papiere
9.–11. 7.	Geheimbesuch von Sicherheitsberater Kissinger in Peking
15. 7.	Nixon gibt bekannt, daß er auf Einladung des chinesischen Ministerpräsidenten die VR China besuchen wird
15. 8.	Bekanntgabe der sogenannten Nixon-Schocks
3. 9.	Unterzeichnung des Viermächte-Abkommens über Berlin
30. 9.	Unterzeichnung eines amerikanisch-sowjetischen Abkommens zur Verminderung der Gefahr des Ausbruchs eines Nuklearkrieges
12. 11.	Nixon gibt den Abzug von weiteren 45 000 Mann aus Südvietnam bis Februar 1972 bekannt

1972

13. 1.	Nixon gibt den Abzug weiterer 70 000 Mann aus Südvietnam bekannt
22. 1.	Beitritt Großbritanniens, Irlands und Dänemarks zur EG
21.–28. 2.	Präsident Nixon besucht die VR China
30. 3.	Intensive Bombardierung Nordvietnams durch die amerikanische Luftwaffe
8. 5.	Verminung der Häfen Nordvietnams
22.–30. 5.	Präsident Nixon besucht die UdSSR
26. 5.	Das SALT-I-Abkommen wird auf dem Moskauer Gipfeltreffen unterzeichnet
17. 6.	Einbruch in das Wahlkampf-Hauptquartier der Demokratischen Partei im Watergate-Hotel in Washington
7. 11.	Präsident Nixon gewinnt die Wahlen gegen den Demokraten George McGovern

21. 12.	Unterzeichnung des Grundlagenvertrages zwischen der Bundesrepublik Deutschland und der DDR
	1973
27. 1.	Unterzeichnung eines Waffenstillstandsabkommens zwischen den USA, Nordvietnam und der Nationalen Befreiungsfront Südvietnams in Paris
26. 2.–2. 3.	Pariser Vietnam-Konferenz
29. 3.	Abzug der letzten 2500 amerikanischen Soldaten aus Südvietnam
23. 4.	Sicherheitsberater Kissinger erklärt das Jahr 1973 zum Jahr Europas und schlägt eine neue Atlantik-Charta vor
30. 4.	Rücktritt der Präsidentenberater Haldeman und Ehrlichman sowie von Justizminister Kleindienst wegen der Watergate-Affäre
18.–25. 6.	Besuch Breschnews in den USA
22. 6.	Amerikanisch-sowjetisches Abkommen zur Verhinderung eines Nuklear-Krieges unterzeichnet
22. 8.	Henry Kissinger wird Außenminister, Rogers tritt zurück
25. 9.	Beginn der SALT-II-Verhandlungen in Genf
6.–25. 10.	Arabisch-israelischer Krieg. Ölboykott und Verteuerung durch die arabischen OPEC-Staaten
10. 10.	Rücktritt von Vizepräsident Agnew, Nachfolger: Gerald Ford
7. 11.	Kongreß verabschiedet gegen das Veto von Präsident Nixon die War-Power-Resolution
6.–8. 11.	Erste Nahost-Reise von Außenminister Kissinger nach Ägypten, Jordanien und Saudi-Arabien
11. 12.	Deutsch-tschechoslowakischer Vertrag wird in Prag unterzeichnet
13.–17. 12.	Zweite Nahost-Reise von Außenminister Kissinger
	1974
10.–20. 1.	Dritte Nahost-Reise von Außenminister Kissinger
10. 1.	Verteidigungsminister Schlesinger erläutert die Grundzüge der neuen amerikanischen nuklearen Zielplanung (Schlesinger-Doktrin)

18. 1.	Ägyptisch-israelisches Entflechtungsabkommen wird unterzeichnet
11.–13. 2.	Energie-Konferenz der westlichen Industrienationen in Washington
26. 2.–31. 5.	Vierte und fünfte Nahost-Reise von Henry Kissinger
31. 5.	Syrisch-israelisches Entflechtungsabkommen wird unterzeichnet
27.–29. 7.	Der Rechtsausschuß des Repräsentantenhauses empfiehlt ein Amtsenthebungsverfahren gegen Präsident Nixon
27. 6.–3. 7.	Besuch von Präsident Nixon in der UdSSR
12.–19. 6.	Nahost-Reise von Präsident Nixon nach Ägypten, Syrien, Jordanien, Israel und Saudi-Arabien
8. 8.	Rücktritt von Präsident Nixon. Nachfolger: Gerald Ford
14. 8.	Austritt Griechenlands aus der militärischen Integration der NATO
15. 10.	Abschluß eines neuen Getreidelieferungs-Abkommens zwischen den USA und der UdSSR
23.–24. 12.	Gipfeltreffen zwischen Ford und Breschnew in Wladiwostok
	1975
11. 1.	Kündigung des amerikanisch-sowjetischen Handelsvertrages durch die UdSSR
März	Ausbruch des Bürgerkrieges in Angola, Intervention kubanischer Truppen zugunsten der MPLA
9.–23. 3.	Scheitern der Vermittlungsbemühungen von Kissinger bei seiner neunten Nahost-Reise
17. 4.	Kapitulation der Regierung Lon Nol in Kambodscha
30. 4.	Kapitulation Südvietnams
23. 7.	USA verkaufen der UdSSR 9,8 Mill. Tonnen Getreide
30. 7.–1. 8.	Gipfeltreffen zum Abschluß der KSZE in Helsinki und Unterzeichnung der KSZE-Schlußakte
4. 9.	Zweites Sinai-Truppenentflechtungs-Abkommen
20. 10.	Unterzeichnung eines Abkommens über die Lieferung von mindestens 30 Mill. Tonnen Getreide in 5 Jahren an die Sowjetunion
3. 11.	D. Rumsfeld wird neuer Verteidigungsminister, E. Ri-

	chardson wird neuer Handelsminister, Kissinger gibt sein Amt als Sicherheitsberater an B. Scowcroft ab
1.–7. 12.	Besuch von Präsident Ford in der VR China
	1976
1. 3.	Präsident Ford distanziert sich vom Begriff Détente
23. 4.–8. 5.	Afrika-Reise von Außenminister Kissinger
28. 5.	Unterzeichnung eines Vertrages zwischen den USA und der UdSSR über unterirdische Kernexplosionen zu friedlichen Zwecken (nicht in Kraft getreten)
Ende 1976	Erste SS-20-Mittelstreckenraketen werden in der westlichen UdSSR stationiert
2. 11.	Der Demokrat Jimmy Carter gewinnt die Präsidentschaftswahlen gegen Gerald Ford
11. 11.	Gründung des "Committee of the Present Danger" in Washington, das für eine Politik der Stärke eintritt
	1977
28.–30. 3.	Reise von Außenminister Vance nach Moskau. Präsentation von SALT-II-Vorschlägen, die durch die UdSSR abgelehnt werden
22. 5.	Rede von Carter in der Universität Notre Dame: Carter Doktrin I (Menschenrechtsdoktrin)
30. 6.	Carter läßt das B-1-Bomber-Projekt einstellen
12. 7.	Carter verschiebt die Entscheidung über die Produktion der Neutronenbombe
10. 8.	Lieferung von 750 000 Tonnen Getreide an die UdSSR
7. 9.	Unterzeichnung des Panamakanal-Vertrages in Washington
22.–23. 9.	Verlängerung der Geltungsdauer von SALT I wird beim Besuch von Außenminister Gromyko in Washington vereinbart
1. 10.	Gemeinsame Erklärung der USA und der UdSSR zum Frieden im Nahen Osten, wird von Israel abgelehnt
4. 10.	Beginn des KSZE-Folgetreffens in Belgrad
28. 10.	Rede von Bundeskanzler Schmidt vor dem Internationalen Institut für Strategische Studien (IISS)
19. 11.	Der ägyptische Staatspräsident Sadat besucht Israel

1978

15. 3.	Einmarsch israelischer Truppen in den Südlibanon
17. 3.	Rede von Präsident Carter vor der Wake Forest University in North Carolina. Ankündigung der Aufstellung einer schnellen Eingreiftruppe
18. 4.	Senat ratifiziert mit knapper Mehrheit den Panamakanal-Vertrag
30.–31. 5.	NATO-Gipfeltreffen in Washington: Langfristiges Verteidigungsprogramm wird verabschiedet
7. 6.	Rede von Präsident Carter von der Marineakademie in Annapolis: Der Sowjetunion wird Expansion und Mißachtung der Menschenrechte vorgeworfen
16.–17. 7.	Gipfelkonferenz der sieben führenden westlichen Industriestaaten in Bonn
17. 9.	Unterzeichnung des Abkommens von Camp David zwischen Israel, Ägypten und den USA

1979

1. 1.	Aufnahme der diplomatischen Beziehungen zwischen den USA und der VR China, gleichzeitig Abbruch der offiziellen Beziehungen mit Taiwan
5.–6. 1.	Gipfeltreffen der USA, Frankreichs, Großbritanniens und der Bundesrepublik Deutschland auf Guadeloupe
7. 1.	Vietnamesische Streitkräfte erobern die Hauptstadt Kambodschas, Phnom Penh
16. 1.	Sturz des Schah von Iran
26. 3.	Unterzeichnung des Friedensvertrages zwischen Ägypten und Israel
18. 6.	Unterzeichnung des SALT-II-Vertrages zwischen den USA und der UdSSR in Wien. Gleichzeitig wird der Bau der neuen MX-Interkontinental-Rakete angeordnet
28.–29. 6.	Weltwirtschaftsgipfel der westlichen Industriestaaten in Tokio
20. 7.	Machtübernahme der Sandinisten in Nicaragua
30. 8.	Senator Church gibt die Anwesenheit von sowjetischen Kampfbrigaden auf Kuba bekannt
3. 10.	Die USA erklären, daß die UdSSR bis zum 30. 9. 1980 insgesamt 25 Mill. Tonnen Getreide in den USA bestellen kann

4. 11.	Geiselnahme in der US-Botschaft in Teheran
12. 11.	Verhängung eines Importverbots für Erdöl aus dem Iran in die USA
14. 11.	Die iranischen Geldeinlagen in den USA werden eingefroren
12. 12.	NATO-Doppelbeschluß über die Aufstellung von 572 US-Mittelstreckenwaffen in Europa ab Dezember 1983, falls Rüstungskontrollverhandlungen mit der UdSSR erfolglos bleiben sollten
28. 12.	Beginn der sowjetischen Invasion von knapp 100000 Mann in Afghanistan
	1980
4. 1.	Präsident Carter unterbricht den Ratifizierungsprozeß des SALT-II-Vertrages und verkündet drastische Handelsbeschränkungen gegenüber der UdSSR
15. 1.	Entsendung eines starken Flottenverbandes der USA in den Indischen Ozean
20. 1.	Verkündung der sogenannten Carter-Doktrin: Absage an Teilnahme an den Olympischen Spiele in Moskau, falls die UdSSR ihre Truppen nicht aus Afghanistan abzieht
25. 4.	Der Versuch, die amerikanischen Geiseln in Teheran zu befreien, scheitert
28. 4.	Außenminister Vance tritt wegen der gescheiterten Geiselbefreiung zurück. Nachfolger: E. Muskie
3. 6.	Beginn des Krieges zwischen Irak und Iran
8. 8.	Verteidigungsminister Brown erläutert die Präsidentendirektive 59 über eine Änderung der amerikanischen nuklearen Zielplanung
4. 11.	Der Republikaner Ronald Reagan gewinnt die Präsidentschaftswahlen gegen Jimmy Carter
11. 11.	Beginn der 2. KSZE-Nachfolgekonferenz in Madrid
	1981
20. 1.	Freigabe der letzten 52 Geiseln in Teheran
3.–12. 4.	Nahost-Reise von Außenminister Haig. Versuch, einen strategischen Konsens gegen sowjetische Bedrohung am Persischen Golf auszubauen

10. 4.	Präsident Reagan kündigt die Aufhebung des amerikanischen Getreideboykotts gegenüber der UdSSR an
2. 10.	Präsident Reagan kündigt sein Militärprogramm der Stärke an
6. 10.	Ermordung von Anwar El Sadat. Nachfolger: Hosni Mubarak
18. 11.	Präsident Reagan gibt die sogenannte Null-Option als Verhandlungsgrundlage für die INF-Gespräche bekannt
20. 11.	Unterzeichnung des Erdgas-Röhrengeschäftes zwischen der Bundesrepublik Deutschland und der UdSSR
30. 11.	Beginn der INF-Verhandlungen zwischen den USA und der UdSSR in Genf
13. 12.	Verhängung des Kriegsrechts über ganz Polen
15. 12.	Kongreß billigt Verteidigungshaushalt in Höhe von knapp 200 Mrd. Dollar
30. 12.	Präsident Reagan verhängt Handelssanktionen gegenüber der UdSSR

1982

24. 3.	Argentinien besetzt die Falkland-Inseln
9. 5.	Präsident Reagan gibt im Euroka-College, Illinois, die amerikanische Position für die START-Verhandlungen bekannt
1.–15. 6.	Krieg zwischen Argentinien und Großbritannien um die Falkland-Inseln
6. 6.	Beginn der israelischen Invasion des Libanon
18. 6.	Reagan verschärft die Handelssanktionen gegenüber der UdSSR
25. 6.	Rücktritt von Außenminister Haig. Nachfolger: George Shultz
29. 6.	Beginn der START-Verhandlungen in Genf
16. 7.	Kompromiß der beiden Unterhändler Nitze und Kwizinsky bei den Genfer INF-Verhandlungen (Waldspaziergangs-Kompromiß)
16. 8.	Der Vermittlungsausschuß beider Häuser im Kongreß stimmt dem Verteidigungshaushalt in Höhe von 178 Mrd. Dollar zu

21. 8.	Beginn des Abzugs der PLO aus dem Libanon
1. 9.	Nahost-Initiative von Präsident Reagan
10. 11.	Tod Breschnews. Nachfolger: Jurij Andropow
16. 11.	Reagan kündigt die Aufhebung der Handelsbeschränkungen gegenüber der UdSSR an

1983

30. 1.–10. 2.	Europa-Reise von US-Vizepräsident Bush
25. 4.–8. 5.	Nahost-Reise von US-Außenminister Shultz
17. 5.	Unterzeichnung eines israelisch-libanesischen Abkommens über die Beendigung des Kriegszustandes und des Abzugs aller ausländischen Truppen aus dem Libanon
27. 4.	Rede von Präsident Reagan über die Mittelamerika-Politik der USA. Ablehnung der Entsendung von Kampftruppen, zusätzliche Wirtschafts- und Militärhilfe
28.–30. 5.	Weltwirtschaftsgipfel der sieben führenden westlichen Industriestaaten in Williamsburgh
18. 7.	Präsident Reagan ernennt Henry Kissinger zum Vorsitzender der unabhängigen Mittelamerika-Kommission
27. 7.	Senat bewilligt die Mittel für den Bau der MX-Raketen
1. 9.	Abschuß einer südkoreanischen Verkehrsmaschine über Sachalin durch sowjetische Abfangjäger
17. 10.	R. McFarlane neuer Sicherheitsberater in der Nachfolge von William Clark
23. 10.	Sprengstoffanschläge auf die Hauptquartiere der amerikanischen und französischen Friedenstruppen im Libanon
25. 10.	Amerikanische Truppen landen auf der Karibik-Insel Grenada
14. 11.	Stationierungsbeginn von amerikanischen Marschflugkörpern in Großbritannien im Rahmen des NATO-Doppelbeschlusses
18. 11.	Der Verteidigungshaushalt wird auf die Höhe von 249 Mrd. Dollar festgelegt
23. 11.	Der Bundestag stimmt der Aufstellung von Mittelstreckenraketen im Rahmen des NATO-Doppelbeschlusses zu

24. 11. Abbruch der Genfer INF-Verhandlungen durch die UdSSR

8. 12. Abbruch der Genfer START-Verhandlungen durch die UdSSR

1984

7. 2. Präsident Reagan kündigt den Rückzug der amerikanischen Truppen aus dem Libanon an

9. 2. Tod Andropows. Nachfolger: Konstantin Tschernenko

Personenregister

Alexander M. Haig: Geisterschiff USA

Wer macht Reagans Außenpolitik?

Mit einem Vorwort von Richard Löwenthal

Aus dem Amerikanischen übersetzt von Hermann Kusterer
1984, 448 Seiten, Leinen mit Schutzumschlag,
ISBN 3-608-91322-X

„Die Kommunikation funktionierte nicht, und in Washington war viel unheilstiftende Unfähigkeit zu beobachten.“ Das ist der Kern der Erfahrungen von Alexander Haig, der zu Beginn von Ronald Reagans Amtszeit Januar 1981 zum Außenminister berufen wurde; nach anderthalb Jahren aber, Juni 1982, bereits wieder abdankte.

Was war geschehen? Eine ehrgeizige und eigensüchtige Gruppe von Stabsmitgliedern riß Kompetenzen an sich, verhinderte den Meinungsaustausch, schirmte den Präsidenten ab. Für die Außenpolitik einer Weltmacht war und ist das fatal. Denn nach außen muß mit *einer* Stimme gesprochen werden. Genau das Gegenteil war während Haigs Amtszeit und danach der Fall: das Kompetenzgerangel und die Eifersüchteleien erzeugten ein Chaos, widersprüchliche Analysen und Optionen irritierten die Weltöffentlichkeit.

Klett-Cotta